范加尔

铁血郁金香

LOUIS VAN GAAL
THE BIOGRAPHY

〔荷〕马尔滕·梅耶尔 著

刘戈 译

北京出版集团公司

北京出版社

著作权合同登记号

图字：01-2015-8427

图书在版编目（CIP）数据

范加尔：铁血郁金香 /（荷）马尔滕·梅耶尔著；
刘戈译. — 北京：北京出版社，2016. 10
书名原文：Louis Van Gaal The Biography
ISBN 978 – 7 – 200 – 12395 – 1

I. ①范… II. ①马… ②刘… III. ①范加尔 — 传记
IV. ①K835. 635. 47

中国版本图书馆 CIP 数据核字（2016）第 207211 号

范加尔

铁血郁金香

FANJIA'ER

［荷］马尔滕·梅耶尔 著

刘 戈 译

*

北 京 出 版 集 团 公 司
北 京 出 版 社　出版

（北京北三环中路 6 号）

邮政编码：100120

网　址：www. bph. com. cn

北京出版集团公司总发行

新 华 书 店 经 销

北京旭丰源印刷技术有限公司印刷

*

710 毫米×1000 毫米　　16 开本　　20.5 印张　　290 千字
2016 年 10 月第 1 版　2016 年 10 月第 1 次印刷
ISBN 978 – 7 – 200 – 12395 – 1
定价：59.80 元
如有印装质量问题，由本社负责调换
质量监督电话：010 - 58572393
责任编辑电话：010 - 58572511

2010—2011赛季德甲：拜仁参加媒体日活动，举办啤酒节，范加尔与众人合影祝福新赛季

1995年5月24日，阿贾克斯1∶0战胜AC米兰，范加尔举着奖杯被众人托起

1997—1998赛季，西班牙巴塞罗那，范加尔用巴萨彩旗披身

2009—2010赛季德甲第三十四轮：拜仁3∶1战胜赫塔，拜仁捧杯，全队洒啤酒热闹庆祝，赫塔黯然降为乙级

2010年8月7日，德国奥古斯堡，2010年德国超级杯，拜仁慕尼黑2∶0战胜沙尔克，全队大合影

2009—2010赛季德甲前瞻，拜仁慕尼黑集训，备战新赛季，范加尔一身清爽来到球场

2009年7月1日，2009—2010赛季德甲前瞻，拜仁慕尼黑部分球员合影

2010年5月9日，德国慕尼黑，2009—2010赛季德甲联赛冠军拜仁慕尼黑举行庆祝仪式

2002年12月16日，西甲：巴塞罗那0：3惨败给塞维利亚，愤怒的巴塞罗那球迷用白手绢和标语表示对俱乐部主席加斯帕特和主教练范加尔的不满

2009—2010赛季德甲前瞻，拜仁慕尼黑集训备战新赛季，范加尔指导球员训练

德甲球队拜仁慕尼黑集体参加慕尼黑啤酒节，范加尔与卡琳

2010年3月29日，慕尼黑，2009—2010赛季欧冠联赛1/4决赛前瞻，范加尔率先玩儿起了球

2010年5月22日，西班牙马德里，2009—2010赛季欧冠决赛颁奖仪式，国际米兰捧起欧冠联赛奖杯，范加尔与众人握手

2009—2010赛季欧冠决赛：国际米兰2：0战胜拜仁慕尼黑，穆里尼奥喜极而泣，范加尔真心祝福

2010年贝肯鲍尔杯，德国慕尼黑，皇马对战拜仁慕尼黑，昔日师徒对战，范加尔心情非常放松

2010—2011赛季德国杯第二轮，巴斯蒂安踢进两球，拜仁慕尼黑2∶1战胜云达不来梅，范加尔冲上来抱住他

2013年2月4日，阿姆斯特丹，荷兰国家队全新球衣发布，范加尔领衔出席发布会

2014年3月4日，2014年世界杯热身赛前瞻，荷兰队训练备战，范加尔亲自抬球门

2014年7月16日，英国曼彻斯特，曼联球迷制作巨幅范加尔郁金香拼图，欢迎荷兰老帅上任老特拉福德

2013年9月5日，荷兰， 2014年世界杯预选赛前瞻，荷兰队训练备战，教练范加尔与助教丹尼·布林德在球场相谈甚欢

2014年世界杯预选赛前瞻，荷兰队教练范加尔向球员传授技巧

葡萄牙，签约曼联后范加尔心情正佳， 挥杆高尔夫球场享受人生

范加尔与妻子特鲁斯大方秀恩爱

2014年巴西世界杯前瞻，荷兰队训练备战。罗本在训练中被队友犯规后报复队友，范加尔与球队理疗师和罗本沟通

巴西萨尔瓦多新水源球场，2014年巴西世界杯小组赛B组，荷兰5：1战胜西班牙，荷兰队全队狂欢

一身正装的主教练范加尔，笑起来也非常亲切

2014年巴西世界杯，巴西贝拉里奥球场，荷兰对阵澳大利亚，赛后荷兰国王威廉·亚历山大和马克西玛王后与范加尔握手

2014年巴西世界杯1/4决赛：荷兰0∶0战平哥斯达黎加，范加尔与裁判诺曼戴兹·多尔理论

2014年巴西世界杯第二十七日：荷兰队备战半决赛的训练赛中，范加尔当众痛骂队长范佩西

2014年巴西世界杯，范加尔加紧全队日常训练

2014年巴西世界杯半决赛，荷兰VS阿根廷。120分钟双方0：0战平，罚点球时阿根廷4：2胜出，范加尔受打击

2014年巴西世界杯第二十八日：荷兰队离开酒店，范加尔冲镜头竖拇指变"点赞党"

2014年巴西世界杯三、四名决赛：荷兰3：0战胜巴西夺得第三名，范加尔与荷兰队后卫罗恩·弗拉尔（右）

2014年巴西世界杯，荷兰VS巴西争夺第三名，图为比赛期间主帅范加尔紧张万分

2014—2015赛季英超前瞻，英国曼彻斯特，曼联主帅范加尔正式亮相，曼联传奇人物博比·查尔顿前来祝贺

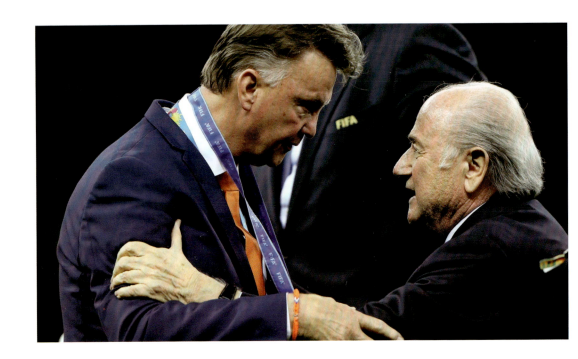

2014年巴西世界杯，荷兰3：0战胜巴西勇夺世界杯第三名，赛后举行颁奖仪式，国际足联主席布拉特亲切问候范加尔

2014年7月25日，美国丹佛，范加尔提出为丹佛的军事及服务人员提供曼联对阵罗马的免费门票，图为范加尔与丹佛消防队合影

2014年8月7日，英国柴郡，范加尔与妻子特鲁斯路边咖啡厅小憩，赛季临近享受最后假期

2014年9月11日，英国曼彻斯特，曼联新援法尔考和布林德亮相老特拉福德

2014年9月13日，英国曼彻斯特，范加尔现身球队酒店，心情大好，给球迷签字并合影

2014—2015赛季英超第四轮，曼联老特拉福德球场，曼联VS女王公园巡游者赛前，范加尔人气爆棚，球迷纷纷求签名

范加尔外出前往餐厅为妻子庆生，夫妇二人有说有笑心情大好

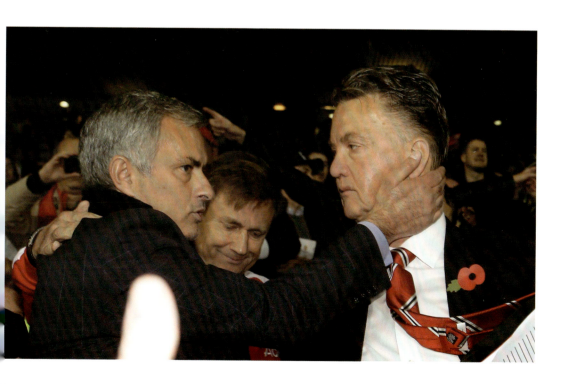

2014—2015赛季英超第九轮，曼联1：1战平切尔西，昔日师徒赛后互相问候

如父子般的师徒情谊

范加尔携妻子特鲁斯参加"联合国基金会晚宴"

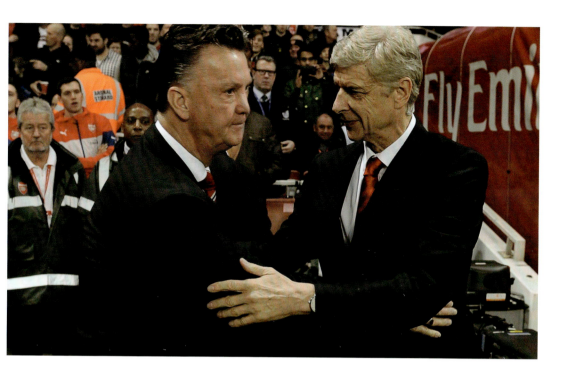

2014年11月22日，英国，阿森纳与曼联的两大教头会面

老特拉福德球场，英超联赛，曼联教头范加尔与赫尔城足球俱乐部主教练史蒂夫·布鲁斯聊得非常尽兴

2015年1月8日，英国曼彻斯特，2014—2015赛季英超：巴尔德斯正式加盟曼联，前巴萨门神与红魔签约18个月

2015年1月17日，英国，女王公园巡游者对阵曼联，范加尔严阵以待

2015年2月6日，德国慕尼黑举行1958年慕尼黑空难纪念展，范加尔、鲁梅尼格、博比·查尔顿等领衔出席

2014—2015赛季英超第二十四轮，西汉姆联VS曼联，图为范加尔前往赛场

2015年2月27日，英国，泰勒·布莱克基特与曼联续约，将继续为老东家效力

曼联对阵桑德兰，图为赛后范加尔与贾努扎伊亲切交谈

目录
CONTENTS

第 1 章　我行我素

我是一个执着、诚实并且说话很直接的人。不过，这些特质有时会伤及他人，从而让人觉得我是一个难以相处的家伙。

——路易斯·范加尔

故事还得从特斯达俱乐部询问荷兰足协关于他们的球队能否在一块蓝色的球场上进行比赛说起。为了回复这个略显怪异的问题，荷兰足协向国际足联寻求了帮助。既然多年以来所有人都乐此不疲地在绿色的草皮上参与竞技，那为什么还要将它改成蓝色的呢？这件事确实给这个足球界的最高权力机构、神圣殿堂带来了困扰，但是如果你要把一切责任都归罪到路易斯·范加尔头上的话，那显然也是不公平的。不过，相信任何一个人都情不自禁地想要知道，这个让人永无宁日的"麻烦制造机器"为什么不会是这个非主流想法的幕后推手呢？范加尔已经向世人证明，他的一贯理念就是维护创新，这与那些犹犹豫豫、徘徊不前的人迥然不同。虽然他承认没有什么味道能比朝阳沐浴下的天然草皮所散发出来的气味更加芬芳，可他依旧对人工草皮抱以支持的态度，对此他说："这样一来，世界上所有的球场都会统一标准，我更喜欢这样，因为这比各个球场草皮质量参差不齐要好得多。"现在，赛程安排的密度确实无法给草皮留出足够的时间使其自我恢复，而糟糕的草皮状况又绝对会使比赛的观赏性大大降低。当前，人工草皮已经发展到了第三代，它由人工纤维和真草混合制成，很多职业球队都至少拥有一块配备人工草皮的训练场地。

　　在结束了20世纪90年代黄金10年的执教生涯高光时刻后，范加尔也许和其他所有有识之士一样，开始意识到足球事业的高潮和低谷永远都是相依相随的。后来，他东山再起的壮举始于阿尔克马尔，并在2010年执教拜仁慕尼黑时再一次证明了自己。然而，范加尔绝非甘于沉浸在自己过去荣誉簿上的那种人。长久以来，范加尔在对待足球这项事业上从来都不懈怠——无论是口头上、战术上还是意识形态上。比如，在2010年南非世界杯开打之前，范加尔就曾直截了当地表达了自己的观点："全世界的小男孩儿们都目睹了当今世界上优秀球星之一的球星欺骗了大家，蒂埃里·亨利用他的手臂将法国队送进了世界杯决赛圈。在过去的几十年时间里，足球作为一项体育运动，已经得到了蓬勃的发展。你可以从各个层面察知到这一点：金元横流、观众人数激增，还有它在诸如澳大利亚和美国这样的国度中也取得了长足的发展——要知道，这些国家的国民还会参与众多其他体育项目，种类可谓不胜枚举。我们需要去迎合全球的兴趣所在，世界杯则是展示足球魅力的最佳舞台。而（亨利）这样做，就会陷入巨大的危机之中。所以我要说，咱们不妨在必要的地方引入一些先进的技术吧。"

2010年，在欧冠十六强战率领拜仁慕尼黑对阵佛罗伦萨前夜，范加尔提出了一条足以让足球规则发生翻天覆地变化的建议。在德国《踢球者》杂志一篇名为《范加尔的革命》的文章里，时任拜仁主教练的他透露了自己对于足球未来的一些看法。他声称，通过点球决战来决定比赛结果实在是太随意了："点球决战就像买彩票一样，而我却认为比赛应该通过男人角斗的方式来分出胜负。如果双方打平后需要加时，那么加时赛就应该由两个15分钟的半场组成，而且每隔5分钟，双方各自需要有一名球员退场，95分钟后就该十打十，100分钟后就该九打九。从115分钟开始，双方需要六打六。这样一来，只有最好的球队才能够确保胜利，而非在最后时刻通过单个球员互射点球来分出高低。如果120分钟以后还是没有结果，那么双方就需要通过一粒金球来决定胜负。"

他还为电脑技术做出辩护，声称应该借助这项技术来做出影响重大的判罚。"过去10年，比赛节奏大幅提升，观众人数也成倍增长，我们必须保护他们对足球的兴趣。赛场上的决定不再受人为干扰是非常重要的，我只想让现代技术来决定这一切。"范加尔希望通过在足球里植入一枚芯片，从而来判定足球到底有没有越线。早前，国际足联拒绝引进这项新技术，这一行为令范加尔百思不得其解，他说："我们不用这项技术简直就是荒谬至极！"他还提议废除掷边线球："掷边线球本来应该对一方有利才对，可是通常的情况是，有一半以上的边线球都以被对手截走而告终。要防守一个用手抛过来的球实在是太容易了，而且这项规则本身就很古怪，咱们踢的可是足球啊！那么为什么还要让我们突然用手来掷足球呢？我认为应该改成'踢'边线球，这样才会更好，因为如此一来防守方就不会轻易地把球踢出界了。通过'踢'边线球，我们可以改变比赛的走势，而且它也会让比赛变得更加富有观赏性。"

此外，范加尔还认为比赛需要安排两名主裁，然后用一名电视裁判取代边裁。"边裁的工作无非是决定哪方来掷边线球或者球员是否越位。当他们察觉到有人犯规时也会举旗示意——但是十有八九的情况是主裁哨响之后他们才会这样做。在现代足球世界里，判定越位异常困难。现在的比赛节奏太快，要判定传球一瞬间前锋是否处于越位位置几乎是一项不可能完成的任务，没有人能在同一时间看清这一切。我们需要两名主裁，就像篮球和冰球那样，每人待在一个半场里，呈对角线站位。这样一来，裁判既能直面足球，也能看清球员们背后的情况。他们还需要第三名裁判的协助，而这名裁判得通过大屏幕关注比赛，而且他们都需要配备耳麦。这名电脑专家坐在哪里其实并不重要——无论是在场边，还是在看台上，都无所谓。我坚信，我们应该尽可能多地运用新技术，科技永远是中立的，它不会犯人类所犯的那些错误。"

范加尔早就意识到他的想法可能会被人直接扔进国际足联办公室的"垃圾桶"里，对此他说："我知道，那儿无非就是坐着一帮老家伙而已。看样子，他们根本不关心比赛本身。他们只关心如何保住自己的乌纱帽，以及如何做好费用预算。足球是世界上最大的运动，可是却被世界上最保守的一帮人把控着，这些人只想拿我们这项运动的未来做赌注，从而满足一己私欲。但遗憾的是，他们无法阻止我思考。"这一点当然是毋庸置疑的，而且，他们同样也阻止不了范加尔直言不讳地说出自己的想法。

在2012年接过荷兰国家队的教鞭后，路易斯·范加尔先后挑选过6

名门将。看起来，每名门将在每场比赛中出场镇守球门的概率几乎是相等的。马尔滕·斯特克伦博格、蒂姆·克鲁尔、米歇尔·沃尔姆、肯尼斯·维尔米尔、雅斯珀·西莱森及杰伦·祖耶特都曾被他选中过，他们有些人还因此完成了国家队首秀，而且所有人都在不同的时间点上犯过错。队伍没有一个明确的正选门将，竞争是开放的，就如同场上其他位置一样。在范加尔治下，门将会失去在队伍中雷打不动的地位，即使像西莱森这种在俱乐部都只能担当替补的球员，也同样能在国家队获得出场机会。在资格赛第一场即遭弃用的斯特克伦博格坦言，自己与范加尔共事非常困难。多年以来，这位来自富勒姆的门将都是毫无争议的首发人选。可是，他突然发现自己竟然被蒂姆·克鲁尔给摁在了板凳上。对此，米歇尔·沃尔姆评论道："不，我从不知道有任何一家俱乐部或者任何一支国家队会用这种方式来挑选门将。在西班牙队，伊克尔·卡西利亚斯永远都是第一选择，即使是他在皇马发挥不好的时候。而范加尔采用的是一种与众不同的方式，这简直超乎寻常。"

在挑选门将时，范加尔会得到弗兰斯·霍伊克的帮助，他们俩在巴塞罗那时也合作过。霍伊克以"职业狂人"闻名于世，他会片刻不停地分析、观察新兴的训练方式。在阻止足球入网这门艺术上，霍伊克有着自己独到的见解，而且往往与主流方式背道而驰。范加尔与他可谓一拍即合。

范加尔着手缩小球队队员年龄，而他尤其关注的就是后防线上的4个人。在这些位置上，他更青睐达利尔·扬马特、斯特凡·德弗里伊、布鲁诺·马丁斯·因迪及杰特罗·威廉姆斯，这4个人的平均年龄才21岁。同时，他还给了埃因霍温天才球员亚当·马赫尔在国家队完成首秀的机会。在谈到选拔过程中所遵循的基本原则时，范加尔说道："如果没有一群年轻人在后面刺激你，你就会陷入困境。这就是年轻人总能吸引我的原因，他们自然而然地带来了这种刺激。老队员们什么大风大浪都见过了，可如果这种经历太多的话，就会害了整个团队。我会不断地派遣那些最合适的球员上场，而非派上那些大名鼎鼎的人。这些名字只是媒体关注的焦点，可对我来说却无关紧要。上一次执教国家队的那个路易斯·范加尔，恰恰就是盲目相信了那些被大家'认可'的球员——其实我当初本不该那样做的。不过现在，我完全反了过来，这样效果反而更好，而且这也会促使每个人都保持竞技状态。即便如此，从原则上来说，球队这一次还是会招入一些在俱乐部里不可或缺的球员，因为他们的表现完全高于全队的平均水平。"

接下来的问题是，高水平教练执教的秘方是什么呢？大师般的战术布置？还是振奋人心的赛前激励演说？在为球队的成功或失败寻找一个合理的解释时，记者和教练往往会保持高度一致，用一些诸如"比赛日天气状况"或者"胜利者的感受"之类的模糊概念来形容。可绝对的真理并非存在于足球本身——这也是导致足球的不可预测性以及它为何能引人入胜的原因之一。不过，它同时也会给教练这份工作带来困难。你很难衡量教练到底会给比赛的进程带来怎样的具体影响，但不知为何，在相似的情形下，有的教练就是能比其他人做得好得多。虽说足球不是一门精密的科学，但众所周知的是，有些教练确实懂得如何掌控比赛，也知道怎样让自己的队员发挥得比对方更出色，而路易斯·范加尔就是这些天才教头中的一员。1995年战胜AC米兰勇夺欧冠的冠军队成员帕特里克·克鲁伊维特曾公开表示"范加尔是我职业生涯中最重要的人""他是一位构建球队的大师"。拜仁队长马克·范博梅尔坚称和他共事"非常愉悦"。这位32岁的中场球员说："他头脑非常清晰，要求非常严格，而且总是把球队放在首位。他拥有一位教练员应当具备的一切素质，这些素质足以帮助他赢得冠军奖杯。"

然而与此同时，范加尔也饱受批评。西蒙·库珀曾经写道："有关这位荷兰教练的一切，只能用'不雅'一词来形容。他一直板着一张脸，大腹便便，而且总是在最不合时宜的时候挥舞着他的笔记本。大多数时候，足球教练这份工作都需要展现出积极的一面，而范加尔在这方面做得很糟糕。"如果说他在德国举行的发布会上表现得不好的话，那他在荷兰的表现就只能用更差来形容了。毕竟，荷兰人多多少少都会认为足球这项运动是由他们发明的，说实话，这或许是因为他们在这一行干得确实很出色吧。其次，由于他们认为自己才是这项运动的终极鉴赏家，因此他们还会觉得自己有资格谴责任何人——无论是球员还是教练，只要没能达到他们的预期，都会遭殃。幸运的是，范加尔脸皮足够厚，所以他能够坚持自己的信仰。确实，要改变他的想法非常难，而这恰恰是作为一名教练员最大的优点。他强硬地维护着自己的影响力，为的就是让他自己和他的球员免受职业足坛那些是是非非的干扰，从而避免分心。

接近路易斯·范加尔可不是一件容易的事。和其他那些多多少少有些名人身份的人一样，他很注重保护自己的隐私。不管怎么说，范加尔强硬的外表和他的铁石心肠会让他在公众场合显得与众不同，这没能让他得到太多人的喜爱。然而，如果不是他这些与众不同的特质的话，那么批评他的人可能会更多。他把自己温暖和慈祥的一面都留给了与自己最亲密的人——家人、朋友以及他队阵中的球员。不过，即使是在和这些人近距离接触时，范加尔的标准也非常严苛。他以要求严格闻名于世，即使是他自己的女儿也得用荷兰语中那些礼节性的语言跟他说话，就如同他习惯于用正式的语言跟自己的母亲交谈一样。

"当时，这种情况在荷兰很常见，而我希望我的女儿们也能遵循这样一种方式。我和孩子们之间保持着朋友般的关系，她们也很爱我。可我毕竟是长辈，她们得意识到这一点。我最小的女儿跟我用正式语言交谈没有任何问题，可我的大女儿却不行。她现在已经33岁了，而且也只有她一个人这么做，所以我认为这没什么大不了的。当然了，我的队员们在跟我说话时都会采取很正式的方式。"范加尔如是说道。

他冷峻的外表以及强硬的姿态给传记的作者带来了不小的挑战，而且笔者确实是经过一系列的深挖，才发掘出范加尔所拥有的能量、视野以及卓越领导力的来源。不过现在回过头来看，遭遇这些麻烦其实是非常值得的，因为这样做既可以保证更高的质量，又可以保证更广的深度，从而避免了赘述一些众所周知的事情。

荷兰人通常很难界定何为"优秀"——至少说很难承认这一点吧。这种民族心理跟当地的地形息息相关：在无阶级区分的荷兰式理想主义看来，每个人都站在同一水平线上，这和本国地貌特征高度契合。一名领导人，充其量不过是众人里最年长的那一位罢了，要不然就是在一群平等的人中排头的那一位。这种处世观念一方面保证了机会对每一个人而言都是均等的，这有利于敦促那些傲慢的人保持谦逊的态度；另一方面，它又为平庸者盛行于世提供了有力"保障"，这是因为他们从原则上阻碍了真正有用的领导才华充分发挥其最大效力。在足球领域，这就意味着团队协作会受到阻碍，因为大家在潜意识里存在着这样一种观点，即无论是教练还是任何一名球员，都不可能比其他任何人更优秀。这样一来导致的结果就是，荷兰人很善于追赶国外那些天赋异禀的个体，但同时也善于限制甚至损害自己人之间的合作成果。更为可怕的是，这不仅仅局限于足球领域。

职业足球是一个比制造业、服务业的全球化程度高得多的行业，这是由这项运动的本质所决定的。公司只在自由市场中和它们的对手进行间接对抗，然而在足球这门生意中，和国外的对手在国际大赛上进行直接交锋可以说是最重要的部分。双方的球员和教练通过近距离的激烈对抗能斩获不少"洋货"，这其中就包括足球文化、战术以及个性。因此，足球组织引入新的风格和方式，相对来说比企业从对手那里获得有用的东西来得更为容易。一个很好的例子就是荷兰足球学校，"足球只因有你"这个称谓或许更为有名。实际上，它现在并非归荷兰所有，而是足球促进协会的共同财富。足球世界其实和其他领域一样，因循守旧、故步自封的态度只会在平庸者之间进行传递和延续，而这也会给他们带来意想不到的危机。

巴塞罗那、拜仁慕尼黑和曼联的球迷可能会憎恶，甚至是反对这样一种观点：为了提升他们所支持的球队的表现，俱乐部有必要引入一些天才的外籍球员。加泰罗尼亚的球队在1997年时、巴伐利亚的球队在2009年时、曼彻斯特的球队在2014年时仍然存在着提升的空间。近年来，巴塞罗那或许拥有世界上最出色的一支球队。笔者无意抹去佩普·瓜迪奥拉的功劳，因为他带领这支球队取得了举世瞩目的成就。但是必须指出的是，在他被任命为俱乐部主帅之前的20年时间里，这家加泰罗尼亚俱乐部是在荷兰教练们的治下度过了其最好的17年光阴——约翰·克鲁伊夫、路易斯·范加尔及弗兰克·里杰卡尔德。这些功勋卓著的教头都是里纳斯·米歇尔斯（20世纪70年代后期曾执教过巴萨）开创全攻全守足球传统的那支阿贾克斯队阵中的老兵。巴塞罗那拥有不可动摇的一致性，并且贯穿俱乐部发展的始终，它深深地扎根于荷兰阿贾克斯足球学校那种压迫式的足球理念之中。

古希腊人懂得体育的力量，因此，他们创建了奥运会这个舞台来保持对烈火雄心的不懈渴求，以期用这样一种相对和平共处的方式来维护各城邦间由于连年战火而导致的脆弱联邦体制。现代奥林匹克运动明确提出的目标是秉承奥运精神，通过友谊、团结以及公平竞赛精神来增进相互理解，消除任何形式的歧视，对年轻人进行体育教育，致力构建一个更加和谐、更加美好的世界。足球界的管理者，也就是国际足联，也有类似的崇高目标：世界是一个充满自然之美和文化多样性的地方，但同时也是一个许多人被剥夺了基本权利的地方；现在，国际足联肩负着更加重大的责任——向世界伸出援手，让足球化作希望和统一的象征；我们视利用足球的魔力为世界营造一个更加美好的未来为己任；这个任务给国际足联所涉及的每一个活动都赋予了意义、指明了方向，即足球是我们这个社会整体中不可分割的一部分。范加尔是一名既懂得足球的相对性，又懂得它的潜在影响力的主教练。可以说，足球这项运动永远都会拥有一种足以改变人生的力量。

"慈善始于家庭"，这是大多数小孩子在幼儿园里学到的道理。为了将"友谊、团结、希望、一体"的理念带给全世界，我们亟须对个人行为准则提出更高的要求。尤其是在当前的互联网时代，公众人物的一举一动都在大众的监督之下，而且他们的行为会在极短的时间内传遍世界各地。现在的名人们算是潮流的引领者，也可算作意见领袖，他们会影响普通大众的思想及行为方式，这群人的基数极为庞大，而且首当其冲的就是青年人。这也是本书将路易斯·范加尔的生活及其执教生涯放置于一个更为广阔的社会、文化环境中来进行创作的原因。他是一个严格的人，无论是对待足球、对待管理还是对待生活。总之，大家能够从他身上学到很多东西。

笔者写这本书是希望让全世界的足球爱好者更加深入地了解路易斯·范加尔这个真正的男人、足球教练、管理大师，并且帮助他们更好地理解他到底在哪方面可以被称作"典型的荷兰教练"，而在哪方面又不能。与此同时，笔者也把这本书献给那些对足球这项"美丽游戏"本身不感兴趣，但却对这位直言不讳的教练感兴趣的人，他们的兴趣点就在于：这个人无论走到哪里都会引起轰动。为什么他能干好别人干不好的工作呢？我们能像那些满怀希望的商学院运营者、过分乐观的社会与政治改革家所坚持的那样，从他的管理方式以及领导风格中切实学到一些可以在体育之外的领域里得以运用的东西吗？显然，看样子范加尔自己是这么认为的，因为他总是在接受着各种邀请，给管理者以及CEO们教授一些课程，内容大致是如何让他们的组织运营更加高效，以及如何让他们的企业创造更多的利润。

"体育代理人"是一家为很多知名男女运动员提供代理服务的经纪公司，他们也对范加尔做出了评价。在描述这位客户时，他们说道："无论是以前当球员，还是现在作为教练员，他都是一位爱抛头露面的、充满争议的人物，但他始终表里如一。"到目前为止，他不只局限于赢得满堂彩。过去，无论是在国内还是在国外，他都获得过很多奖项，拿过许多冠军。想知道他的秘密吗？其实他很乐意与你分享——路易斯·范加尔是一位天生的领袖。他工作积极主动，始终维护团队利益，而且总在尝试将队伍进行整体职业化改造，从而使其更加优化。路易斯·范加尔是一位完美主义者，他期望所有跟他一起训练的球员都能够百分之百地投入。他拥有犀利、独特的视角，而且愿意与公众分享。他在发言中总是会谈到有关领导能力、天才塑造、团队协作以及球队成就等方面的内容。

返回荷兰后，笔者参考了海量足球俱乐部的档案，艰难地查阅了大量始于去年的相关统计数据，直到获得一些对创作本部传记有用的珍贵信息。笔者拜访了路易斯·范加尔曾经居住过或者工作过的城镇，和他从前的好邻居、好同学以及好同事进行了交流。最终，笔者写就了这本描述范加尔辉煌人生的传记，记录了他从阿姆斯特丹的孩提时期一直到成为曼联主帅这一时间段里所发生的点点滴滴。本书回顾了范加尔的一生，从学校时光开始，到他接受足球培训，再到他成为一名体育老师，一直到他开启职业球员生涯并最终成为现在这样一位举世瞩目的世界级教头。这不过是一个普通的荷兰同胞以旁观者的角度看待范加尔飞速上升的事业而写就的一本书。可是，在写作的过程中，笔者慢慢发现自己已经彻底变成了一位范加尔的仰慕者。这本书是对这位足球领域里的"天才建筑师"戎马一生的回顾，也是对他不断进行的一系列冒险的记录。笔者希望这本书能够让人们更加深入地了解这位妙趣横生、振奋人心的人。他在公共环境里辛勤耕耘，不仅传递出一种引领人们勇敢前进的光明，更散发出一种激励人们奋发向上的热情。

路易斯·范加尔于2014年6月被任命为曼联主帅，而且他计划在7月带领荷兰队征战完世界杯之后直接马不停蹄地奔赴老特拉福德球场开始新的工作。曼联自1878年建立以来，首次迎来了来自英伦三岛以及爱尔兰地区之外的主教练。显然，俱乐部正处在历史大变革时期。2013年，俱乐部功勋主帅亚历克斯·弗格森爵士在结束了26年的曼联执教生涯后光荣隐退，而他的继任者大卫·莫耶斯最终却惨淡收场：在2013—2014赛季，球队屈居联赛第七，并且将会自1989—1990赛季以来首次缺席欧战赛事。

如果说俱乐部在任命莫耶斯时已经做好了在转型时期经历阵痛的准备的话，那么一年之后的现在，球队就更需要来一场翻天覆地的彻底变革了。范加尔接手的是一支不单单缺乏自信的球队，球员们甚至还丧失了为获得冠军而去努力争胜的斗志。不过，曼联是幸运的，因为范加尔多年来正是在类似的境况中一步一步走到今天的。如果你需要证据来证明他确实是一位值得倚仗的"球队重建者"的话，那么他最近再次进入荷兰队之后将这支风雨飘摇的球队重新带回正轨就是最好的证明。仅凭这一点，对于处在这样一种历史性时刻的曼联俱乐部而言，他绝对是球队的最佳选择。

对于这次任命，范加尔评论道："一直以来，我都怀揣着永争第一的雄心壮志。我去世界杯赛场并不是跟荷兰队去走走过场，去到那里的目的只有一个，那就是赢球，从我为此做出的任何努力中你都能清楚地看出这一点。我一直致力寻找出一套能使我们立于不败之地的体系，同样的事也会发生在曼联队中。我一直保持着赢家的心态，或许在我做球员的时候谈不上这一点，但是在做教练时绝对如此，这就是我能赢得这么多荣誉的原因。一直以来，我都梦想着有朝一日能到英超去打拼。能够在曼联这家世界上最大的俱乐部执教让我深感自豪。从前，我带队在老特拉福德参加过比赛，我知道老特拉福德球场是一座不可思议的足球殿堂，而且这里的球迷激情澎湃、卓有见识。这家俱乐部拥有远大的理想，而我同样如此，我相信我们这次的合作一定能够创造历史。"

第 2 章　青年球员范加尔

在这个世界上，"健硕的身躯里还蕴含着健全的心态"是对人类幸福状态简短而全面的一种描述。

——约翰·洛克

他的全名透露了这样一个信息：阿洛伊修斯·鲍罗斯·玛利亚出生于一个罗马天主教家庭，这不仅仅是一个普通的信教家庭，他们还坚定地致力在教堂里传教。每个星期天，他的父母都会确保将全家人带到附近的教堂去做弥撒。小镇名叫琳娜乌绍夫，位于阿姆斯特丹的沃特格拉芙斯米尔郊区。范加尔出生于1951年8月8日，是全家11个孩子里面最小的一个——这完全可以凑成一支完整的球队。他其中的4个哥哥和4个姐姐认为，作为家里最小的孩子，他受到了父母以及大哥大姐的过度宠爱，范加尔自己却并不同意这样的观点。范加尔的家庭看上去温馨、和睦，而且他的父母把一切都安排得井井有条。所有孩子都被指定了一项家务：一个人摆餐具，另外一个人洗碗，而范加尔则需要去超市购物然后削掉土豆皮。"你想象一下削土豆是个什么情形吧！"他后来这样说道。

范加尔说过，他和他的父亲在一些重要的环节上非常相似。老范加尔曾在今天被称为SHV控股的公司里从事管理工作。这家公司成立于1896年，是由一些大型煤炭交易公司合并而成的。随着煤炭从基础能源领域逐渐淡出，SHV转而进军其他商业领域，尤其是石油和天然气行业。范加尔的爸爸看上去身负领袖绝学，并且在公司中如火箭般地蹿升。当别人还在为量入为出的生活发愁时，他已经可以给全家提供舒适安逸的生活了。范加尔的爸爸还有极强的纪律性，这与他坚定的职业操守相吻合，而且他还把这些品质灌输给了范加尔的哥哥姐姐们。

"我认为我爸爸拥有和我相同的性格，"范加尔这样说道，"他坦然面对他的同事——他会仔细聆听，并且有勇气做出最终决定。虽然这一决定对有些人来说是难以接受的，但是对公司而言，这是非常有必要的。他完全称得上是一位领袖。"除了这条简单明了的评价之外，范加尔对他爸爸的记忆其实非常有限。因为在范加尔6岁那年，老范加尔遭受了一次严重的心脏病，这使得他丧失了行动能力，最终在范加尔11岁那年便去世了。因此，范加尔主要还是被他妈妈带大的。不管什么时候，只要路易斯·范加尔一谈到他的母亲，他对她的那种爱和尊敬就会溢于言表，他说："我的妈妈也许从她丈夫那里继承了一些品质。通过她的口头描述，我知道了自己的父亲非常严格，也很自律——这些东西我几乎都没有亲身体验过。"他非常崇拜自己的母亲，从她那里，他继承到了对生活的方向感，以及一些价值观，比如诚信、尊重、信念、自律，当然还伴随着一种强烈的责任感。他将这些价值观传递给了自己的孩子们，而且他在训练球员的时候也会用到这些东西，并且获得了成功。

范加尔在很小的时候就和荷兰的足球文化建立了亲密的联系。传奇球星约翰·克鲁伊夫就在附近的一个郊区长大，这个地方有一个诗意的名字：比顿多普，或者被称为"混凝土村"，因为这里的建筑拥有别具一格的特色。与此同时，沃特格拉芙斯米尔是德米尔球场的所在地，它曾经是阿贾克斯的主场，为俱乐部服役的时间超过了60年（1996年，阿贾克斯搬迁至阿姆斯特丹竞技场，而那时恰好是范加尔在阿贾克斯任上的最后几个月时光）。

范加尔出生在一个汽车还未普及的年代（他爸爸就有一辆），这也就意味着大街上有很多可供孩子们踢球的空间。范加尔和他的小伙伴们常常会结伴前往位于伽利雷普兰特索恩的旱冰场里玩耍，而这个地方就位于范加尔家对面。还处于孩提时代的范加尔就已经是一个直言不讳的孩子了，大家如果因为一个球而产生争执的话，他就会迅速地维护自己的权益。他还会吹嘘自己是一名天资卓越的球员，当然，这并不是毫无根据的：跟他那些同龄人比起来，他确实是最厉害的球员。那是一个属于阿贾克斯巨星们的时代，比如斯贾克·斯沃特、彼特·凯泽尔，当然还有约翰·克鲁伊夫。但是在这些"上帝之子"中，范加尔最喜欢的还是亨克·赫罗特。赫罗特在空中所向披靡，而范加尔也是如此，他们都很擅长将传中球顶入网窝。只要他进球，他就会吼出英雄的昵称："亨基！亨基！亨基！"

从某种意义上来说，范加尔成长于一个合适的时代。他和他的小伙伴们在旱冰场里踢的比赛其实非常粗野——在这段经历中，铲球是司空见惯的事情，瘀肿的膝盖就是证明。据他的同龄人讲，范加尔对于自己推搡别人并致其失去平衡这种事毫不介意，但如果同样的情况发生在他的身上，他可就没那么宽容了。他想要成为最好的球员，永远取得胜利。范加尔就是在阿姆斯特丹的大街小巷中播下了成长的种子，将来他会因此而收获一种能力，那就是准确地掌握比赛的走势。他从屡次失败中学到了经验教训，并且丰富了自己的智慧，这些都为他日后成为一名教练员提供了坚实的保障。

时髦的20世纪60年代并没有影响到范加尔。当其他人开始留起长发时，他仍然保持着自己相对平整的发型。当别人炫耀着自己那褪色的紧身牛仔裤时，他却穿着用特纶卡面料做成的裤子。在当时的荷兰，这种聚酯材料被广泛地用于制作衣物。他并不是一个派对狂，并且对琳娜乌绍夫教堂辖下的天主教青年社团也没什么兴趣。不过，1969年时，他就是在那里结识的费尔南达·奥比斯。他们俩一见钟情，当时他18岁，她16岁。他们于1973年结婚，当时他只有22岁。

范加尔逐渐培养了一种爱好，那便是骑摩托车。他深深地爱上了这辆普克车，那时，荷兰年轻人对这款奥地利人机两用车的痴迷程度达到了不可思议的地步。为了赚取一定的津贴，范加尔开始为附近的邻居送报纸。他骑着这辆红色普克车可以迅速地搞定这一切。

范加尔的家离德米尔球场及其周边的训练基地很近，步行即可抵达。显然，范加尔已将目光投向了沃尔兰——阿贾克斯青年队。但是对于范加尔这样一位天主教徒来说，向世俗化的足球俱乐部转变并不是一件轻而易举的事。带有宗教以及社会政治色彩的部门——威尔祖灵，也许可以算得上是自由荷兰的特质。1961年，范加尔开始为德米尔罗马天主教体育协会（RKSV）效力。除了足球之外，孩子们还会打棒球、手球、网球以及进行体操运动。范加尔全家都参与其中：男孩儿们在俱乐部踢球，女孩儿们则练习体操。

20世纪60年代，棒球在荷兰成了一项新兴运动，有许多未来的足球巨星都被这项运动吸引住了，比如约翰·克鲁伊夫以及古斯·希丁克，范加尔同样如此。他很享受当投手的感觉：他站在那块小土堆上会比队友们稍稍高出一截，而且这么做还可以为比赛的发展打上自己的烙印。显然，他在做接球手时表现也不赖。由于具有专心致志的特质，他在棒球领域干得和足球领域一样出色。

范加尔还是一名纸牌高手。起初，由于他还是一个经济拮据的书生，所以他在下注时会显得特别谨慎。于是，一位德米尔罗马天主教体育协会的董事决定"资助"范加尔一点儿钱。有了这位"甜心老爹"在资金上的支持，范加尔的胆量逐渐壮大了起来。在玩"贝尔特"这项荷兰人经常参与的纸牌项目时，他总是能清楚地记得该回合中哪些牌已经出现过了。很快，他就为自己及其赞助人赢得了一笔钱。

范加尔是一名卓有天赋的中场球员，这个核心位置能让他充分施展其领导才华。他在球场上会朝队友说很多话，也会做很多手势，指引他们到该去的位置上。一些年龄稍长的队员被他不间断地发号施令给惹怒了，为了让他闭嘴，他们有时还会略微发力将其推到线外去，他数次因此而伤心落泪。他的教练罗布·尼乌文赫伊斯给了他在一队进行首秀的机会，这倒不是被他喋喋不休的特质所吸引，而是因为他在足球方面的天赋着实让人信服。在德米尔球场踢的首场比赛里，他一个人包办了全队7粒进球中的4粒。

球商与智商相互之间也许并没有多大的联系，但是范加尔二者兼备。哪个人若能处于这样一种情形之中，那他的教练生涯往往能取得成功。一名教练会经受来自多方的压力：支持者、赞助商、俱乐部董事会、同行以及媒体。为了在应付这些压力的同时还能取得成功，你需要变得聪明一些，并且得拥有一颗坚定的心。通常来说，这比拥有一整套战术技巧还重要。范加尔其实是一个考虑周到、坚如磐石的人，他那表面上虚张声势的行为并不能掩盖这一事实。早在性格形成时期，他就已经在这方面打下了坚实的基础。青年范加尔后来去了霍格尔汉堡学校，这是一家相当有名望的机构，在这里接受完教育的学生能够进入大学继续学习。他在足球方面的超凡技术让他成了阿贾克斯球探们的潜在目标，虽然他们只是表达了一些初步的兴趣，可是他的哥哥姐姐们非常关爱这个天资聪颖的弟弟，于是他们不遗余力地保护着他，不愿让他受到外界的干扰。他们想让他完成学业，并且继续为德米尔罗马天主教体育协会效力一段时间。他是一名优秀的学生，在16岁时顺利从高中毕业。

范加尔想当一名体育教师，而且还在位于阿姆斯特丹古岑维尔德郊区的体育教育学院（ALO）中进行了注册。谈到在ALO中的经历时，范加尔说道："我在这里学会了如何教别人踢球。在那之前，我就像小草一般稚嫩，那会儿我一直专心踢球，甚至连女人长成什么样子都不太清楚。不过在学院里，一切都改变了，感谢他们的综合型教育。我学会了如何和女人相处，更进一步地说，是学会了如何与普通人打交道。学会如何做某种练习是我在ALO学到的重要一课，可更重要的是我弄清楚了什么才是潜在的心理状态。我在体育教育学院里学到了和体育有关的一切知识。"

当范加尔完成注册时，他只有17岁。"在学院中，我变得更加聪明了，因为我学会了抽象思维，其实并没有太多的人在如此年轻的时候去学这些东西。我学习的科目包括教育学、心理学以及哲学，而且在那儿与我共处的是一帮23岁左右的男孩儿。因此，我认为这应该就是我比我的兄弟们更早成熟的原因吧。我拥有一位优秀的老师，名叫马克思·库普斯，他能把自己所做的每件事都构建出一个框架来。我还从哲学家约翰·洛克那里找到了自己的座右铭：精神比身体更强大。从训练课的心理学老师约翰·里基斯曼那里，我学到了与人相处要采取积极的态度而非消极的方式。我属于和谐派，而里纳斯·米歇尔斯和约翰·克鲁伊夫则属于战斗派。"事实已经证明，这些课程为范加尔日后的教练生涯带来了长久的有益影响。

曾经担任过阿贾克斯与荷兰国家队主帅的里纳斯·米歇尔斯是范加尔的榜样之一。"和我一样，他最初也是一名体育老师。球员们就像一帮大孩子一样，所以说，做体育老师和做教练有许多相似之处。而区别就在于双方的目标不一样，在学校里你只需要设立教学目标就可以了，但我是一个闲不下来的人，这也是我要从事体育行业的原因。在当体育老师的时候，我有些过于注重'表演'，这并不是一个贬义词。相反地，我认为这其实很好，但是你不能忽视教育方面的东西，而我就没有。在我看来，'表演'是一种好方法，可以向学生们传递与教学有关的东西。除此之外，二者在其他方面并没有什么不同。你采取某种方式接近学生时会基于某种特别的哲学理念，训练球员时，你也会采取类似的方式。不管是在学校还是在球队中，你都会遭遇等级差异和文化差异。"

在1970—1971赛季末期，德米尔和阿贾克斯各级梯队踢了很多场练习赛。范加尔的球技在这些比赛中展现得淋漓尽致，阿贾克斯也再次表达了对这位霸气的天才中场的兴趣。当时范加尔已经快20岁了，这一次他没有让机会从身边溜走，他签订了合同，并开始在二队效力。他每月能挣750荷兰盾（约合250英镑），这笔钱对当时的新晋职业球员来说是一个不小的数字。阿贾克斯非常重视保护球员，并禁止他们踢街球，从而避免受伤。对于范加尔的奥地利普克车就更没商量了，俱乐部的管理细则明确表示骑这种东西比踢街球还要危险。他收到了一辆菲亚特127来作为自己的代步工具，而那辆普克车则交给了他的朋友们，这样他们就可以来看他的比赛了。

在《荷兰不唬烂》（1991年版）一书中，作者科林·怀特生动地描述了他坐火车去荷兰首都时的印象："到了富丽堂皇的阿姆斯特丹中央车站后，千万不要盯着任何人的眼睛，否则你就会被骗，比如他们会问你要不要大麻、海洛因、可卡因、便宜宾馆或者水上旅馆（车站后面小船里设立的宾馆）、参与静坐示威、左翼报纸、右翼报纸、无党派报纸、擦鞋、签署请愿书、参与游行或暴动、雇佣非法占地者、参与女性解放运动和同性恋解放运动……无论如何，出站时盯着地板看绝对是正确的做法，随后你就会在街上发现一堆堆狗屎——它们装点着阿姆斯特丹的大街小巷。"当然了，这是愤世嫉俗者对阿姆斯特丹的偏见，即使以范加尔刚开始为阿贾克斯效力的时间点为起点再往前推20年，情况也没有他描述的这般糟糕。不过毫无疑问的是，这座城市和居住在这里的人都是独一无二的，不只从世界范围来看，在荷兰范围内也同样如此。

麻烦不断的阿姆斯特丹——全世界唯一加冕的城市。这项授予荷兰首都的皇冠是拜奥地利皇帝马克西米利安一世所赐，你现在仍然可以在维斯特图伦看到它的身影。难道这就是阿姆斯特丹人自认为比其他荷兰人更加优越的原因吗？或者说也是其他荷兰人对国家首都感到一丝害怕和不满的原因？范加尔并非来自市中心"莫库克"——这是当地人对这座城市更亲切的叫法，而且他讲话时也不会带有区分阿姆斯特丹人和乡下人的特殊鼻音。但是他多多少少有些好战，这种咄咄逼人的态度形象地描绘了这里的城镇居民。阿姆斯特丹人都不太好相处，而范加尔也的确难以获得超额的认同。他常常能够做成所想之事，因为有三种特质会在这一进程中共同起作用：毫不妥协的态度、对正确之事不可动摇的信念，以及他在自己领域里无可辩驳的专业性。他在阿贾克斯所遇到的情形绝对是这样的，因为这里充满了激烈的竞争。

虽然他刚去的时候才20岁，但相对来说他的年龄已经算比较大的了，二队里的许多队友都才十八九岁。此外，他们中间大多数人都为阿贾克斯青年队踢过球，可以说对俱乐部知根知底，相比之下，范加尔更像是一个外来汉。他被安排在了前锋的位置上，虽然这并不是最适合他的位置，但由于他拥有成熟的技术以及对比赛的解读能力，所以他同样表现出色。他最大的缺点就是魁梧的体型导致他移动缓慢，他的奔跑和转身都不太理想。他的加速度很慢，而且体力也比大多数队友都差。跑步训练看上去没什么实质性的作用，因此只好中断了。范加尔后来说道："我缺乏坚持踢完90分钟比赛的能力，我无法不知疲倦地满场飞奔。如果我能做到这些的话，那么再加上我原有的技术、战术方面的能力，我最终就绝不可能流落到鹿特丹斯巴达（位于鹿特丹的球队，范加尔球员生涯晚期曾在这里效力），我就可以挣更多的钱。其实我也想成为一名拥有极强奔跑能力的球员，但即便天不遂人愿，我也不会感到沮丧。我早已学会坦然面对这一切，我也必须这样做。"

这是属于阿贾克斯黄金一代的岁月：代表球员有约翰·克鲁伊夫、彼特·凯泽尔、斯贾克·斯沃特、杰里·穆赫伦、路德·科洛尔以及约翰·内斯肯斯，他们统领着一线队。范加尔无法与这些天才们相提并论，于是他只能一直待在二队。1971—1972赛季，他的球队最终排名第三；1972—1973赛季，球队仅次于海牙获得亚军。"这是沉重而困难的两年时间，"范加尔说道，"因为我在踢球的同时还要学习如何成为一名体育老师。在阿贾克斯，他们根本不会同情这种情况。我整天都做着和体育相关的事情，搞得整个人都筋疲力尽了。阿贾克斯的教练汉·格里岑豪特以及博比·哈姆斯不给我任何喘息的机会。不过，我的球商就是在那段时间塑造成型的，这至今让我受益匪浅。你知道的，只踢好球其实根本不够，你必须对胜利充满渴望。在那些日子里，有时你会在训练中被严重侵犯，有时会有人拍拍你的后背并教你做人。阿贾克斯的管理层采用了这样一种方式，从而可以保证球队能永远拥有一些处于最高竞技水平的球员。"范加尔赞同佛学著作《法华经》中的一点，他在总结中这样说道："鲜美的花朵植根于肮脏的泥土之中，年轻人都需要记住这一点。"

体育学院给他排的课程表非常紧凑，从早上8点一直上到下午6点。范加尔的妈妈让他回家吃晚餐，随后他就会去德米尔进行训练。格里岑豪特曾评论说："我是将范加尔带到阿贾克斯那群人之中的一个，他的出色之处在于他的身高、他对球的控制力以及对比赛的解读。我记得他是一名高高瘦瘦的前锋，甚至拥有着担当组织核心的潜能。而且，他绝不是一个胆怯的家伙。" 1973年6月，范加尔从体育学院毕业，并获得了能够在中学一级的学校任教的资格证书。

即使是今天，也有一些所谓"范加尔专家"认为这位前阿贾克斯二队球员在那段时间里曾产生过一种自卑心理。虽然他很有天赋，可他一直都生活在他那个时代的天王巨星们的阴影之下——他和世界足球舞台的距离，可谓咫尺天涯。在他为阿贾克斯效力期间，一队里有一位巨人始终占据着他的位置：约翰·克鲁伊夫。克鲁伊夫阻碍了范加尔，使其无法在球员道路上取得突破，而且他之后还会继续对范加尔的职业生涯带来显著的影响。不管是在阿姆斯特丹还是在巴塞罗那，范加尔都会以克鲁伊夫的标准为参照来衡量自己的成功。

在阿贾克斯，范加尔厌倦了那种等待一队征召的日子。不过，范加尔的能力还是在别处得到了认可，比利时的奥斯坦德俱乐部以及法国的瓦朗谢纳俱乐部都曾接触过他。当安特卫普俱乐部送上一份诱人的合约后，他接受了。他和妻子费尔南达搬进了位于安特卫普郊区德尔纳的一处公寓，那里也是俱乐部的球场所在地。极具讽刺意味的是，就在范加尔加盟比利时球队后不久，约翰·克鲁伊夫就离开阿贾克斯加盟了巴塞罗那。对此，范加尔也曾表示过后悔，他说："我本来可以成为克鲁伊夫的接班人的，这道理肯定说得通，我是绝对可以得到机会的。"至于他是否真的能够得到机会还值得商榷——作为一名球员，他从来不曾接近过克鲁伊夫的水平。不过要是说到性格，他们俩还确实很像：两人对任何事情都充满想法，而且都会慷慨地跟身边的人分享。

事实证明，范加尔的这次转会可谓喜忧参半。安特卫普拥有着挑战死敌安德莱赫特霸主地位的雄心，为了达成目标，他们引进了4名外籍球员。然而，根据比利时足协当时的规定，一支球队同时只能派出3名外籍球员上场。不幸的是，安特卫普主帅居伊·蒂斯更倾向于使用另外3名非比利时籍球员。他不太喜欢派遣范加尔上阵，因此荷兰人在球队里并没有获得一个稳定的位置。由于其彪炳的战绩，蒂斯在比利时足坛颇受爱戴，但是他的策略非常保守，至少会摆出7人的大巴，而进攻则纯粹依靠防守反击。据球队队长罗伯特·金斯说："只要足球过了中线，咱们就等同于获得了1粒点球。蒂斯不停地抱怨着'慢吞吞的范加尔'，他只会在我们领先的时候派他替补出场。范加尔的任务就是控住球，并想办法减缓比赛节奏，而这并不是荷兰人的风格。范加尔总是吆喝着说他是最棒的一个，但我并没有因此而觉得他是一个傲慢的家伙，因为他非常有礼貌，也很容易相处。不要说走进球场了，即使只是走到场边，他也会立马变成另外一个人——他真的会进入一种狂热的状态之中。如果范加尔在踢球时发挥出色，那么他就会迫不及待地想要告诉所有人：他就是本场比赛的明星。在那些时刻，他会表现得非常高兴。"

对此，蒂斯解释道："我需要从弗莱明·路德、卡尔·科达特、阿尔弗雷德·里德尔以及路易斯·范加尔这4名外籍球员中做出选择。通常我会选择前三者，而把范加尔排除在外。他对此显得有些难以理解。不过，由于他当时就已经非常健谈了，所以我们进行过一些生动而有趣的交谈。大概就是他会问我：'教练，我不明白你的意图。我是最好的球员，难道不是吗？'于是我会回答说：'不，孩子，你当然不是了。'他无法理解这一点。我认为以他当时的年纪来看，他依然称得上是一个拥有鲜明个性的男孩儿，不过我同时也认为他身体的移动能力实在是太差了。在对阵阿斯顿维拉的比赛中，范加尔拿出了惊为天人的表现，我们最终以1：0获胜。要知道在当时，这可算是一则轰动的新闻。之前在主场，我们已经凭借科达特的帽子戏法取胜。而在客场，我们只需要冻结比赛就可以了，而这正是范加尔应该做的。我至今仍记得我们俩赛前的对话，他问我：'行，教练你说吧，我该怎么踢？'我说：'就像你平常那样踢——越慢越好！'他对此很不感冒，不过他确实出色地完成了任务。"

范加尔曾有一次对蒂斯说："只要把球传到我这儿，我就能做任何事情。"这位教练则回应道："问题是，你永远拿不到球。"几十年之后，虽然范加尔的教练生涯已经达到了蒂斯难以企及的高度，可他仍然不赞同把这些话广泛地见诸报端。"我绝不会冲着媒体这样说一名球员，相反地，我会保护我的球员。而他，却没有那么做。你能说这是自嘲般的幽默吗？我会用自己的球员经历来向我的球员们表达一种自嘲式的幽默，比如我缓慢的移动速度，人们都知道我是怎样做的。但事实上，我对自己要求非常严格。我已经建立了一套哲学体系，而我所获得的知识和经历也拓宽了我的视野。对于一个人来说，最重要的是你知道你是谁，也知道自己想要什么。你需要严肃地对待自己，你也应该反省自己，并衡量自己的价值。如果有人责备我对自己太严苛的话，那他其实更多的是在说他自己，而不是说我。"

范加尔永远不明白蒂斯为何不像欣赏其他外籍队友那样欣赏他。

"我不知道那家伙到底是怎么了，也不知道是出于什么原因，他就是不喜欢用我。在比利时，上场的外援数量受到限制，正因如此，他总是把我排除在首发名单之外。这里面并没有技术或战术方面的原因，因为即使在我表现得很好的时候，他还是会把我摁在板凳上。"蒂斯承认范加尔是一名技术出众并且富有智慧的球员，他说："我曾对媒体说过，要是中场有范加尔这样一位技术出色的球员的话，那球队的覆盖面积就会变得非常宽广。但是对于一名高水平球员来说，他的速度实在太慢了，这不符合我的胃口。这可能是他体格的原因：他拖着高高大大的身躯在球场上步履蹒跚。而且，他做所有的事都会以同样的速度进行。所以我选择了那些速度快的球员，因为我需要他们（为了防守反击）。如果当时我拥有最终决定权的话，那我是绝对不会把范加尔带到球队中来的——不是因为我不喜欢范加尔这个人，而是因为他不符合安特卫普的建队理念。"

范加尔的朋友兼队友罗杰·范古尔是一名前锋，这位球员认为范加尔的大嘴巴让他自己付出了代价，他也因此失去了在球队中的位置。

"队里有4名外籍球员，所以必须有一个人会被弃用。但我并不认为范加尔是这4个人里面最差的一个，而且队里还有其他人也同意我的看法。不过，范加尔太爱发表自己的观点了，他总会在赛后跟蒂斯就比赛争论不休。因此，蒂斯认为范加尔总爱装作万事通，即使他从未在公开场合这样说过，但这个因素在教练选人时肯定起到了关键作用。蒂斯确实很懂球，他已经证明了自己可以构建一支球队——最初是在安特卫普，后来是在比利时国家队。所有球员都对这个教头感到满意，当然，范加尔除外。也许，他算得上是自己那张大嘴巴的受害者吧。"

在比利时的日子对范加尔来说还算过得舒适，不过在坐了4年的冷板凳之后，他终于受够了。1977年春天，他向荷兰的很多学校寄了一大堆求职信，试图找一份体育教师的工作。唐博斯克学校接受了他的申请，这是一所位于阿姆斯特丹的初等技工学校，他被聘任为一名全职教师，每周工作29小时。那时他已经有了女儿布伦达了，而他的妻子费尔南达正怀着蕾娜特，于是他们举家搬往阿姆斯特丹以北20英里①的小镇阿文霍恩。这所学校的男生都很喜爱足球，作为一名能经常在体育类广播电视上出现的半职业球员，范加尔在这里享有某种程度上的名人地位。

范加尔的足球生涯遵循了一种"双轨模式"，即球员兼教师。还有一些其他的荷兰名帅也采取了这种方式，其中最著名的当属里纳斯·米歇尔斯及古斯·希丁克了。在学校里和这帮情绪容易激动的小孩儿们共事的经历给这些教练们提供了他们同行所缺乏的敏锐心理洞察力。当他们在训练成年人时，这项技能同样适用，其实这些球员和那些高中生一样易怒、苛刻，你需要不时地给予他们耐心的包容，并给他们设定严格的纪律。

范加尔做了12年的体育教师，他的许多箴言都源自这一段经历，比如"每个人都有天赋，但他们通常都不知道自己究竟有哪种天赋""我可以充当一种媒介，帮助球员们将他们的天赋表现出来"。范加尔的批评通常不太奏效，因为学生们认为他说话时带着一种校长般的风格与腔调。在他们看来，他不过只是一名教师罢了。这种解读是否合情合理还有待考证，米歇尔斯和希丁克也从来不缺乏自信。事实上，希丁克在韩国的时候还出版了一本名为《我的路》的韩语版传记，并受到热烈追捧。可是没有人指责米歇尔斯或者希丁克有一种校长般的倾向，这种似是而非的"荣誉"只是授予了范加尔。毋庸置疑，他在教学方面有着坚定的信仰，学校的课堂已经证明了这些东西非常有效。这些日常的工作教会他如何去解释一些东西。如果孩子们无法击中飞来的棒球，范加尔

---

① 约32.19千米。

就会不厌其烦地进行讲解，直到他们打到为止。他那会儿一直在武装着自己，为的就是有朝一日能够开启自己的教练生涯。

前特斯达以及哈勒姆球员麦克·海伦克拉肯就是范加尔的一名弟子，他说："我们都认为他是一名优秀的老师，他坦率而富有激情，甚至有些狂热。在那样一种学校里授课，你必须得表现得疯狂一点儿才行，因为那儿总有一些难缠的家伙。当时，范加尔非常务实，那些长得矮矮胖胖、行动呆板的男孩儿只要付出最大努力就能得到8分（在荷兰的0~10分体系里，8分可算作'优秀'），而那些身手敏捷、体型苗条的学生，只要你不全身心投入，就只能得到3分（代表'极度不满意'）。他嘴上绝不会轻饶那些往他枪口上撞的孩子，有一件事我记得特别清楚，就是有一个男孩儿在练习时没有尽他的全力。当时我们在吊环上做练习，而且在某一时点上这家伙需要翻转身子。向前翻时，他没问题，可是向后翻时，问题就出来了。于是，他很尴尬地吊在那里，而范加尔却没有出手相助，也许他当时在想：你可以自己解决这个问题。所有人都笑得前仰后合，直到那个男孩儿最后松手摔到地板上。'你活该。'范加尔当时如是说道。但是他的眼睛之前却一刻不停地盯着那个孩子，我敢肯定，一旦出现险情，他一定会出手相助的。"

学校是一个是非之地。这儿有许多问题学生，其中就包括一些来自臭名昭著的"F-side"组织（相当于切尔西的"猎头者"以及西汉姆联的"城际帮"）的阿贾克斯死忠球迷。学校里还有很多外地来的孩子，以及一些拥有摩洛哥、土耳其、苏里南背景的移民者小孩儿，他们很难融入荷兰的社会。在学校和这群孩子做斗争已经成为一种日常生活。范加尔必须跟这些来自纷繁复杂社会背景中的孩子们处理好关系，不过他很享受那些年在那里所做的工作，而且他也在开展工作的过程中学到了很多东西。在那样一种情形下，人类感知他人的能力会与日俱增。此外，将那种工作状态移植到对职业球员的训练之中也是有可能的，而范加尔也确实做到了。他会呼吁球员们具备责任感，提醒他们在工作和生活中分清主次。范加尔在与他的队员们共事时不会单纯地只涉及足球方面的东西，他还会谈及精神层面的东西，并坚持不懈地带领他们走向成熟。

自律且守时的范加尔很快明白这样的环境需要制定明确的规则，而且还要严格、坚决地予以执行。在唐博斯克学校，他总共工作了12年，直到他全身心地投入职业足球的怀抱，并开始担任阿贾克斯青年部门的协调人为止。对于了解范加尔的那些行家来说，这次跳槽并不出人意料。他不止一次地表达过自己的愿望：将来，要么做一名足球教练，要么在商界充当一名管理者。他一直认为自己是一位天生的领袖，而且他相信，如果自己只当一名体育教师的话，那么他将无法展现自己的全部潜能。

范加尔在任教的同时也扮演着一名半职业球员的角色，他起先是为特斯达踢球，这是一支来自海边小镇费尔森的球队。由于这家俱乐部无力支付安特卫普索要的高额转会费，因此范加尔以租借的形式加盟了特斯达。20世纪70年代初，该球队曾拥有过一段美好的时光，但是在范加尔到来之前，球队已经在荷甲（相当于荷兰的英超）的榜尾痛苦挣扎了。罗马尼亚教头米尔恰·佩蒂苏希望这位新加盟的天才球员能够帮助球队顺利保级。为了达到这个目标，他把范加尔安排在锋线上，这个位置其实并不适合这位又高又慢的球员。由于特斯达已经输麻木了，所以他们踢得非常保守，这对范加尔来说就更加不利了，因为他在前场会陷入孤立无援的境地。

范加尔和他的教练关系很好，这和他在安特卫普时的经历完全不同。他、佩蒂苏以及队长弗雷德·比绍特能够坐下来共同探讨足球战术长达数小时，在这期间，他们还会画许多图表。范加尔和这位罗马尼亚人志趣相投，最终，当特斯达在1978年不幸降级后，范加尔做出了一个意料之中的决定，那就是追随恩师前往鹿特丹斯巴达。两人都没有兴趣为荷乙（相当于英甲）俱乐部效力，毕竟这只是荷兰第二级别联赛。斯巴达以175000荷兰盾（约合60000英镑）的价格买进了范加尔，而这也是他硕果累累的8年鹿特丹生涯的开端。

第 3 章　在斯巴达与阿尔克马尔的沉浮

我的朋友们关注的是球员，而我则关注里纳斯·米歇尔斯。我就是
在那时知道自己想要成为一位教练的。

——路易斯·范加尔

斯巴达和阿贾克斯都饱含丰富的历史，而且有共通之处。两家俱乐部的名字都来源于希腊神话，而且这两个名字都是勇士的象征。在1911年以前，两家俱乐部甚至穿的是同样颜色的球衣。斯巴达成立于1888年，是荷兰历史上最古老的职业足球俱乐部。虽说俱乐部在20世纪60年代也取得过一些成就，但它最光辉的岁月主要还是在20世纪上半叶。后来，俱乐部发现自己总是在竞争着"荷兰其他球队冠军"的头衔，也就是阿贾克斯、费耶诺德、埃因霍温之后的荷甲第四名。斯巴达同时还是一家颇具英式风格的俱乐部：有很多英格兰的球员和教练都在斯巴达具有近百年历史的"城堡球场"里奉献过美好年华，俱乐部甚至还会吹嘘他们自己的板球队。

范加尔追随佩蒂苏来到斯巴达时只有27岁。他迅速成为阵容里不可或缺的一分子，而他之后一共为俱乐部出场282次。在这段时间里，斯巴达曾两次"赢得""三巨头"身后那梦寐以求的第四名。范加尔很少受伤，几乎没有缺席过一场联赛。他只有一次长期缺阵的经历，那是1981—1982赛季，当时他的左臂骨折了。"我落地时单手撑地，随即听到清脆的声响。我立刻说："骨折了。"最初他们并不相信我，因为我的手指还能活动自如。但不幸的是，我的感觉才是对的。"

更为麻烦的，是他那让人喘不过气来的日程表。早上8点到下午2点，他得在唐博斯克学校任教，而一个半小时过后，他必须赶到斯巴达的训练场。此外，为了提升自己的资历，他还报名参加了许多有关足球和管理的课程，这会花掉他大量晚上的时光。通常，他得穿梭于鹿特丹和阿文霍恩之间，因为他的俱乐部和住所分别位于这两个地方，而一次往返的路程就达到了200千米。疲劳偶尔袭来时，他就必须把车停到路边，他曾有两次因为开车时打盹儿而撞上路边的隔离带。范加尔不能把家搬到一个离俱乐部更近的地方，因为他在阿姆斯特丹有一份教学工作。他曾多次考虑过签约一家离家更近的俱乐部——阿尔克马尔、哈勒姆或者沃伦丹。然而，斯巴达下定决心留下这名在阵中举足轻重的球员，他们狮子大开口般的40万荷兰盾的要价足以吓退那些小俱乐部。

范加尔踢的是一种技术纯熟、干净利落的足球。在他的斯巴达生涯中，他总共只得到了5张黄牌，而且都不是因为犯规得到的。他之所以会得这些黄牌，完全是因为他对自己认为的不公正判罚发表了一些批判性的言论，而这同样也是他得到唯一的红牌的原因。他曾高声地对一个大胡子裁判所做的判罚表达自己的不满，裁判随即口头警告了他，于是范加尔回应道："大胡子！你要是想把这事儿搞到报纸上去的话，你就应该给我一张黄牌！"裁判立刻照做了。"如果你还想上头版的话，"范加尔继续喋喋不休道，"你就应该再给我一张！"裁判当即满足了他……

投资自我是范加尔的本性：做事三心二意与他的天性背道而驰。他很快就学会了斯巴达的队歌，在一场对阵莫斯科斯巴达克的客场比赛开球之前，他和斯巴达的主席以及队友丹尼·布林德站在球场中央唱起了队歌，这着实震惊了当地俄罗斯球迷。虽然并非所有队友都被他那嘴上的突然爆发所感染，但确实所有人都被他的敬业感动了。获得胜利后，当所有人都在为出色地完成了工作而感到欣喜若狂的时候，范加尔却已经在全神贯注地准备下一场比赛了。

最初，当佩蒂苏把范加尔放在中场的位置上时，斯巴达的球迷们并没有立即喜欢上这个喜欢黏球的队员。但是范加尔直接无视了来自看台和发布会现场的抱怨。"我的传球、控球都很好，"对此他反击道，"我敢说我坚决地执行了战术，如果公众看不出这一点的话，那我就没办法了。当然了，我也可以像其他人那样把球往前踢出去，但结果只会是丢掉球。所以我更愿意将球控制住，而这却会给人一种狂妄自大的印象。"仓促把球踢向前场违背了范加尔作为一名球员的原则，做了教练后，这依然是他最深恶痛绝的事。他始终坚持制定周密而有章法的进攻。

不喜欢他的声音不只来源于球迷和记者，范加尔的队友亦有人批评他。曾效力于阿贾克斯的球员利恩·德胡耶就评论道："范加尔也许会矢口否认，但他给人的印象确实是傲慢无礼、独断专行的。其他人可能会将对某件事的看法在心里憋一段时间，可范加尔不会，他刚到斯巴达就声称别的队友不行。那时候他跻身首发11人之中，因此他的影响力具有决定意义。我承认，他确实拥有领导才华。但坦率地讲，我并不喜欢那些整天像教练一样发号施令的球员。他对比赛有着深刻的理解，而且拥有充当进攻核心的能力。但是在首个赛季将要进入尾声时，他开始大声地纠正起自己的队友来——不只是在训练场上，比赛场上也同样如此。年轻球员都很尊敬他，因为他们对此并不会心存芥蒂，但说实话，我真不喜欢他这样，他简直缺少自我批评。在国家队大名单公布后，他对自己的落选感到很失望。"的确，范加尔看上去非常自信，他认为自己已经做好了应对国家队挑战的准备。

"好吧，我承认我的奔跑能力有所欠缺。但这并没有任何问题，只要球员们能像斯巴达的队友那样为我跑位就好了。如果这种事情能发生在'橙衣军团'（荷兰国家队昵称）的身上，我就敢说：'是的，我做好为国效力的准备了。'我拥有技术与洞察力，而这是否足以让我跻身国家队的阵容，还要取决于凯斯·赖弗斯（国家队主帅）。"

在佩蒂苏治下，球队表现起伏不定。1979—1980赛季中段，荷兰人约普·布兰德接替了他的位置。之前，布兰德和范加尔已经在位于泽斯特的荷兰足协（KNVB）所举办的课程上见过面了，年轻的范加尔经常会赞扬他这位同行高超的执教能力。"他是我曾共事过的最好的主帅，我会用与他相同的方式来执教。他拥有一切：他可以传授知识，他知道如何与人打交道，而且他明白作为一名教练你必须得凌驾于球员之上，一切都得由你说了算。我很少看到有教练做出具有针对性的换人，不过他就知道如何在事情搞砸之前及时加以制止。一个教练，就是要做到这些才行。"这些评论性的描述也是范加尔自己在执教时会最先考虑到的东西。

虽然范加尔对布兰德的训练水平不惜溢美之词，可是在他的领导下，斯巴达战绩依旧不尽如人意，于是他很快就被威尔士教练巴里·休斯取代了。从很多方面来看，休斯和范加尔简直可以说是两个对立的极端。作为教练，他最为世人所铭记的便是在哈勒姆俱乐部中发掘了路德·古利特。不过，作为狂欢节的表演者以及多部喜剧电视节目的嘉宾才是让他在荷兰更加名声大震的原因。休斯永远都会备好一个笑话，以达到用幽默来舒缓气氛的目的。不管是在场上还是在场下，他都欣然接受自己的"小丑"角色，从他自传的名字就可以洞悉这一点——《表演家》。这和严肃的范加尔截然不同，荷兰人致力运用高超的技术和绝妙的战术来踢球。与之相比，休斯则是英式足球的拥护者：一个大脚开到前场然后迅速展开反击。他并不赞赏范加尔那种层层推进、精心设计的踢法，他认为这完全是在浪费时间，而且进球的机会也会减少。

当休斯拒绝听取范加尔的意见后，范加尔直接找到了斯巴达的董事会，这激怒了他的主教练。他们的关系从一开始就陷入僵局，休斯在《表演家》一书中也对这位中场球员所持的态度表达过不满。与此同时，范加尔的确为球队的表现带来了正面的影响，可这位教练多少都有些不情愿承认这一事实，他说："他会给人一种感觉，好像足球就是他发明的一样。他傲慢至极，纯粹是个刚愎自用之人。我和他在球场上并没有这么多的矛盾，因为他表现很好。但是作为一个普通人，他简直算得上是无可救药的典范。他的性格不会给球队的气氛带来什么好的影响，虽然我承认事情后来慢慢好转起来了——这也是在我执教的最后一年时间里他能成为场上队长的原因，但他永远不可能成为我的朋友。"

范加尔最终频繁地沦为替补，考虑到他为斯巴达所做的一切，这事也许有些不合乎常理。他的一些前队友至今依旧认为，正是由于他定期去干预主教练的工作才让他最终付出了丢掉阵中位置的惨痛代价，休斯的观点似乎佐证了这一点，他说："我不是那种会邀请球员到办公室来跟我讨论战术的人，我认为范加尔当时很怀念这样的做法，因为在佩蒂苏治下他就可以这么干。不过，我才是最终决定谁上谁不上的那个人，我不需要任何人对此指手画脚，这是我的工作方式。我是一个独来独往的人，做事之前不会先跟别人争论一番。至少可以这么说，范加尔试图扰乱我工作方式的行为让我大为光火。"

虽然休斯认为范加尔会给球队的士气带来不好的影响，可这位仗义执言的中场球员可不是那么容易就会被击倒的，因为他代表着球员们的利益。年轻的沃特·霍尔维达就是其中一位深受感动的球员，他说："范加尔是一头犟驴，很多人都不喜欢跟这种人一起工作。不过，他拥有某些特质，看上去，所有人都认为如果他能成为一名领袖的话，这些缺点其实也没什么大不了的。而且在这一点上，他确实做得很好。他是最好的球员，始终维护我们想要为自己争取的东西。当然了，在训练中，他会用最讨人厌的方式批评你。可我依旧从中受益匪浅，因为即使在那时，他也已经相当懂球了。他有一种幽默感，在我们开玩笑的时候，他也会哈哈大笑，随后他的脸就会变得绯红，于是我们就反过来笑他。"

后卫球员阿德里·安德里森就被范加尔敏锐的洞察力震惊过，对此他说道："如果我们无法控制住对手，那么他就会说：'如果你的站位向右移3米的话，我就会往左移3米，然后一切都会变得平衡起来。'而他是对的。最初你会想：他真是一个古怪的家伙。但是有很多次，事实立刻就会证明他是对的，于是你便开始尊敬他，并开始接受他的指令。范加尔能在几分钟内发现问题之所在。在赛前会议上，我们会制订一些方案，不过在比赛进行中，他会用自己的想法取而代之——他就是场上的教练。"

巴里·休斯离开后，范加尔一点儿也不难过，这完全可以理解。取代他的是伯特·雅各布斯，和休斯一样，他也很喜欢开玩笑。不过，这两个荷兰人之间的关系可就好多了，而且雅各布斯迅速地认可了范加尔的足球智慧以及领袖才华，对此他说："当时，我立刻意识到和我相处的这个人对足球极度热忱，而且对任何事都有着自己的深刻见解。我之前还从来没有遇到过这样一个全身心投入到自己工作之中的队长。后来我还意识到他是一个个性鲜明的人，我将他视为一个聪明之人，甚至可以说是博学之士。他读过很多书，并且知道自己在说什么。在场下，他是一名领袖，而在场上更是如此。正是通过他，我才明白了什么叫作'将教练工作延续到球场上'，他能够指导自己的队友，而且他会像象棋选手那样做到深谋远虑。正因为他和我在足球方面存在着相似的想法，所以我们俩合作得非常愉快。"

在斯巴达时，范加尔还有机会将他的足球经历拓展到荷兰之外的地方。1983年，斯巴达打到了联盟杯第三轮，而他们也是参赛的4支荷兰球队中唯一走到这一步的俱乐部。在1985年的该项锦标赛上，球队没有获得这样高的成就，但是对阵德国巨人汉堡队的比赛值得铭记，当时斯巴达罚出一系列高质量点球而涉险过关。范加尔发现自己在与曼弗雷德·卡尔茨及菲利克斯·马加特二人的交锋中占据了上风，而后者就是多年以后带领沃尔夫斯堡登顶德甲的主教练，而且他和马加特在分别执教拜仁慕尼黑和沙尔克04时会再次兵戎相向。对斯巴达来说，1985年变得非常忙碌，他们甚至还在季风时节远赴中国。高温和潮湿的天气是范加尔及其队友们始料未及的，而这也对他们的发挥产生了一定的影响。不过，在远东地区得以加强的耐力让他们在接下来的新赛季中收获了丰厚的回报。

当时，范加尔还是VVCS的一名活跃分子，这是一家特殊的球员工会，至今仍让许多荷兰足协的官僚们以及荷兰的职业俱乐部们感到头痛不已。范加尔存在着这样一种观点：球员们的权利没有得到充分的代表，而且有关方面对他们的税收界定也非常模糊。一个人要想在工会中更有效地开展工作，那他至少需要表现得像一个律师那样才行：机敏、健谈，有时还需要一点儿好斗的劲头。在一群沉默寡言的同人之中，范加尔显得出类拔萃，他满脑子都充斥着各种跟改善职业球员处境有关的想法，而且他毫不犹豫地把这些想法分享给了他的听众。在工会的杂志中，他解释道："我这么做显然是为了让所有人都感到满意，我已经被追问了无数次了（关于代表球员一事）。因此，在工会里工作时你会感受到某种牵引力。我也想弄明白现在到底是怎么回事，因此你便开始涉足整个组织的管理事务，这从逻辑上是讲得通的。"最终，他被任命为VVCS的副主席。

范加尔还促使中央球员委员会在1985年正式挂牌成立。这个组织成了在位于泽斯特的荷兰足协总部中代表球员权益的官方渠道，而范加尔则不负众望地成为它的首任会长。在开启了一段时间的教练生涯后，他又在1992年成为教练职业足球协会的主席，并在这个位置上一直待到去巴塞罗那之前。这些经历更加完善了范加尔的管理和组织天赋。他为改进职业球员的工作环境和报酬做出了巨大的贡献，而且帮助改善了足球大环境，使其从乌烟瘴气的政治斗争中解脱出来，从而变得更加民主透明。

斯巴达到底有多依赖他们这位组织核心呢？1984—1985赛季就给出了明确的答案。范加尔因伤缺阵，导致球队开始变得举步维艰：有一则新闻头条这样写道，"没有范加尔，斯巴达迷失自我"；还有一条新闻则写道，"没有范加尔的斯巴达不堪一击"。然而，范加尔那时候已经三十五六岁了，疲劳的身体也成了一个问题。每天往返于住所和工作地的通勤加剧了这种影响。于是在1986年5月，加盟阿尔克马尔开始成为一种可能。范加尔必须得拿出全部口才来说服斯巴达董事会让他跳出现有合约。他说："跟斯巴达说再见是一件很难受的事。我是一名职业球员，但是这家俱乐部已经成为我生命中的一部分。我在这里已经体会到了一切，你不会轻易忘记这些东西的。"

对于范加尔来说，完成从斯巴达光辉耀眼的球队核心向阿尔克马尔新角色的转变是非常困难的。由于在鹿特丹时已经习惯于向队友发号施令，所以他很难在新环境中压低自己的语气，也难以调整自己的行事风格。一些阿尔克马尔的球员几乎从一开始就被这个刚愎自用、爱管闲事的新队友给激怒了。范加尔脑子里那些不同的想法已经不起作用了，因为他已经不再是曾经的那个球员：在35岁高龄，他变得更加缓慢了，这根本没办法帮助阿尔克马尔拿出更好的表现来。

在他签约时，俱乐部对范加尔的期望很高。几年前，阿尔克马尔在球场上取得了巨大的成就：由于得到了商人兄弟塞斯·莫伦纳以及克拉斯·莫伦纳的鼎力相助，阿尔克马尔在1981年时不但赢得了联赛和荷兰杯的"双冠王"，而且打进了欧洲联盟杯的决赛。不过，自从莫伦纳兄弟从俱乐部撤资后，球队便开始走下坡路，大家都希望范加尔能够成为那个唤醒这支沉睡球队的人。

范加尔尝试着采用休克疗法，结果却适得其反，这让其他队员对他产生了一种反感情绪。范加尔总结道："范加尔这个人在阿尔克马尔没有被人接受。'包容'是促进现在这些俱乐部正常运转的最关键的一个词语。治疗很难在一年之内完成，尤其是当你已经上了年纪之后。在斯巴达时，我们是一个精神强大的整体，大家会宽恕别人的缺点，并且相互弥补。但是在阿尔克马尔，每个人都只关注自己。这些球员给我的印象是什么都听不进去。也许我需要对此做些什么，亦或许我的现实遭遇跟我原先的想法相去甚远。"

门将汉斯·德科宁貌似认为范加尔至少得为球队糟糕的表现负上一定的责任。他说："作为一名球员，他支配欲很强，他要求别人把所有球都传给他。当然，他是一个已经在斯巴达打拼了8年的老兵。不过，我有时会有这样一种感觉：天哪，你可不可以不要这么争强好胜！他总是在批评别人，这将惹恼其他球员。通常，这些事会导致摩擦与纠纷。当新人来到球队后，你会期望他采取一种'等等看'的处事方式。然而范加尔可不是这样一种人。从一开始，他就对在他看来充满错误的事情进行猛烈的抨击，并且有时还会采取一种极不理智的方式。"

1986年12月，35岁的范加尔找到阿尔克马尔的董事会并告诉他们说："我现在已经力不从心了。"董事会让他再等一等，因为俱乐部的重建工作当时正在开展之中。不久之后，球队主帅汉·博格被解雇了，取而代之的是汉斯·伊肯布鲁克。球队主席阿里·莱哈特给当时还没拿到教练资格证书的范加尔提供了助理教练的位置。最终，范加尔的球员生涯以1∶3负于兹沃勒惨淡收场。

范加尔在阿尔克马尔从来没有达到在斯巴达时那样的水平，但是在教练席上，他获得了一个新的机会，而且这个职位所肩负的责任可比他最初的预想大得多。几乎没过多久，伊肯布鲁克就发现自己的健康状况出现了问题。他采取了住院治疗，于是范加尔临危受命，承担起了领袖的职责。即使在伊肯布鲁克的健康状况还没那么差的时候，他也会承认这一点："如果我哪天感觉不太好，我就会让范加尔去场上完成所有的工作，也就是说，让范加尔掌管球队。从战术准备到赛前会议，他无所不做。"虽然没有人曾公开这样讲过，不过这多多少少说明了一个事实：范加尔从一开始就能有效地掌控球队。伊肯布鲁克是形式上的管理者，因为他拥有必要的证件，但是范加尔才是站在幕后的那个人，而大家也通过这次机会见证了范加尔质的转变。他在阿尔克马尔平庸的场上表现开始让位于高强度、亲力亲为的场边管理工作。目标是明确的：阻止球队从荷甲降级，而且范加尔也下定决心尽自己的最大努力来避免此事。

范加尔治愈阿尔克马尔顽疾的良方就是采纳"牛鞭效应"。他认为，既然他对自己都这么严格，那对球队就更应如此，而他也的确是这样做的。在范加尔治下，俱乐部开启了全新的统治时期，其中着重强调的就是纪律性。迟到者会被罚款，毕竟范加尔自己就非常守时；球员们被要求把车子停在停车场里偏远的位置，从而在靠近球场入口的地方为客队预留出更多的车位；禁止穿没有光泽的鞋子，这作为一种礼貌，必须予以执行。"教练会明确地告诉每个球员他们的优点和缺点是什么，对此，每个人的认可程度都不尽相同。但他确实得到了球员们的尊重，抱怨消失了，他们开始仔细聆听起来。"

范加尔认为直白、强硬的方式是必不可少的，对此他解释道："这并不过分，只不过是执行公务罢了。如果顾虑重重的话就会导致混乱，在选人方面尤其如此。毕竟，我才是领导。我不想成为一个看上去傲慢自大的人，但是事情自然而然地就朝着这个方向演变了。"这样做的结果就是，"所有人都清楚地知道我的底线在哪儿，我不会让你逾越的，我在抚养孩子时也是这么做的。这非常困难，因为它意味着你有时不得不做一些和自己的情感相悖的事情。"

另外一项大胆的创新就是范加尔从二队里提拔了7名球员参与一队位置的竞争。因此，一队的阵容达到了23名球员。范加尔为那些竞争同一个位置的球员们提供了相互学习借鉴的机会。通过营造一种竞争的氛围，他激发了球队的热情。有时，阵中的球星能够为小球员们提供必要的帮助，这无论是对他们的信心还是表现而言都有好处；但有时他们的存在也会导致另一个极端，那就是抑制那些冉冉升起的新星的发展。现在，那些曾对自己在阵中的位置没有树立危机感的老球员却发现自己坐到了板凳上。无论何时，只要他们替补登场，他们就必须去证明自己的能力，并为重新夺回首发而战。

这是范加尔管理风格里的其中一种经久不衰的"商标"。他在对待这一点上展现出了惊人的持久性，就像对待其他事情一样。在阿尔克马尔，他会对那些无法令他感到满意的人喋喋不休：待在自己感觉最舒适的区域并只管大脚长传的中场球员，为了安全起见而围绕在门将周围的防守球员……他会敦促他们，还会用一些措辞激烈的语言去刺激他们。据汉斯·德科宁透露，范加尔治下的训练课会给人一种紧张的感觉，这种感觉他们此前从来没有遇到过，他说："但最重要的是，这确实带来了不同。比如，他会明确地关注个性发展。他让7个人站在门线上，然后叫一个人在7米开外踢任意球。不管是用脚踢还是用头顶，我们都必须找出阻止足球入网的方法。他不允许我们转过身去，而是必须直面足球。如果球砸中了你的肚子，那就太痛苦了：为了球队，你得有这样一种堵枪眼的牺牲精神。我记得大家当时都认为他过于疯狂了，但我们还是会按照他的指令去做。"

"此前，我还从来没有遇到过哪位教练会突然叫停训练来纠正我们的站位。他会向我们解释怎样找准自己的位置，如何留出足够的空间，以及何时开始全力奔跑。他教导我们怎样才能变得更加敏锐，并让我们多想想自己所做的动作。我们从没觉得这样的训练会让人感到不自在。在此之后，你永远都会有一大堆事情需要考虑。从教学方法上来说，他非常强大。你可以看到，他早就习惯于站在一帮学员跟前讲话，而且他也善于用朴实无华的语言来进行讲解。"

媒体也注意到了这种转变。"现在这总算称得上是一支球队了，"一则报道这样写道，"球员们对助教范加尔不惜溢美之词，他仅用了5周的时间，就将11个不成气候的家伙捏合成了一个杰出的整体。"保守的方式也转变成了积极的、富有进攻性的风格，这才是人们愿意花钱来看的那种足球，而范加尔也会将这种风格继续贯彻到他今后的教练生涯之中。对此，这位助教说道："这就是我自己一直也想踢的那种方式，此外，这种理念跟阿尔克马尔是完全契合的。不论对手是阿贾克斯还是埃克塞尔西奥（一支常年混迹于荷乙的球队），我们都不会区别对待。降级绝不会成为我们的选择。"

在范加尔的努力下，阿尔克马尔最终确实留在了荷甲，董事会有多高兴是可想而知的。阿尔克马尔不光依靠进球避免了降级，球迷们对此也感到非常高兴，到现场助阵的人数也因此而激增。但是这位雄心勃勃的教练并不满足于此，他想要更多。他不停地敲打着董事会议室的门，刚开始是提出这样的要求，随后又会提出那样的要求……他想为球员们争取赢球奖金；他对医护人员感到不满并想换掉他们；他还想要一间健身房——在这样一家管理松散落后的地方性小球会里，还从未有人听说过这种东西。跟往常一样，范加尔领先他所处的时代10年，而阿尔克马尔是幸运的，因为他们拥有这个人。

不幸的是，这段愉悦的时光不算太长。汉斯·伊肯布鲁克仍旧是官方名义上的主教练。多少让人感觉不太舒服的现实是，他的助手明显更加胜任这个位置，而且很多旁观者都注意到他的助教给球队带来了他所不能带来的结果。与此同时，俱乐部开始失去许多值得信赖的球员，他们之中有许多人都因伤无法出场。范加尔无法像以往那样从容地派遣替补球员，而弃用那些表现不好的球员也成了不可能的事。最终，范加尔那种以纪律为中心的执教方式只好做出妥协，而这影响了球队的表现以及比赛的结果。俱乐部主席陷入两难境地，对此他总结道："看样子，解除范加尔在那个位置上的权力已经是不可避免的事了。球员们想走，而俱乐部又没钱买到替代者，所以我们只能在现有人员中进行选择。此外，我们还承担着巨额的债务。最重要的是，我认为所有荷兰的球队都没有做好适应范加尔的准备，也许只有阿贾克斯才能将他想要的那些东西变成现实。他把阿尔克马尔当作一家顶级职业俱乐部来看待，可是俱乐部的组织结构其实更偏向于业余性质，而且球队财力也非常有限。失去了莫伦纳兄弟的支持后，我们很庆幸自己还能将脑袋露出水面。我们的赞助商规模也不大，而且对他们来说，资助俱乐部更像是一种兴趣，而不是一种投资。一切都得从节俭出发。"

董事会也有话要说。他们认为自己为俱乐部的运营投入了时间与金钱，所以他们理所当然有权力在技术指导上施加影响力：这种情况在一家足球俱乐部中是很罕见的。对于像阿尔克马尔这种规模的俱乐部的控制人来说，球队的财政空间极其有限。英格兰、法国、西班牙、德国以及意大利的那些地方性球队能用掉大量的资金，而阿尔克马尔财务总监可以用来花费的资金与它们有着天壤之别，在范加尔第一次执教阿尔克马尔的那段时间里，这种情况尤为明显。即使是荷兰国内一些大球会的财政能力和欧洲主流联赛的球会也相去甚远，他们不会为了取得一个锦标而进行疯狂的采购。他们更青睐于发掘年轻而杰出的天才球员：短期内，俱乐部会因他们的球技而获益，随后还可以卖掉他们，从而赚取一笔丰厚的利润。从商业角度来说，这种运营方式是可以理解的，但是这种政策很容易给管理层和教练之间带来摩擦。教练只对在短期内提升球队的表现感兴趣，然而俱乐部董事会却想看到可观的投资回报。

范加尔丝毫不会同情阿尔克马尔所处的这种困境，他说："'谁出钱，谁就有权'，这是在很多俱乐部都适用的条款。如果一个董事会成员投资翻修食堂，那么通常来说他就有权决定把酒吧吧台放在什么地方。他们在对待教练时，情况也是如此：董事会的成员们也想在教练身上施加影响力，或者至少表现出这样一种意愿。对他们来说，掌管俱乐部只用投入时间和金钱就可以了。但是我还要求董事会也得遵守纪律，即使你是一个董事会成员，你也得努力工作。如果他说：'天哪！不！我来投资只是一种兴趣。'那么他就应该给自己换一种兴趣。"

这种观点对俱乐部主席来说是无法接受的，他说："他想把俱乐部改造成一种现代化的商业模式。董事会成员们为俱乐部投入了资金，但是在范加尔看来，他们对足球一无所知。如果他们提出技术性的见解，那么这位教练就会谴责他们，无人能够幸免，他会当着你的面直接告诉你他的想法。这种方式有好处，但也有负面影响。有时在生活中，你得学会圆滑地处事。范加尔做不到这一点，因此他树立了很多敌人，甚至还包括一些球员。他会在更衣室里爆发，并对球员说：'你可以消失了！我能用其他10个人替代你！'"毋庸置疑，这名主席与这位教练不可能成为朋友了。两人最终势同水火，以至于在球队大巴上他们会分别占据通道两头的座位，相互之间一句话也不说。

范加尔在带队训练以及在场边指挥时总会引起众人的关注，而且他的嗓音很大。那声音到底有多大呢？事实上，范加尔有一次在比赛中咒骂了裁判后，连自己俱乐部的董事维兰德·维尔穆伦都觉得有必要出面干涉一下他了。他直接从看台上跑下去，把范加尔拽到了场外。这件事过去1个月后，在1987年11月某天，报纸的头条这样写道："阿尔克马尔董事会解雇了路易斯·范加尔。"这是毫无悬念的。俱乐部主席弗洛尔·穆衫在《阿尔克马尔报》上宣称：球员和教练之间的关系已经严重恶化了。他说："正因如此，我们经过了董事会和技术人员的反复磋商后决定要求范加尔辞职。"对于这件事，范加尔并不同意这种解读，在同一篇文章里，他回应道："要求我辞职？他们是直接解雇了我！这太奇怪了，真的。阿尔克马尔的董事会最初对我感到很满意，可后来他们突然就把我给支开了。和球员有矛盾？我知道有4个男孩儿在选人方面跟我产生过分歧，但我认为大多数人都是支持我的，而董事会拒绝听取这群人的意见。他们只是在找一只替罪羊（为阿尔克马尔排名积分榜中下游背黑锅），结果这个人就是我。"

对范加尔来说，这件事至今仍是一个敏感的话题，那些有勇气提及此事的记者会发现自己戳中了他的痛处。最重要的是，要记住他当时在俱乐部的处境非常不利，而这也是他作为教练的第一次经历。很少有人会质疑他的能力，但是他毫不妥协、绝不松口的要求显然给他和俱乐部很多人的关系造成了伤害。他离开后，几乎没有球员联系过他，问他近况如何。即使有，也只有极少数人会这样做。德科宁说："我知道，这事儿确实让他很受伤，但是我们更关注自己的事务。我们不想降级，在足球世界里，你不能感情用事，因为这里面有太多的利己主义者了。"后来，阿尔克马尔确实有过后悔，尤其是当他们看到范加尔在阿贾克斯声名鹊起的时候。但是在阿尔克马尔，他想掌控一切，可俱乐部并不打算将权力移交给他。

这件事同样也使得范加尔与媒体产生了矛盾，尤其是《足球国际》的描述冒犯了他，这家杂志自诩为"唯一和荷兰足球有关的杂志"。后来，在接受这家杂志的记者凯斯·扬斯马的采访时，受到羞辱的范加尔表达了对这家杂志过度干涉俱乐部内部管理事务的不满。在那次交流之后，紧接着一篇4页纸的文章就采用了这样一个标题："《足球国际》决定谁能成为教练，谁又会在何处被炒鱿鱼"。尤其让范加尔感到神伤的是扬斯马胆敢用"独裁主义"和"歇斯底里"这样的词汇来形容他。范加尔称这名记者和他所供职的杂志是误导阿尔克马尔董事会成员的罪魁祸首。他说："我尊敬你，也读过很多你的作品，但我从没想过你居然会责备作为一名教练的我。你作为一位名人，当你用这种方式来打压我时，就难怪那些董事会成员会机械地按你所说的去做了。""可事实本来就是这样的，"扬斯马回击道，"我看过你在阿尔克马尔执教的两场球，（主教练）汉斯·伊肯布鲁克就像一只受伤的雏鸟一般坐在你旁边，而你却像一位陆军元帅那样愤怒咆哮地指挥着球员的一举一动。我没有说你的执教能力有什么不好，但是从人文角度来说，我对你很反感。"范加尔毫不让步地反击道："我已经在阿尔克马尔做了很多事：球探工作、医疗保障，凡是你所能想到的，应有尽有。是的，我是个傲慢的人，因为我认为现代职业足球不可能冷落我！"

1987—1988赛季，阿尔克马尔最终排名联赛第十五位，并因净胜球劣势而降级至荷乙。他们花了近10年的时间才重返荷甲。至于路易斯·范加尔，他根本没必要担心什么。足球世界完全不会冷落他，一个崭新的机会迅速出现在了这个国家最大的俱乐部：阿贾克斯。

第 4 章 阿贾克斯与"荷兰学院派"

"能力绝非巧合。"

——这句话装裱在阿贾克斯俱乐部范加尔办公室的墙上。

1988—1989赛季，范加尔原本是要被任命为阿贾克斯青年队的协调人的。但由于俱乐部困难重重，这个计划中的角色很快就发生了转变。在"救世主"约翰·克鲁伊夫的带领下，阿贾克斯用优异的表现掀起了巨大的波澜，这其中就包括赢得了1987年欧洲优胜者杯的冠军，不过在接下来的这个赛季中，这股浪潮开始趋于平静。关键球员陆续离队：马尔科·范巴斯滕转会至AC米兰，弗兰克·里杰卡尔德则转投皇家萨拉戈萨。克鲁伊夫指责董事会采取的转会政策欠佳，而且他想对球队的技术性决策进行全面接管。对此，俱乐部一口予以回绝。这直接导致了克鲁伊夫转投巴塞罗那，在那里，他缔造了一系列史无前例的成就。再说回阿贾克斯，三人教练团体临时取代了克鲁伊夫，而后瑞士主帅科特·林德又接过了他们的教鞭。他还没坚持到10月份，就被斯皮茨·科恩和路易斯·范加尔的双人组合取代了。

这一系列古怪而混乱的管理层更替并没有提升阿贾克斯的竞争力，能否在剩余的赛季里扭转乾坤就要看最近这一次的人事变动了。而这次，他们展现了出人意料的高效，最终把球队带到了荷甲第二的位置。"范加尔傲慢至极，不过我们这儿就是喜欢傲慢的人。"阿贾克斯主席唐·哈姆森在向媒体介绍他新任命的人选时如此说道。范加尔或许不会认同别人对他性格的这种评价，不过他那充满自信的威慑力在当时给这家荷甲巨头注入了巨大的能量。在任命他为阿贾克斯助理教练的第一次新闻发布会上，他所说的第一句话就是"我是一个有话直说、公平正义的人，或许有时候看上去会有些苛刻"。这大概可以证明哈姆森其实并没有说错。

随后，莱奥·本哈克被任命为阿贾克斯的新任主帅。本哈克是荷兰职业足球教练员中的一个"稀有品种"，因为他自己从来没有当过职业球员。虽然范加尔并不反对经历一些轻松场面，但他更倾向于对和他有关的事采取一种严肃的态度。相对来说，本哈克更容易相处。这个雪茄不离手的人在西班牙时，以"唐·莱奥"这个外号为人们所熟知，他制造了许多有趣的新闻，因此他和媒体的关系非常融洽。然而这两个人都有着共同的信仰：努力工作。20世纪80年代，本哈克杜撰了一个新词汇"patatgenretic"（炸薯条一代），用于形容那群缺乏职业操守、放浪形骸的人，可以说他们是荷兰经济复兴的时代产物。在执教阿贾克斯之前，他曾帮助皇家马德里取得了联赛三连冠的佳绩。但是在经历了多年西班牙式的狂热比赛氛围后，他重新回到了相对安宁平和的荷兰低地。

当时，本哈克认为范加尔还不足以胜任他助手的角色。于是范加尔重回原定岗位训练年轻球员。1989年夏天，他就是在那里发掘了属于苏里南后裔的荷兰新兴一代：克拉伦斯·西多夫、帕特里克·克鲁伊维特、埃德加·戴维斯及米歇尔·雷齐格。同一年，他被允许参加了荷兰足协开办的教练课程，他还获得了在巴塞罗那给克鲁伊夫当一段时间学徒的额外好处。

范加尔接手球队后，阿贾克斯训练年轻球员的方法发生了转变。他把训练项目延展到了20岁，他说："我们给了年轻球员机会，让他们为自己的职业生涯做足准备，他们需要在18~20岁这个时期完善自律与坚忍不拔的精神。那段时间内，他得搞清楚成为职业球员以后什么是该做的，什么是不该做的，而且还得找准自己在球场上以及团队中的位置。"

1990年，范加尔取代斯皮茨·科恩成为本哈克的助手。在《阿贾克斯期刊》中，他承认这次职务的转变可能并不像某些人想象的那么轻松，他说："我感到很满意（训练青年队），因为你能从那些男孩儿那里得到许多赞誉和尊敬。其实继续留在那个岗位上也挺好的，但是我认为那样的话你可能就无法更进一步，以后充其量也就是个青年队主教练，而阿贾克斯就是你所能达到的上限，因为你在这里能调教整个荷兰最优秀的一群人，"他接着预言道，"我敢说如果现在这帮人能够一直团结在一起的话，那么他们甚至可以登顶欧洲。"本哈克很快意识到他这位助手是一个完美主义者，同时也是一个微观管理者。这个人不能也不会，把命运交给上天来裁决。虽然两人都致力让团队发挥其最大效用，但他们明显拥有着不同的管理哲学。本哈克认为这些职业球员都能意识到自己所肩负的责任，因此如果哪名球员迟到几分钟的话，他根本不会介意。但这对于军纪严明的范加尔来说是绝对不可饶恕的。两人在战术见解上也存在着分歧，于是他们经常会在员工会议上进行一些生动而有趣的争论。但是，范加尔从阿尔克马尔的经历中汲取了教训：永远不要越界，先安心地做一名助教。他完全拥护主教练的决定——至少在公开场合是这样的。

私底下，范加尔迫不及待地想要在别处自立门户。他试水了荷兰南部球会罗达JC、NAC布雷达以及老东家鹿特丹斯巴达，这些球队的主教练位置都处于空缺状态。但此事最终未能成行：要么是因为这些潜在的雇主有点儿被这个阿姆斯特丹人雄心勃勃的执教目标给吓倒，要么就是范加尔自己对这次跳槽感到犹豫不决，毕竟他还有可能最终成为阿贾克斯的主教练，而这确实给其他选项笼罩了一层阴影。

他的犹豫最终被证明是正确的：1991年9月，当皇家马德里为本哈克呈上一份薪金诱人的合约后，他便决定重返西班牙足坛。对此，董事会很不高兴，而阿贾克斯俱乐部主席米歇尔·范普拉格甚至将其称作是一种"背叛"。范加尔被征召去填补这个空缺，但是媒体并不怎么认可俱乐部对他的任命。他尖酸刻薄的行事作风让他成了一个不受欢迎的选择，而《荷兰电讯报》还带头掀起了一场徒劳无功的运动：让约翰·克鲁伊夫顶他。荷兰联合通讯社冷冷地评论道："这位曾经的天才中场一点儿也没变，他给人的印象还是那么傲慢无礼，就像以前在阿贾克斯、安特卫普、阿尔克马尔以及斯巴达一样。"

这个来自沃特格拉芙斯米尔的男孩儿，现在身居阿贾克斯的核心位置。新的角色同时还意味着薪金上的巨大突破——年薪接近40万荷兰盾。在接受《花花公子》采访时，范加尔承认："我坐在自己的车里，突然意识到'我现在是阿贾克斯的技术总监了'。我惊出一身冷汗，但这只持续了一分钟。从此以后，我再也没有出现过那种感觉。"

范加尔带领的这支阿贾克斯开局不利，头16场比赛仅拿到20个积分。球迷们并不熟悉这位个子高高的前青年队教练，而且对他也没什么信心。看台上有人呼吁克鲁伊夫回归，其中还夹杂着"范加尔下课"的呼声。范加尔无视这一切，他说："当然，我看过报纸，也听到过那些嘘声，可我的态度不会改变。在我的前任离职后，我开始按照自己认为合理的方式去做事。不是说本哈克的工作做得不好，而是说我跟他的想法不一样，而且我也没理由做出调整。我们的问题不是阵容实力不济，而是媒体给我们带来了太多的压力。当你为一支像阿贾克斯这样的球队效力时，你不能抱怨这些，但这确实让我的工作变得困难起来。更为糟糕的是，每次输球之后压力都会增加，而且球员们的自信心也会随之减少。我有充足的动力，但光靠我一个人有动力是没用的。"

范加尔富有争议的决策给了球迷和媒体更多批评他的理由。扬·沃特斯是一名33岁的老将，约翰·克鲁伊夫在1986年将他带到了阿贾克斯。他失去了自己中前卫的位置，被迫去到了右翼，而取代他的则是维姆·琼克。虽然球迷们认可琼克的实力，可他们无法接受自己最喜欢的球员受到冷落的事实。即使沃特斯在1990年成为荷兰队的国脚，可他所扮演的角色看上去已经被边缘化了。这两人一个比一个固执，所以他们之间的关系远不能说有多好，最终在1991年年底，沃特斯转会去了拜仁慕尼黑。范加尔指出："我们会怀念沃特斯的，他是那种喜欢张嘴说话的人。我真心希望场上所有人都能在某些时候说点儿什么出来，那会被证明是行之有效的。我们这儿再也没有第二个扬·沃特斯了。"

布莱恩·罗伊更难入范加尔的法眼。他是媒体的宠儿，也依靠个人才华赢得了公众的好感。正如范加尔所说："球迷们一直都很崇拜布莱恩，因为在荷兰，人们关注的重点就是你要把球踢得好看，而不会关注那些我认为同等重要的纪律条令。"诚然，罗伊在对手面前展现出的加速度通常都能吸引来观众。可即便如此，这位教练还是把他晾在了替补席上，甚至还将他下放到预备队踢了一场比赛。范加尔希望这种近乎羞辱的方式能够促使这名飞翼服从球队的新规。"这让我感到很受伤，"范加尔说道，"当我看到罗伊不按他自己应有的方式去工作时也会产生一种受伤的感觉，这两种感觉是一模一样的。于是我必须出面干涉他，我会把他换下场，或者让他给全队一个解释——这可不是把他拖进泥潭，而是在帮助他。"

虽然这位教练非常同情这位年轻的球员，可是他们之间的交流其实并不理想。当范加尔用他标志性的快言快语宣告罗伊的阿贾克斯时代到头时，媒体和公众都震惊了，他说："过去4年，我曾尝试着提升他的表现，可我从没看到一点儿进步。我不再信任罗伊了，我已经将此事告知了董事会。我通知罗伊可以开始寻找另一家俱乐部了。我曾用尽一切办法帮助他，甚至包括单独训练。他不介意为球队奔跑，但他无法为球队思考。让他进步是不可能的，这一切都是我的责任。"他并不认为罗伊是一个懒惰或者自私的人，他指出这名球员只不过是缺乏球商罢了。有人再三要求范加尔解释他为什么会这样对待这位年轻球员，对此他说道："从做教练的角度来说，这么做并不困难；可是从做人的角度来说，这就很难了。作为教练，我知道我是对的；可作为一个普通人，我始终在做着思想斗争。我知道我给布莱恩带来了痛苦，可我自己也很难过。"不幸的是，这些话并没有改变"范加尔是个无情的人"这种主流观点。

随后，前锋乔尼·范特希普表示他再也不想踢右边锋的位置了。众所周知，范特希普已经为阿贾克斯效力了整整10年，看上去，他的水平已经产生了严重的下滑。范加尔再次表现出铁面无私的态度。他认为他需要在前场安排两名边锋，并且不愿为了适应范特希普的偏好而调整自己的战术。这名球员从球队里消失了，最终只能出现在看台上。这就是范加尔的政策：他，而且也只有他，可以决定需要哪名球员上场，上场之后又该踢哪个位置，球员自己是没有决定权的。范加尔的哲学就是，球员必须与球队和体系相适应。

范加尔寻找的是哪种球员呢？正如他自己所说的，"全能型球员"：左右脚均衡、同时具备防守和进攻能力、身体强壮、启动迅速、拥有敏锐的战术觉悟，从而可以顺畅地适应不同阵型，而最重要的就是能够运用这些技能来帮助全队。他在米歇尔·雷齐格、罗纳德·德波尔、温斯顿·博加德及埃德加·戴维斯身上发现过这些素质。戴维斯是范加尔特别想要的那种球员。这名1.68米的矮个子中场是严格遵照范式哲学以及训练方法培育起来的，他拥有教练希望在球员身上看到的速度、技术以及职业道德，而且他还能进球，尤其是在球队最需要的时刻。范加尔赋予他"斗牛犬"的称号，以表彰他凶悍的球风以及强大的中场统治力。从多方面来说，他就是那种理想的"全能型球员"。

说到阿贾克斯，如果不提及荷兰足球教父里纳斯·米歇尔斯，那就是不全面的。这位绰号"将军"的传奇教练，在1999年被国际足联授予"世纪最佳教练"的称号。他也是"全攻全守足球"的创始人，在这套影响深远的战术理论中，球员们需要具备随时接替其他队友所扮演角色的能力。米歇尔斯在作为阿贾克斯主教练时逐步完善了全攻全守体系，在这个打法中，如果一个球员失位，那么立刻就会有一名队友过来补位，因此球队可以维持预设的组织结构。没有人会只局限于扮演其名义上的角色，每个人都会在后卫、中场以及前锋之间不停地进行转换。全攻全守足球战术上的成败在很大程度上取决于阵中每名球员的适应能力，尤其是审时度势地改变其场上位置的能力。这套理论要求队员们能够胜任场上多个位置，并且能够为做出这种轮转换位而付出更多的努力。因此，这对他们的技术和体能提出了更高的要求。

由于着重强调进攻，全攻全守足球几乎变成了荷兰球迷们的信仰。然而，它的初衷并非如此。米歇尔斯创立它时并不是因为美学方面的追求，而是出于对胜利的渴望。不论是在早前的阿贾克斯还是在后来的荷兰国家队，他的球员们都可以称得上是艺术家。但与此同时，他们也非常强硬，并富有侵略性。他们采取的战术是，压迫对方、轮转换位以及摧枯拉朽般的进攻，而它们被设计出来仅仅是为了获得胜利。全攻全守足球是各方寻求攻破铁桶阵方法的产物，这要求球员在组织与进攻时要做到出其不意、攻其不备。它鼓励球员们在防守端、中场以及进攻端这三条线上频繁换位。所有球员都被允许参与组织与进攻，只要他们同时也能尽到防守义务就行。这种用进攻来施压的踢法，其主要目标就是当进攻方在对方半场丢球后应该立即抢回球权。只有当你的三条线全面压上并且全队都挤在一起时，对手在他们本方半场所设立的陷阱才会奏效。这自然而然就意味着你在自己的半场留下了过多的空间，因此很容易被防守反击所摧毁。教练计划在大部分时间里将球运行在对方半场中，因此球队必须在远离自己球门的地方开始防守。这样说来，球队担负不起组织进攻时因丧失球权而带来的损失。

全攻全守以及进攻施压是它所创造的精彩比赛的一部分。对观众来说，这简直就是一场盛宴，荷兰球迷都希望自己的球队能这么踢，特别是在阿贾克斯。然而，这种踢法对球员和全队都提出了极大的要求。这种方式需要长年累月地选择合适的球员，然后再构建球队。兼容性最强的阵型是4-3-3，甚至是3-4-3，前提是教练必须尽最大可能地坚持这种踢法。这非常具有挑战性，只有部分教练有足够的胆量全面投身于这种战术之中。

约翰·克鲁伊夫是继米歇尔斯之后最著名的全攻全守倡导者，在评价米歇尔斯时，他说："我一直都无比崇敬他的领导力。无论是我在做球员时，还是在做教练时，他教给我的东西比任何人都多。他是一名体育专家，曾用这种方式让荷兰闻名于世，所有人至今仍因此而获益。我从里纳斯·米歇尔斯身上学到的东西比从其他任何人身上学到的都多。我经常尝试着去模仿他，而这也是一个人所能表达的最崇高的敬意。"克鲁伊夫虽然在球员时期被安排在中锋位置上，可他依旧游荡在球场的每个角落，然后突然出现在任何一个能够给予对手致命打击的地方。

1972年的欧冠决赛成为全攻全守足球最光辉的时刻。在阿贾克斯2：0战胜国际米兰之后，欧洲各家报纸都是这样报道的："链式防守宣告死亡，全攻全守赢得胜利。"荷兰的《共和日报》宣称："国米的体系崩盘，防守足球被彻底摧毁。"1972年，阿贾克斯赢得了欧冠、荷甲、荷兰杯、洲际杯、欧洲超级杯的"五冠王"，历史上只有两支球队完成过这一壮举。

范加尔当时接手的这支阿贾克斯，充满了里纳斯·米歇尔斯的全攻全守足球哲学，而且还被约翰·克鲁伊夫崇尚进攻的理念发扬光大过。每个人都想压上参与进攻，包括门将。"清道夫门将"，或者说"参与踢球的门将"，描绘的是远离球门的那个人，这和常规所要求的风格大相径庭。阿贾克斯的踢球方式要求门将不能安稳地留守禁区，而是要截断穿透防线的皮球。他还得分担组织进攻和快速反击的责任，这会让比赛变得吸引眼球，但也会让球队处于危险之中。范加尔需要在这样一支崇尚进攻的球队中设计出一种策略来弥补防线的漏洞，于是他打造了一支善于在组织进攻时通过频繁倒脚来将足球控制在脚下的球队。如果右路的进攻严重受阻，那么就将球转移到左路。边锋需要随时做好在边线接球并向前带球的准备，这样可以让球队踢得更加开放。所有球员都必须敏锐地意识到自己和队友所处的位置。这需要将比赛紧紧掌控在自己的节奏之中，而且全队要像一个整体那样在球场上自如地进行转换。他对赋予球员的任务以及制定的战术细节进行了详尽的定义，从这些定义来看，范加尔可以说是一个控制狂魔。他将自己的信条装裱在了办公室的墙壁上——"能力绝非巧合"。

怀疑论者认为全攻全守足球所提出的高度施压和高位越位陷阱是无法维系的：这样做是为了在丢球时压缩球场的宽度，而在控球时尽可能地增加球场宽度。特别是在现代，比赛的数量以及比赛的节奏使得这种踢法需要付出难以承受的代价。乔纳森·威尔逊在他的著作《倒转金字塔》中声称："纵观足球战术史，即便是20世纪70年代那支伟大的阿贾克斯也无法完全施展这种踢法。"据他的研究称："他们的队医必须持续稳定地为他们提供安非他命、止痛药以及肌肉弛缓药。"范加尔那支阿贾克斯在20世纪90年代中期成功做到全攻全守可能就得益于主力球员基本都处于18~22岁的年龄段。在怀疑论者看来，很多现代球员基本上都专门司职某个位置，他们尚未准备好踢多个位置，所以没有办法像全攻全守足球所要求的那样进行快速的轮转换位。

要学会如何本能地进行轮转换位可能要花去球队十几年的时间。现在，俱乐部人员流动过快，以至于他们没有充足的时间来掌握这套体系，而20世纪70年代以及90年代的阿贾克斯主要是靠内部挖潜，球员们从青训营开始就一起成长、一同学习这套体系。现阶段，球员们知道如果他们能在某个特定位置表现抢眼的话，那么他们的身价就会比那些能踢两三个位置的球员更高。与此相反，在全攻全守体系中，为了获得更好的表现，每个个体会变得无关紧要。自我牺牲精神与现代球员背道而驰，而具有讽刺意味的是，这要归罪于约翰·克鲁伊夫这位首个跨越到流行文化中的荷兰球星。

对那些支持全攻全守足球的人来说，最大的困难在于球队构建与球队战术。对这套体系而言，最重要的是通过在前锋、中场、后卫之间建立明确的联系，从而让全队发挥出最高的水准。一旦球员们明白了现代足球的核心是什么，他们就能用自己独特的能力和技术来帮助球队。全攻全守足球并没有把防守者和进攻者区分开来。过去，前锋不会参与防守，因为他认为如果他能取得进球，那就算是做了足够多的贡献了。而在全攻全守足球里，前锋只负责为球队攻城拔寨是远远不够的。

"synergy"，取自希腊语"syn-ergo"，意思是团队协作，这个单词用于描述这样一种场景：一套系统整体的最终结果大于它的各部件之和。"synergy"的反义词是"antagonism"，它描述的现象是两个及以上个体联合在一起时获得的效果反而不如他们单独行动所体现潜力的总和。在管理学方面，"synergy"指的是在一个特定的群体中成功地激发每个个体的全部潜能。

现代足球世界充满了天才，鉴于国际转会市场无流动性限制这个事实，出价最高的人就能买到这些球员。但光靠金钱是无法保证优秀的，教练的挑战就在于能否把一群散乱的个体捏合成一个平稳运行的整体，不管这些球员的天赋有多高。尤其是荷兰队，常常无法解决这个难题。这个国家出产了不计其数的优秀球员，可是由于荷兰的球员们更倾向于为自己踢球，而不是为了团队而战，所以荷兰国家队在国际大赛的关键时刻总是掉链子。让一群争吵不休的荷兰人表现得像一个值得信赖的整体是一项不小的成就，很多荷兰国家队的教练，无论他是不是荷兰人，都是经历了一番折腾之后才明白这一点。

从历史上来看，荷兰长期被那些更加知名的邻居所包围：德国、法国及英国。除了被列强包围之外，荷兰还多面临海。整个国家几乎全是平地，而且很多地方甚至位于海平面之下。因此，荷兰必须频繁地跟两种敌人展开斗争：政治对手以及自然元素。这让他们变得坚忍不拔、勇于进取、不屈不挠、精于创造。荷兰曾被列强多次入侵过，西班牙、法国、德国的铁蹄都曾横扫过这个微小的国家，但敌人最终都被荷兰人成功赶走了。在很多地方，荷兰人都通过填海来拓展他们的领地。荷兰人偶尔会用一种近乎傲慢的口气声称"上帝创造了世界，而我们创造了荷兰"。

这种跟人类邻居以及大自然永无休止的斗争，造就了荷兰人顽强、固执的性格，甚至还有那么一点儿叛逆。荷兰人称之为"eigenwijs"，字面意思代表着"自我"。他们对不确定性有一种本能的藐视，这种特点在范加尔身上表现得尤为明显。

当范加尔在海外工作时，人们自然而然地会认为他需要一些帮助，因为他对当地的文化以及足球风俗不太熟悉。然而，他总是用"他的方式"在坚持：无论他在哪里工作，他都会忠实于自己的想法。作为一个纯粹的荷兰人，他会轻易地无视别人的建议，无论有些建议的初衷是多么的好。范加尔是一个有趣的矛盾综合体：一个绝对忠实于团队成果的极端个人主义者。

最初，范加尔在阿贾克斯着重强调团队协作，可这并没有立刻为人所接受。媒体认为这是一种过时的疯狂举措，因此他们相继表现出厌恶、茫然以及嘲讽的态度。范加尔曾试图解释他的目的，他说："构建一支球队意味着：尊重你的同伴，并且尊重他们所拥有的品质；参照那些品质来反省反省你自己，并因此做出改变。既打高尔夫又打保龄球是一种通过不同行为来达到相互理解的方式，媒体不公正地强调了这些细节。在我刚开始带队时，我采用了一种训练方法：大家手拉着手来用脑袋颠球。可很快就有人开始嘲笑我，好像这就是我所构建的球队的最终形态一样……"

构建球队，这本身并不是什么新鲜事，可范加尔赋予它的优先性却是史无前例的。他需要球队的投入，但同时也要求在一定的纪律框架之内执行。他淘汰了一批满场追着对手跑的无固定位置球员，在他看来，每个人都能站住自己的位置是特别重要的，这样一来球队就不会出现防守漏洞。在范加尔的哲学理念中，团队高于一切。他对"团队"的定义不只意味着11~14位上场比赛的球员，而且还包括了其他替补、技术人员以及从球衣保管员到厨师等其他俱乐部员工。1995年，阿贾克斯赢得欧冠冠军之后，范加尔走进阿贾克斯洗衣房，把奖杯放到一台洗衣机上，并对一脸茫然的洗衣女工说："嗯……这个奖杯也是给你的！"范加尔创建了一种"归属感"，所有跟他一起工作的人都以他为中心。只有一个人在"团队"里拥有绝对话语权，而那个人就是范加尔。

范加尔还着重强调了交流的作用。范加尔总是会和他的球员们讲话——训练之前、训练中、训练之后……他会突然打破僵局，指出球员的缺点，并教导他们正确的方法——有时以冷静的方式，有时又会充满激情。范加尔告诉他的球员们，他要他们去"阅读比赛"——又一个被媒体爆料出来的表达词汇。他想要传达一种思想：不光是教练，球员也得有敏锐的战术洞察力，这样他们就能在比赛的决定性时刻做出可靠的决定。他说："你要用脑子踢球。本能反应是其中的一部分，但重要的是你的直觉要时刻服务于理智，这样你才能取得进步。如果你只凭直觉踢球，那么你就会在错误的时刻展示你的花拳绣腿。"

范加尔经常被他的批评者们诟病为一个独裁者。他或许是有点儿专横，但要说他什么都听不进去就肯定是不对的了。为了回应这种控诉，他陈述了自己的观点："我和那些指责我只会训练和镇压球员的人之间永远都存在着矛盾，而那些透彻地分析过我的工作方式的人就不会得出这种结论，因为这和我的人生观背道而驰……随着你开始更多地去交流、去解释，球员们会更好地理解你的意图，这从他们现在踢球的方式中就可以看出来。不论是在场上还是在场下，他们都更加重视彼此，互动也更加频繁有效。最初，赛后研讨会都是我一个人的独白，但现在已经演变成了大家的对话。他们会通过自己的主观想法提出一些解决办法，也会评论彼此的长处和短处。我认为这很棒，因为你通过这种方式建立了一种感觉：我们是一支团队。"

除了关注球队构建与经验交流外，阿贾克斯的球探机构也被彻底改造了。范加尔的观点是，"过去，这儿没有什么方针政策。现在，唐·普龙克（阿贾克斯球探）已经构建了他自己的网络。无论何时，只要我们收到了对某个球员的建议，我们都会近距离地去考察他。所有的数据都会被输入到计算机系统里，基于这些数据，他会被分配到多个位置的排行榜上。在一个位置上，他可能排名第一；在另一个位置上却排名第三。评估每名候选人都会使用到四种指标：技术（T）、观察力（I）、个性（P）及速度（S）——我们称之为'TIPS'。"阿贾克斯在经历了范加尔治下的惨淡开局后赢下了最后11场比赛，最终仅仅落后联赛冠军埃因霍温3分。所有怀疑论者都被这个成绩说服了，即使是批评家也开始承认阿贾克斯拥有一名非常值得信赖的、足以胜任这份工作的新主帅。

范加尔给他周围的环境带来了影响：阿贾克斯球员踢球的方式。但他还对荷兰籍教练如何看待足球以及如何从事他们的行业带来了更为深远的影响。他的执教风格唤醒了所有人，并迫使他们重新衡量自己对比赛的设想。显然，他介绍自己的想法时所采用的那种华丽的方式造就了大家的觉醒。不管你是喜欢他还是不喜欢他，你都几乎不可能无视这个男人。在范加尔执教方式的影响下，荷兰的教练们都开始将他们的球队当作一个有机统一体来对待。所以，虽说里纳斯·米歇尔斯是公认的团队风格足球的奠基人，但是到目前为止，范加尔才是所有教练里将其发挥到极致的那一位。

第 5 章 "铁血郁金香"

对欲望的约束是人品的基础。

——约翰·洛克

一名球员在某个瞬间突然做出脑子发热的行为会决定一场比赛的走势，进而影响到冠军和锦标的归属。在顶尖水准的比赛里，这样的例子数不胜数。这一瞬间的疏忽在球场上所呈现出来的结果就是对手会立刻因此而获益，规范球员的心态以避免这种情况的发生是教练员的职责。毕竟，训练的目的不只在于掌握技术，还要抓好心态方面的建设，一个能让球员明白其必要性的教练可谓无价之宝。顶级的球员都知道，踢球时，球员们更多时候都处于无球状态中。他们踢球时越动脑子，腿上的活儿就会变得越容易，而且还能因此节省更多的体力。

　　这种球商建立在与比赛有关的心理素质之上。每名球员关注的重点都不尽相同，但对顶级球员们来说，以下几点从一定程度上来说是必不可少的：成为胜利者的信念与愿望；勇气、自信、控制住对失败的恐惧；能够调节的侵略性与持久力；接受失败、处理失败的能力；要求并承担责任；维持全队纪律与团队精神，还有就是产生一种对全队的责任感。一位足球大师不会自然而然地在与对手的纠缠中变成一名斗士，控制住对失败的恐惧也有其局限性。一名真正的前锋不会因为把足球射到看台上而产生心理波动，但是另外一名球员就可能会对射门或长传感到畏惧。团队型球员会为彼此考虑，这对他们的心理也会产生积极的影响。这种通过强化个人责任来获得更好团队表现的方式，是教练用来影响球员心态的有力工具。

　　为了达到这个目标，教练员在俱乐部内部所营造的环境就显得至关重要了。这不是一项简单的任务，而且维系这种积极的氛围没有任何现成的秘诀：维系现有体系需要教练持之以恒的关注。在开展为期数周的训练营时，教练需要处理各种各样的难题。酒店的质量和设施必须保持高水准。另外一个重要的方面就是在紧张和放松之间找到合适的平衡点。在这种训练营中，一群人都是清一色的男性，有许多"闲暇"的时光需要找到事情来填补，而且他们很多人（即使不是全部人）都是百万富翁。随后，他们会有大量的时间去陪伴家人。比如，通常来说荷兰国家队的球员们在比赛之后总会得到一天的时间用于陪伴他们的爱人。这种日常生活给大家提供了休整的机会。

在阿贾克斯，范加尔首次展现了自己的领导风格——一位在战斗中指挥他的军队的将军。他所说的话很清晰地奠定了这样一种基调：谁才是在训练场上以及更衣室里掌权的人。很少有什么事能比球员注意力不集中更能惹怒这位"铁血郁金香"，他们即使只犯一个错误也会招来无情的斥责。范加尔在赛后会议上大发雷霆时所说的话语很快就为他赢得了"文明暴君"的美誉——或许根本就不是那种文明！范加尔自己却并不认同别人对他性格的这种老套描述，他说："当然了，当范加尔咒骂球员时，或者当他像动物一样咆哮时再来描述他就会让报道变得更加出彩，人们会因此觉得很有趣。但是他们这样做不过是为了给你贴上标签而已，而且随后我还得去解释我所做的事情是如何奏效的。尤其要说的是，同样是这些媒体人，他们从来不报道我是如何经常性地称赞一名球员的。原因很明显：这种事不会让大众感兴趣。"

"舆论界里有些人会这样描写：'范加尔是个独裁者！'不，我不是的。我的原则并不狭隘，每个人都能在原则范围之内畅通无阻，并保持他原有的特性。我不会自上而下地强加条款，而是先观察，然后再采取行动。没有任何一个人可以为所欲为。"同时，范加尔允许他手下的球星们享有一定程度的自由。"和我在一起，那些有创造力的球员会感受到额外的自由。"然而，他们不仅必须将状态调整到最佳水平，而且还必须参照范加尔的行为准则，并且尽最大努力去帮助球队。当所有条件都满足之后，"就算我偶尔缺席训练也没什么大不了的，但我会向全队做出解释，因为那是球队整体原则的一部分。"范加尔如是说道。

记者和球迷并不了解范加尔是如何热情地通过私人对话来宽慰自己的球员的。他会彻底地保护自己的队员，给他的队伍提供一层防护罩，让他们免受消极的、分心的、有害的影响，从而确保球员的安全。范加尔执教阿贾克斯时，所有人都觉得"外部环境是安全的"。但是在"内部"，如果一个球员不尽自己最大努力的话，范加尔是不反对给他一点儿颜色看的，不过这并不适用于那些正经历着短暂状态下滑的球员——他很擅长明辨是非。

对高水平的足球来说，头脑比肌肉更重要，心理清晰度可以增强球队的战斗力。对范加尔而言，集中注意力是至关重要的。他认为，一名在训练中无法集中注意力超过60分钟的球员就有在比赛里犯浑的危险。丢球几乎都是发生在球员走神的时候，这种症状必须不惜一切代价予以根除。范加尔认为，身体上的表现相对来说更容易提高，而心理上的清晰度则要求更多的注意力，他表示："我想让球员们时刻保持清醒的头脑，他们需要更多地带着一股精神去工作。比起老旧的、令人心烦意乱的耐力测试，球员们更重视短期身体机能训练。我高度重视球员们为他们自己提出的解决办法。"

在阿贾克斯的球员们以敷衍了事的方式完成练习后，范加尔会变得异常愤怒。"要是这种马虎的态度蔓延到比赛里的话，我们就会失去球权并且必须去追逐对手，这即便只从心理上来讲也会让人疲惫不堪。如果我看到有人不集中注意力的话，我的脾气就会爆发。他们知道这一点，而且他们从来不会因此而生气，我认为他们甚至还有些喜欢看到我做出这种下意识的反应。"这同样适用于训练之中。"这是一种职业，我们在这儿也会犯一些小错误，但不像在其他地方那样频繁，因为我相信训练应该成为一种经历。如果你在训练时怀着这样一种想法：'只管漂亮地踢好球就行了'，那么你就不该为阿贾克斯效力。"这种严苛的训练方式对培养球员的比赛纪律以及时间掌控能力来说是很有必要的。"（如何）及时出球；及时回到自己所属的位置；你给队友传球的方式与对手有关；不管是控球时还是丢球后，大家的思想始终要保持高度一致。这种纪律需要在这群球员处于12~16岁的年龄段时就夯实基础，因为你无法教一个老队员学会新的花招。针对老队员，你要做的工作就是保持他们竞技水平的稳定性。"

团队纪律在场上和场下均适用。任何球员即使只迟到一分钟也是不可接受的，而且代价巨大：罚款350荷兰盾，这在当时可是一大笔钱。如果再犯，惩罚就会加倍。球衣必须扎进球裤里，球袜必须拉起来，对此范加尔说："那些不把球衣扎进球裤里的人想要引起大家的关注，或者表现出自己的与众不同。既然你是在一支球队里踢球，那你为什么想要引起大家的关注呢？你需要拿出优异的表现，让自己适应整支球队。你需要通过比赛来引起大家的关注，而非通过你的外观。如果克拉伦斯·西多夫想要穿白色球衣，那他就得说服全队穿白色球衣的必要性是什么。这事可能真的有一些理由，但是必须要经过大家的交流与沟通才行。"出席新闻发布会时，球员必须身穿阿贾克斯的西装，领带和皮鞋也要与之相匹配，夹克衫则必须拉紧。范加尔会被一些细枝末节所激怒，比如球员在更衣室里用完毛巾之后不将其放进洗衣篮里。如果有人将他的毛巾扔到其他地方，那他就得将其带回家自己清洗。范加尔的另一个特点就是要求包括超级巨星在内的所有球员都要随身携带装备，而不只是后勤人员和预备队球员需要这么做。

在球队用餐时，所有人必须同时开吃，而吃早餐时看报纸则是明令禁止的行为。范加尔希望球员之间能相互交流，最好和足球有关，但是谈其他话题也是被允许的。他想让他们交换与其职业相关的想法，并且相互学习借鉴。范加尔严格地守卫着他的球场，通往球员区域的入口严格限制记者进入，而且就连阿贾克斯老队员的行动多少也会受到一定限制。这些从前的球星偶尔会被允许进入到室内，但不能到处乱走。"如果周围出现陌生的面孔，"范加尔解释道，"球员们相互之间就不会再说话了。这就是球员区域会在中午12点30分至下午2点30分之间关闭的原因。现在我的球员们会玩纸牌以及双陆棋，这些都是社交游戏，我已经有大约两年的时间没有见过了。"为了塑造团队精神，范加尔还会带队进行远足拉练，包括打彩弹、高尔夫或者保龄球。

　　或许，范加尔当过教师的经历能够帮助他更好地认识到人类其实是一种社交动物。范加尔反映称："我的第一个偶像是亨克·赫罗特，之后是J.F.肯尼迪，再后面就是里纳斯·米歇尔斯。我对肯尼迪感到很失望。在我还年轻时，我没有察觉到这一点，但他确实做了很多迎合他个人喜好的事情，而不是为了美国或者世界的利益。此外，他还尝试过各种婚外情，这也是我不支持的。"

　　当范加尔面试一位潜在的新球员时，这位求职者会接受一番彻底的询问。没有什么主题是不可触碰的，他想要知道这个人的家庭背景，他在哪所学校上过学等。足球话题也会被提及，但范加尔真正想知道的是这个人具备哪些素质，他还想知道球员的心理状态。一旦有一名球员被雇用了，那么这位教练就会不遗余力地打听这名球员的家庭状况。由于范加尔自己出身于一个完美和睦的家庭，所以他深知家庭方面的麻烦会严重妨碍球员的表现，而和谐的家庭环境则能够给一名教练带来最大的利益。范加尔知道球员们的妻子、孩子的名字，还会定期询问孕妇的健康状况，并且从不会错过任何一个人的生日。

　　2007年，范加尔在他"二进宫"阿尔克马尔期间招募了一位心理师。莱奥·范德博格所在公司的主营业务是培训公司管理者，而他会就如何正确指导球员一事向教练组成员提供相关建议。"一个人不可能总是处于平衡状态，"范加尔说道，"我在工作时会运用到心理学以及神经反馈方面的知识，因为我总是在尝试着找出一种更有效的方法来帮助球员们更好地认识他们自己，进而更好地控制他们自己。"范德博格解释道："我试着帮助教练们用某种方式来看待球员，因为很多足球教练只会关注比赛本身，而不会关注球员。他们都会踢球，但关键就在于你要用一种适合他们的方式来指导这些球员。比如，一名球员可能会需要很多指导，但同样的事可能会让另一名球员感到困惑，处理这些棘手的问题是教练所肩负的职责的一部分。"范德博格的主要任务是给范加尔以及他的教练组成员们提供相关指导和建议，他并不会直接面对球员。

范加尔认为这是一种行之有效的方式。"对我的球员们来说，已经有一大堆正衡量着他们的人需要他们去应对了，这就是我们为什么要聘请心理学家来为教练组成员提供更深入的见解，从而帮助他们指导球员。他算得上是教练的教练。"

范德博格的观点是大多数足球教练都不了解心理洞察力的价值。"即使在现有的教练课程上，对球员个性的关注也差不多可以说是寥寥无几的，几乎没有谁知道人是如何活动的。相较于我们自己，我们更加了解我们的吸尘器和洗衣机。在商业领域，那样做的代价巨大。教练们尝试着关注球员，但他们无法看穿任何东西。你也能看到汽车引擎盖下面的东西，但如果你没有专业知识的话，你根本就看不出任何问题。"

范德博格及其同事每月两次地将他们的想法分享给范加尔及其助于。生活在消极被动之中是徒劳无功的，据他所说："没有哪名球员会当着5万名观众的面故意踢一场糟糕的比赛，我经常听到教练员们在输球后抱怨说谁谁谁没有发挥出他的最佳水平。错！作为一名教练，你得扪心自问一下，为什么你无法将球员调整到比赛的最佳状态？"看样子在这样一种环境下，要想改正缺点完全就是痴人说梦话。"在德国，他们曾研究过一些左脚球员。球员们被要求只能使用右脚射门。结果，3个月后这些男孩儿的右腿变壮了3%，而左腿则萎缩了30%。所以，'天才培养'这个词应该从辞典中抹去。你应该允许球员们做他们所擅长的事，让每名球员都能够独立自主地训练，从而开发他们的强项并加以利用。同时，我认为80%的训练都应该分配给个人练习。"这是一种非同寻常的想法，不过高瞻远瞩的范加尔可能会更倾向于认真听取这个建议，而非采纳那些更为保守的同行们的想法。

一名教练若是想要知道怎样才能为他的球员们提供既完整又合适的指导的话，他首先要做的就是了解并接受他们的本性。人是由精神和肉体构成的，而精神又包括智力、情感和意志。个体的这四个方面需要用一种和谐、均衡的方法来培养和发展。在体育训练中，身体方面的培养被过度重视了，这造成了可怕的后果。每个个体都应该被理解为一个独一无二的人，拥有智力、情感、意志以及身体方面的能量。

在范加尔执教拜仁慕尼黑时，俱乐部发现他是个始终如一的人——从他的人生哲学中、从他对纪律的要求上，以及从他强烈的情感里都可以看出来这一点。"他是一个在正确的时间点上选择了正确俱乐部的明智之人，"俱乐部主席卡尔·海因茨·鲁梅尼格如是说道，"这是我们有史以来与教练之间所建立的最为职业化的工作关系。"

"他事无巨细，亲力亲为，就像一位父亲。"弗朗茨·贝肯鲍尔不止通过一种渠道表达过这样的观点。范加尔的父亲形象正好体现了他常常喜欢挂在嘴边的温暖以及家庭、友谊等概念。这种形象一直保持了下去，比如弗兰克·里贝里攻破多特蒙德大门后跳进了他的怀中，阿扬·罗本在威悉球场绝杀不来梅后由于高兴过头，竟一把将他推到了跑道上。比如，当范加尔准备让马丁·德米凯利斯替补登场时，这名球员嘴里依旧抱怨着教练没有将他排进首发名单，见此情形，范加尔仅仅亲吻了一下阿根廷人的脸颊。"一个不可思议的家伙。"托马斯·穆勒如此评价他道。

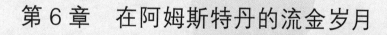

第 6 章　在阿姆斯特丹的流金岁月

我不需要11名最好的球员，我要的是最好的11名球员。

——路易斯·范加尔

在当了一年的旁观者之后，阿贾克斯在欧洲联盟杯中重返欧战赛事的聚光灯之下，这一次他们没有重演只打一两轮酱油便铩羽而归的尴尬一幕，而是一直战斗到了最后一轮。他们很轻松地便搞定了瑞典球队厄勒布鲁SK以及德国俱乐部红白埃森。在接下来的一轮里，西班牙球队CA奥萨苏纳被认为是一个较为难缠的对手，但凭借丹尼斯·博格坎普的出色发挥，球队主、客场均以1∶0获胜，从而顺利晋级。路易斯·范加尔为球队制订的计划越来越明确：维姆·琼克负责输送弹药，然后由丹尼斯·博格坎普完成致命一击。1/4决赛将属于欧洲足球的美好夜晚再次带回到阿姆斯特丹，KAA根特被3∶0碾压出局。半决赛的对手热那亚在意大利的主场以2∶3失利，这是阿贾克斯在欧洲赛场上发挥出色的比赛之一。熊熊燃烧的罗马焰火，数千条挥舞的围巾，球迷不遗余力地歌唱并为球队感到发自内心的自豪，这些东西全都回来了。随后在一场紧张的比赛中，丹尼斯·博格坎普再一次在阿姆斯特丹终结了比赛，帮助球队1∶1战平对手。

　　阿贾克斯靠着一支自营自建的球队走到了欧洲联盟杯的决赛，球队是由"纯正"的阿贾克斯球员组成，大多数人都来自球队的青训体系。在两回合决胜负的决赛中，阿贾克斯首先来到了都灵的德尔·阿尔卑球场，都灵队在这里见证了维姆·琼克一脚惊世骇俗的世界波直挂球门上方死角，后者凭借此球帮助球队争取到了一场2∶2的平局。1992年5月13日，第二回合比赛在电力充足的奥林匹克球场开打。意大利人再次让比赛变得惊心动魄起来，在距离终场哨响还有3分钟时，他们先后击中了两次立柱、一次横梁。阿贾克斯此刻已经弹尽粮绝：罗布·阿尔夫伦替换了虚弱的博格坎普，斯蒂芬·佩特森在角旗处撞断了锁骨，但他依旧带伤坚持。终场哨让大家彻底地解放了——一场互交白卷的平局意味着阿贾克斯将凭借客场进球多而获胜。范加尔在执教阿贾克斯的第一个赛季便带领球队夺得了欧洲联盟杯的冠军。

范加尔在极短的时间内创造了令人惊艳的成绩。阿贾克斯的成功立刻引起了更高水平联赛的关注，尤其是意甲。国际米兰抢走了"超级双人组"琼克和博格坎普。约翰·范特希普和马西亚诺·文克转投热那亚，中场球员米歇尔·克里克则被帕多瓦俱乐部签下了。范加尔只得回到画板旁边从头开始勾勒新的蓝图，这就是他所做的，他坚信下一代甚至会比上一代更加优秀。

重建过程付出了极高的代价，1992—1993赛季，球队在联赛中屡屡犯错，欧战赛场上也被意大利球队帕尔马淘汰出局。不过球队用令人信服的方式赢得了荷兰杯：在鹿特丹以5∶0的比分屠杀了主场作战的费耶诺德，而SC海伦芬则在决赛赛场上被6∶2横扫。就连经常在球队重建过程中缺乏耐心的球迷们，这次也开始支持范加尔的改革了。人们纷纷加入阿贾克斯球迷俱乐部，人数达到了惊人的8万，这表明他们对这支焕然一新的球队充满信心，队里的球员包括：埃德加·戴维斯、弗兰克以及罗纳德·德波尔兄弟、埃德温·范德萨，左路飞翼马克·奥维马斯以及芬兰天才亚里·利特马宁。一年之后，随着自家培养的天才帕特里克·克鲁伊维特以及克拉伦斯·西多夫的崛起，再加上巧妙挖掘到的尼日利亚前锋芬尼迪·乔治、恩万科沃·卡努，范加尔彻底完成了对阵容的重建。阿贾克斯传奇球星弗兰克·里杰卡尔德也回到梦开始的地方来结束自己的职业生涯。

范加尔开始着手拿下荷甲冠军，并且在1994—1996年间斩获了该项赛事的三连冠。众所周知，1994—1995赛季成了阿贾克斯历史上最为成功的赛季。俱乐部不仅再次拿到国内的冠军，而且还完全主宰了联赛：胜27场，平7场，保持不败。在此期间，他们打进了不可思议的106球，相当于平均每场3.11球。那个赛季，球队唯一输的球发生在阿姆斯特尔杯（也就是现在的荷兰杯）的1/4决赛对阵费耶诺德的比赛中。对方前锋麦克·奥比库通过一粒加时赛的金球终止了阿贾克斯在这项赛事上的征程。

1994年，范加尔初尝了诱人的欧洲冠军联赛，这项赛事最近由欧洲冠军杯改制而来。阿贾克斯那个赛季取得的成就是震古烁今的：他们从头至尾没有输过任何一场球，并且在9场比赛里仅丢4球。最初，AC米兰、萨尔斯堡赌场以及雅典AEK在小组赛阶段就被完全征服了。随后，轮到哈伊杜克斯普利特和拜仁慕尼黑遭受沉重打击，阿贾克斯在奥林匹克球场分别以3：0、5：2的比分获胜。决赛一如既往地技惊四座，他们在本届赛事中连续第三次击败了法比奥·卡佩罗领军的卫冕冠军AC米兰，要知道这支球队可是在一年前以4：0的比分重创了约翰·克鲁伊夫率领的巴塞罗那。在维也纳的恩斯特哈佩尔球场进行的决赛中，AC米兰在第87分钟被年仅18岁的帕特里克·克鲁伊维特绝杀。在阿姆斯特丹的博物馆广场，阿贾克斯历史上第四座冠军杯在超过25万人面前进行游行巡展。这是他们22年来首次获得大耳朵杯，而且前三次都是在阿贾克斯的黄金时代中取得的，而这也是自那以后获得的唯一的欧冠奖杯。

然而这些统计数字并未告诉你全部的故事。诚然，球队是按照阿贾克斯的方式来进行训练的——传球、跑动、技术以及所有必需的东西，但同时还要感谢范加尔消除了经常传染给俱乐部的自我放纵之风。这样一来造成的结果就是，在对阵AC米兰的欧冠决赛中完成出场的13名球员里，有8名球员出自阿贾克斯青训系统。范加尔的阿贾克斯踢出了令人如痴如醉的足球，这是一种建立在非常规4-4-2或4-3-3阵型之上的战术体系，但特色就在于他将一系列的"钻石"紧密地串联了起来，而且阵中还拥有足球史上极具智慧的两颗大脑。

在这个不可思议的赛季结束后，国外的俱乐部们再次登门造访了阿贾克斯的多名球员，但随着俱乐部最喜欢的亚里·利特马宁率先做出留队的表率，最终全队几乎都决定留下来继续奋战。全新一代认为他们必须紧密团结在一起,因为迄今为止他们做得还不够好。在联赛中,阿贾克斯直到第十轮才被对手攻破大门,并最终顺利地拿到了联赛三连冠。不过这一次,他们没能再保住不败金身,却拿到了比上赛季更多的联赛积分。阿姆斯特丹的球队在荷兰超级杯中击败了费耶诺德,从而报了去年在阿姆斯特尔杯中失利的一箭之仇。他们以4:0的比分击败皇家萨拉戈萨捧得欧洲超级杯。在东京与巴西球队格雷米奥FB进行的点球大战中,丹尼·布林德罚入了一粒决定性的点球,从而帮助阿贾克斯赢得了洲际杯的冠军。

那个赛季的欧冠征程几乎和上赛季一样成功,阿贾克斯在小组赛中占据头名的位置,数据甚至更加耀眼:匈牙利冠军费伦克瓦罗斯、草蜢(瑞士)以及皇家马德里在这个阶段被淘汰出局。瑞士球队是唯一能在阿贾克斯身上捞到一分的球队。对阵皇家马德里时,裁判无视了亚里·利特马宁的两粒进球,在这两次漏判中足球均越过了门线,但这无关痛痒:阿贾克斯的胜利足以让马德里的球迷起立鼓掌,而且这也是他们当赛季的最佳表现。可即便如此,球队的表现还是没能达到范加尔的严格标准,他说:"因为这场比赛是在万众瞩目的锦标赛中进行的,而举办比赛的球场又十分美妙,所以人们认为结果很棒,但我还是注意到了许多错误。我们本该5:0获胜的,而不该满足于2:0的比分。"多特蒙德在1/4决赛中没有获得任何机会,惨遭双杀,且一球未进。

然而,当半决赛的对手希腊冠军帕纳辛纳科斯在阿姆斯特丹以1:0的比分偷走一场胜利后,阿贾克斯的卫冕征程看起来已经走到了尽头。但是希腊球队在回到主场的比赛里并没有做好应对攻势足球的准备,利特马宁在第三分钟的进球让希腊球迷沉寂了下来。87分钟之后,比分变成了3:0,球队连续两年杀入决赛。可这一次,结果就跟去年不同了。在罗马城与平庸的尤文图斯展开的决战中,阿贾克斯给出了两年以来最差的一场欧战表现。比赛中拉瓦内利先拔头筹,虽然亚里·利特马宁的进球将比分扳平,但是阿贾克斯最终在点球大战中轰然倒塌。尤文图斯在12码处表现完美,而桑尼·斯罗伊和埃德加·戴维斯则相继罚丢了点球，从而将冠军奖杯拱手让给了意大利人。

撇开这次失利不说，这些一流的成就不仅意味着欢快的球迷以及媒体高度赞许的报道，而且还增加了球队的收入，董事会也高兴不已。奖金、更好的赞助以及飙升的商品销售也就成了顺理成章的事了。除了常见的帽子、围巾及雨伞之外，阿贾克斯官方商店还上架了手表、自行车，甚至还有印着阿贾克斯Logo的睡衣。俱乐部有相当大一笔收入都源自出售球员赚取的转会费，随着阿贾克斯不断获得胜利，球员的身价也随之数倍地蹿升。有趣的是，那些为了追求高薪而离开阿贾克斯去到别处的球员通常无法再发挥出之前的水准。对此，范加尔并不感到奇怪，他说："我认为球员离开阿贾克斯之后无法再达到以前的水平是一件符合逻辑的事。没有人会像我们这样训练球员，而且没有哪支球队能像阿贾克斯这样给球员提供一种和谐共处的环境。去到国外后，球员们必须得重新自谋生路。他的价值将会根据他自己所拥有的能力来进行衡量，而和我们在一起时情况就不是这样。在这里，他的价值体现在对全队所做的贡献上。在阿贾克斯，个体的缺点会被团队掩盖，这是建队的精髓所在，他可以因为球队而变得优秀。在这方面，其他国家落后于我们：在那些地方，最重要的是个人能力。有一个道理足以关乎生死存亡：我为人人，人人为我。在阿贾克斯，我们日复一日地致力让大家变得更加强大……如果有球员不想在训练中提升自己，或者压根儿就不出现在训练场时，我会怎么对待他呢？有两件事我不感兴趣，第一，有些人无法解读比赛；第二，球员处于无球状态时就站在原地一动不动。我不需要11名最好的球员，我要的是最好的11名球员。"

"那些离开阿贾克斯的球员是在一种需要为团队踢球的体系中被培养起来的，像丹尼斯·博格坎普这些人，就在意大利面临着一种完全不同的足球哲学。突然间，他们就得像队友那样开始为自己而战。意大利足球和阿贾克斯足球大相径庭：意大利的球队只想赢球，而我们想要赢球，想要取悦大众，想要创造机会。"

"球员什么都不是，"范加尔继续说道，"球队才是全部。相较于一名球员在球场上所展现出的能力而言，我会更加注重他的性格，尤其是他是否愿意为了达到球队的要求而奉献自己的全部。一些不可思议的天才球员不具备一定的个性和人格，因而无法适应我的方法。比如，利特马宁在巴塞罗那时和他在阿贾克斯时是完全不同的两名球员。你到了一家新俱乐部后就得适应新的文化，然而并不是所有球员都能做到这一点。"

由于转入与转出不对等——转出的人数大于转入的人数，球队陷入人员短缺的窘境，因此球队只能将年轻球员提拔进一队来促使阵容达到平衡。对此，范加尔解释道："有很多孩子都是我在A1队（青年队）里带出来的，我知道是什么让他们做出选择的。在我成为主教练后，我就让他们晋升（到了一队）……事实证明我们坚持不懈的青训项目带来了回报：没有它，阿贾克斯将无法幸存。"

阿贾克斯的青训系统让人印象深刻：在范加尔时代，俱乐部保持着10支青年队的规模，总共拥有160名小孩儿，而且所有人都努力地去模仿那支伟大的一线队是如何踢球的。一名年轻的9号将会以这种方式进行培养：保证他有朝一日能够取代一队的9号球员，而当时一队的这个人是帕特里克·克鲁伊维特。在球场之外，对细节的注重同样是关注的焦点：理疗师、按摩师、队医、营养师、心理师以及私人教师随时都可以为小球员们提供身体上和心理上的辅导。运营这个团队每年要花费大约300万荷兰盾——这是一大笔钱，但比一名身价虚高的巴西球员的转会费低多了。此外，范加尔还解释说："和一名25岁上下，并且无法再改变自身特点的顶级球员相比，一名由我们自己培育起来的球员能让他自己更轻松地适应阿贾克斯的体系。"

为了确保源头活水永不枯竭，足球学校会定期地在所谓"天才日"补充生源，"天才日"为期5天。在阿贾克斯的总部，有大约7000名"明日之星"的资料被电脑储存进了数据库，并根据他们的场上位置做出了明晰的归类。在这些人当中，有700名7~13岁的球员会收到一封梦寐以求的邀请函，准予他们在神圣的阿贾克斯球场上证明自己的耐力足以坚持45分钟的比赛。其中有40人会脱颖而出，接下来再经过一个选拔过程后，有16人会被留下来充当阿贾克斯青年队的后备力量。而电脑追踪不会就此终结：一共有40种评估类别对每名球员做出估计，从控球能力一直到社交行为……在球员们还处于人生早期阶段时，主教练路易斯·范加尔就将自己的信念传递给他们了："我们生活在一个放任自由的社会之中，但是当你在一支球队里踢球时，你就需要用纪律来约束自己。"

在博斯曼法案为各大俱乐部带来了巨大的财政烦恼之后，阿贾克斯这种自给自足的经营模式迅速兴盛起来，欧洲各家俱乐部的代表们纷纷前往阿姆斯特丹学习他们的模式。然而，看起来很少有俱乐部能够将类似的体系移植到自己队中。《明镜周刊》曾经询问过范加尔这样一个问题：为什么阿姆斯特丹的模式很难被德国俱乐部复制呢？当时范加尔就指出："那里的人缺乏耐心，这种模式和我们的心态有关，和首都特有的傲慢有关，和小小荷兰的纪律有关。但是，这些基本点是不可能被复制的。（你）需要选定一种看法、一种体系：最适合你的战术以及球队结构。这样你才可以找到适合这种体系的教练，而且下至青年队，上至一线队的教练们在工作中都要统一思想。"

范加尔坚信训练不应成为球员的累赘，或者让他们感到筋疲力尽。训练应该基于对比赛分析的基础之上，任何在比赛中执行不到位的战术都应该在训练中得到修正。正如后来与范加尔在荷兰足协共事过的一位同事评价的那样："训练不应该成为一种职业治疗方式，而是应该着眼于提升球队能力。你可以把它比喻成一名医生，主要是给病人会诊，并且开出相应的药方。在足球领域，你必须能够做出足够多的分析，接下来再对症下药。范加尔已经掌握了这方面的各种细枝末节。如果没有现成的训练方法，你自己创造一个出来就行了，只要能够治愈顽疾。"20世纪90年代，将耐力测试从增强球员持久力的方法里废除的那个人就是范加尔。从那以后，几乎所有的国际顶级俱乐部都只进行有球训练。范加尔还经常在训练游戏中突然叫停活动，从而演示另外一种比赛解决方案，然后再按照最佳的战术方案继续进行训练。他在每个赛季，甚至每周开始的时候都会有一个明确的目标。

在范加尔执教阿贾克斯期间，其中一种最常听到的批评声就是指责他采用的是一种约束性的训练方法，这种方法会抑制甚至扼杀球员的主观能动性。他要求球员们详细地执行主教练所布置的任务，这样一来就无法为球员提供更多自我创造的空间。这种观点认为，由于强调控球以及足球的快速轮转，范加尔的阿贾克斯会将"发条橙"里的想法发展到属于下一个逻辑阶段的系统性完美之中。然而，从范加尔上任伊始，阿贾克斯就不断地给他以前待过的俱乐部带来沉重打击，4∶0击败维特斯，6∶0击败斯巴达，这促使范加尔驳斥了那种认为他的风格过于约束的陈旧观点，他说："在阿贾克斯，我清洗了一批老套的球员，即使在后防线上，我也用一批积极主动的人代替了那些人。每一名阿贾克斯球员都充满了创造力。最重要的是，你必须干好你的本职工作，做到准时，做到彬彬有礼。我们尊重彼此、信任彼此，相互之间坦诚相待。在这样一种框架下，你能充分培养你的独特性和创造力。纪律是创造力的根基，像卡努、戴维斯和克鲁伊维特这些球员都明白这个道理。"

即便如此，从一些球员的体验上来看，这仍是一种容易让人感到筋疲力尽的踢球风格。特别是范加尔在俱乐部的最后一年，球员好像失去了生活的乐趣，追逐足球满场奔跑的趣味好像已经不复存在了。很多球迷都被不停地倒脚给激怒了，约翰·克鲁伊夫也在声讨大军之中。不停地将足球回传给门将埃德温·范德萨这种行为不符合他们对美丽足球的构想。1996—1997赛季是范加尔在阿贾克斯的最后一个赛季，结果是灾难性的。球队的精神和节奏都凭空消失了，满眼望去都是自己曾经的影子。

对于这种下滑，范加尔有多种解释，其中最重要的当属搬迁至新球场一事。在搬迁到位于东南拜尔美米尔郊区的阿姆斯特丹竞技场之前，阿贾克斯于1996年4月28日完成了德米尔球场的主场谢幕演出。这次搬迁并不是一件愉悦的事情。令人费解的是，草皮的质量居然比老球场还要差，这对阿贾克斯来说是十分不利的，因为他们强调足球的轮转需要与球员的跑动保持一致。在这种低标准的场地上踢球，球员会更加容易受伤。事实上，那个赛季球队的伤病名单似乎长到看不见尽头：马克·奥维马斯的膝盖受到重创，而帕特里克·克鲁伊维特在这一年中的大部分时间里都无法上场比赛。

接下来就是范加尔所说的"欧冠综合征"了。在欧洲的众多国家之中，荷兰人是最为刚愎自用的人，这是出了名的。这给荷兰足球带来了独特的风味：看上去荷兰人认为他们是这项运动的终极鉴赏家。这在荷兰队中孕育了一种自负的想法，即"更低一等"的足球国度在遇到高贵的荷兰时就会自然而然地颤抖起来。而1996年的欧锦赛绝对是这种想法的反面案例。预选赛小组阶段，诸如捷克、白俄罗斯这些国家从一开始就给荷兰队制造麻烦。一大批荷兰球员好像都只关注自己的利益和明星地位，而不会考虑球队的表现。这是一支怎样的团体呢？正如一家英国报纸评论的那样："据说，如果他们当中哪个人在一觉醒来时对酒店的装饰感到不满，那么这个人就会转而迈向叛逆的边缘。"

荷兰国家队严重依赖阿贾克斯的球星与经验。在这群人当中，苏里南裔荷兰球员扮演着举足轻重的角色。1975年苏里南独立期间，苏里南人可以在荷兰国籍和苏里南国籍之间做出选择。45万人之中，有20万人离开了苏里南来到荷兰——在一定范围内的这种迁徙水平让人感到震惊。起初，苏里南人在荷兰的生活十分艰苦，贫困率、犯罪率、毒品使用率、失业率居高不下。虽然苏里南裔荷兰人的社会地位、经济地位在这些年里已经得到了改善，但想要实现真正的融合尚需时日。

对苏里南人群中的很多人来说，足球被视为通往上流社会的潜在垫脚石。跟范加尔一样，很多苏里南天才足球少年都是在阿姆斯特丹的街头自然而然地磨砺出来的。结果令人吃惊：在阿贾克斯对阵AC米兰的欧冠决赛中，俱乐部排出了一套不少于7名黑人球员的阵容，而他们之中的大多数人都可以追溯到苏里南的血统。

范加尔组建的那支阿贾克斯看上去像是由钢铁锻造而成，不过裂缝很快就显现了出来。有谣言在附近流传，称芬尼迪·乔治和恩万科沃·卡努没有得到足够的应得报酬，还有流言蜚语说球队中的苏里南裔球员和白人球员之间存在着种族冲突。长期以来，阿贾克斯阵中的许多黑人球员都觉得自己没有得到充分赏识，也没有获得足够的报酬。最终，这在20世纪90年代中期造成了大量苏里南裔荷兰天才球员的流失：克拉伦斯·西多夫转会到桑普多利亚寻求机遇，而埃德加·戴维斯、米歇尔·雷齐格、帕特里克·克鲁伊维特以及温斯顿·博加德则全部前往AC米兰。

1996年欧锦赛，球队便处于这样一种弥漫着不满的气氛之中，阵中的白人球员和黑人球员之间的互动可以说一点儿也不顺畅。炙手可热的前锋帕特里克·克鲁伊维特抱怨说国家队主帅古斯·希丁克和自己缺乏交流，而荷兰媒体则热衷于继续煽动队中本已紧张不已的情绪。在杂志《迷恋》（*Obsession*）中，包括克鲁伊维特、克拉伦斯·西多夫以及温斯顿·博加德在内的球员透露：在"橙衣军团"内，白人球员和黑人球员之间的关系处于剑拔弩张的状态之中。

"cabal"（电缆帮）这个单词，荷兰语的拼写是"de kabel"，是媒体公认的5名苏里南裔荷兰黑人球员的统称：克鲁伊维特、西多夫、博加德、埃德加·戴维斯及米歇尔·雷齐格。荷兰队1996年的欧锦赛之旅就是被球员之间不团结及背后说坏话这些行为给毁掉的。有些批评的言论甚至调侃起他们来：虽然球队在这次锦标赛中没赢几场球，可他们俨然已经成了"说彼此坏话的世界冠军"。

最值得关注的事件就是希丁克与埃德加·戴维斯之间爆发的冲突。戴维斯对希丁克的管理感到极为不满，他说教练给予队里的白人球员优先待遇。希丁克在一档广播访谈节目中宣布将戴维斯送回老家，他说："希丁克必须把他的脑袋从球员的屁股里面伸出来，这样他才能看得更明白。"戴维斯一年前刚刚跟随阿贾克斯获得了冠军联赛的冠军，而此时他正要加盟AC米兰，因此，参加1996年的欧锦赛对他来讲意义重大。然而希丁克却把他送回了老家，因为他对自己在第二场比赛里作壁上观一事大发牢骚。而对范加尔而言，这次突发事件为阿贾克斯带来了负面的连锁反应，并削弱了团队的士气。

这并不是球员之间紧张关系的唯一来源。1995年夏天，阿贾克斯财务主管阿里·范奥斯萌生了一个好点子，即向阵中的老队员征求俱乐部未来发展的意见。毫无疑问，30岁出头的丹尼·布林德被邀请参与到讨论中来，但是二十五六岁的德波尔兄弟也被邀请了。然而，当这些白人球员提到黑人球员的薪水问题时，令人不愿看到的不幸境况降临了。这演变成了著名的"Croky事件"。1996—1997赛季，丹尼·布林德和德波尔兄弟搞到了一个赞助项目：和比利时薯片制造商Croky进行合作，但是他们并没有征求阿贾克斯其他球员的意见。这项协议意味着Croky公司将被允许把印有受欢迎的卡通人偶或明星照片的小圆盘放入公司所生产薯片的包装袋里。作为交换，球队将会获得50万荷兰盾的报酬，这笔钱用于分给俱乐部的各个成员。博加德、克鲁伊维特以及另外一名苏里南裔荷兰球员约翰·威尔德曼对此感到非常生气，他们拒绝签字，并因此威胁说要让整桩交易流产。博加德在描述这件事情的起因时表示，事实就是队内各方力量不均衡，因为阵中其他队员的意见被直接忽视了。（2006年，温斯顿·博加德在一次电视节目中指出，造成这种紧张关系的原因就在于阿贾克斯队里的黑人球员、白人球员之间的薪水和影响力差距过大。比如，有消息称丹尼·布林德的工资是当时队内最佳射手帕特里克·克鲁伊维特的6倍！）

可就算把这些因素全部汇集在一起，也不足以把阿贾克斯拉下神坛。同样重要的原因还有像米歇尔·雷齐格及埃德加·戴维斯这些强力球员的相继离去，而替代者们根本无法完全弥补他们所留下的缺口。同时，范加尔一直坚持的战术看样子也给球队带来了损失。范加尔他自己曾在一次访谈中承认他采用的体系对球员的消耗极大，尤其是在精神层面，高度结构化的比赛概念要求球员发挥出自己的极致。在某一时点，阿贾克斯开始罹患一种"范加尔式虚脱症"，这可能并不会让人感到意外。

1997年，在经历了这家来自阿姆斯特丹的俱乐部历史上最为成功的其中一段时期后，范加尔离开了阿贾克斯。相对来讲，他执教阿贾克斯的最后一个赛季算得上是一个令人失望的赛季，球队最终只在荷甲中名列第四。荷兰人早已习惯于看到阿贾克斯登顶欧洲这件事，以至于当他们在冠军联赛中一路杀进半决赛时也没人会去在意什么。1997年的欧冠决赛是三年来第一次没有阿贾克斯参加的比赛。但是范加尔在阿贾克斯所取得的成就是毫无争议的，而这也得到了正确的认可：球队赠予这位主帅一份离别礼物，而荷兰女王也为其授勋。现在的问题是，他能否将他举世瞩目的成就复制给他的下一家俱乐部：巴塞罗那。

第 7 章　范加尔与上帝

我不是上帝。如果我是上帝的话，那么我就总能赢得一切。

——路易斯·范加尔

国际米兰在欧冠半决赛第二回合比赛中战胜巴塞罗那后，穆里尼奥离开球场，径直走进诺坎普球场的祈祷室中，向"La Moreneta"表达自己的谢意。这是一种加泰罗尼亚语叫法，指的是一尊著名的圣母玛利亚和耶稣基督雕像，这尊雕像是在蒙特塞拉特圣玛利亚修道院中发现的。他似乎并不是唯一在前往决赛的道路上求助神明赐福的男人。2001年，时任拜仁慕尼黑主席的乌利·霍内斯就拥有过一条围巾，这条围巾在神圣小镇比肯斯汀的教堂里接受过神明赐福，而这个小镇就位于巴伐利亚的心脏地带。他的祷告在几天之后便取得了成效，拜仁在欧冠决赛中击败了瓦伦西亚。现在，同样作为俱乐部主席，霍内斯在德国杯决赛战胜云达不来梅之前再次前去祈祷。毫无疑问，他还希望这次朝圣所带来的好运气能一直延续到马德里。

路易斯·范加尔的宗教仪式则是另外一种性质。至少在球场上，当然有时也会在场下，范加尔好像把自己表现得像一个全能的上帝一般，或者至少可以说是上帝派遣到人间的代表。德国小报曾声称，自从范加尔来到拜仁后，他就喜欢在更衣室里来回踱步，并当众宣称："我就像上帝一样！我从不生病，而且我永远是对的。"几个月过后，范加尔澄清了这个报道："我不是上帝。如果我是上帝的话，那么我就总能赢得一切。"

很少有教练会对其所信奉神明给出的暗示做出回应。

在荷兰时，当范加尔被问到是否读过荷兰著名作家威廉·弗莱德瑞克·赫尔曼斯所写的《我总是对的》（*Ik heb altijd gelijk*）时，他消极地回应道："没有。我知道赫尔曼斯，但不知道你说的那本书。那本书的名字很吸引人眼球，但我从来不会那么说我自己。我会加入一些细微的差别：我'常常'是对的。"另外，这位直言不讳的教练效仿过国际象棋大师博比·费舍尔著作中的一句话——"那些每天都想要做到最好，并因此想与上帝做斗争的人，通常都不会很友善。"范加尔并没有对这一见解感到懊恼，他甚至还用费舍尔的这一信条为自己指引方向。然而与此同时，他却解释说这个想法纯粹是媒体杜撰出来的。"不过这句话说得确实很好，事实本来就是这样的，难道不是吗？"

如果有人请范加尔总结一下他作为一名教练所拥有的优点时，他可能会重申他的经典说法："我是最好的。"他不是唯一用这种表达方式来展现自己的极度自信的人，何塞·穆里尼奥也很少错过这样的机会来把自己描述成一个无所不知的人。

由于范加尔是在一个严格遵守教义的罗马天主教家庭长大，所以即便是在安特卫普时，他也会坚持去做弥撒，尽管当时他已经离家多年。"但我在那儿从来没有发现过任何美妙的东西，这不过是家庭教育留给我的影响罢了。我们总是必须去教堂。我们确实去了，但更多的是因为我们的父母想要我们去。这就好比让你把盘子吃干净一样——虽然这种比较就像是在对比苹果和梨子。可我仍然会将我盘子里的食物吃完，即使现代礼仪已经不再要求人们这么做了。"范加尔的职业道德和职业准则源自他的个人经历。"我是个什么样的人取决于我的视野、我的知识以及我的家庭、周围环境和我的足球生涯带给我的经历，这和宗教信仰没有任何关系。事实上，相较于罗马天主教教义而言，我看待生活的方式跟新教教义更为契合。"

如果有什么标签能够适用于范加尔的话，那可能就是"人文主义者"了。不管被冒犯多少次、失望多少次，他都会一如既往地笃信人性本善。事实上，这可能就是他屡遭冒犯的原因：他拒绝成为一个玩世不恭的人。当然，他是完全有机会成为这种人的。在阿贾克斯那个近乎传奇般的赛季里，由于第一任妻子离世，因此足球对他来说也变得黯然失色起来。1994年，费尔南达被诊断出肝癌和胰腺癌。那段时期，足球也展现出了最丑陋的一面，荷兰国内其他对手的球迷们开始无耻地嘲笑他和他患病的妻子。这绝对让范加尔受到了伤害，但他依旧强忍住了自己的愤怒之情。范加尔是阿贾克斯的主帅，他能轻易地找到最好的医生和外科专家。但这完全没用，即使在事后看来，他也依旧认为所有医疗干预都只会加深费尔南达不必要的痛苦。

在结束了最后几个月的痛苦和折磨后，费尔南达永远地离开了人世，年仅39岁。他们的婚姻持续了大约20年。范加尔解释说在他妻子患病期间和离世以后，他父母的信仰并没有带给他任何宽慰："那一年，我妻子的离世是一件比足球更重要的事情。而我表现出的也是这样一种感情，这就是我生活的方式。当我看到我的妻子受到病魔百般折磨时，我就在想：这绝不可能，上帝也应该尊重人类的。如果真的有上帝的话，他就不应该准许这种事情发生，战争也是如此。"

作家哈罗德·库希纳在他年仅15岁的儿子因罹患无法治愈的疾病而结束了短暂的生命后创作了他的作品《好人没好报》。库希纳说："生与死是平等的，我们对此的回应是赋予苦难一种积极或消极的意义。疾病、事故，人类的悲剧杀死了人类，但它们未必杀死了生命或者信仰……'否认悲剧并坚信一切都会向最好发展'与'将悲剧视为生活的一部分，并着眼于那些能使你变得充实的东西而非你所失去的东西'这二者之间存在着重大的区别……有人会问：'上帝有什么好？如果这些事在好人和坏人身上都会发生的话，那谁还需要宗教呢？'我想对问这种问题的人说，上帝也许不会阻止灾难的发生，但他给予了我们克服灾难的能量与毅力……如果一个人得了癌症并即将死去，我不会认为上帝应对癌症或他所受到的痛苦负责，这些其实都另有原因。当从未表现得特别强大的人在逆境中变得强大起来时，当曾经只为自己考虑的人在紧急情况下变得无私和英勇起来时，我就会问我自己，他们到底是从哪里获得这种素质的？毕竟就连他们本人也会慷慨地承认自己以前不具备这些素质。我的答案是，这是上帝在我们遭受了生命不可承受之重时前来帮助我们的一种方式。"库希纳的书应该被强烈推荐给范加尔，以及那些身处悲剧之中却无法保持自己信仰的人。

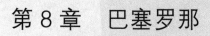

第8章　巴塞罗那

媒体朋友们，我走了。恭喜你们。

——路易斯·范加尔

路易斯·范加尔在阿贾克斯取得的成功让他顺理成章地接管了世界足球范围内规模最大的俱乐部：巴塞罗那。在他的带领下，俱乐部拿到了两次西甲冠军。但与在阿贾克斯时不同的是，他没有赢得冠军联赛的冠军。

除此之外，范加尔也没能赢得加泰罗尼亚球迷的心，这一定程度上是因为他主导了俱乐部历史上史无前例的"荷兰化"进程，巴塞罗那阵容里的荷兰球员总共不少于8人。此外，范加尔系统性应用的战术纪律和意志力与不那么坚定的伊比利亚人背道而驰。在他即将结束对这家西班牙俱乐部的执教时，一个烦躁而愤怒的范加尔总结道："我在阿贾克斯6年时间里所获得的成就，在巴塞罗那要用100年！"

人们抵制变革，这是人性之中最基本的真理，无关乎国籍或文化背景。和他们熟悉的人待在一起，停留在他们感觉舒适的区域是人的本性使然。然而，包括职业足球在内的任何动态业务，都必须对创新持开放态度。有时候，要想让一个组织摆脱其根深蒂固的传统，就必须保持足够的信念和耐心。对一名足球教练而言，要想给一家固化的俱乐部，甚至是拥有国家队文化的俱乐部带来必要的革新的话，那他就必须要有丰富而多样的背景以及国际经验，而且敢于做出承诺：球队最终一定会发生变化。能做到这一切的教练必须具备三种特质：游历过五湖四海、知晓国际足球现实、亲眼见证别人运用过这些理念。

现代顶级联赛中，球队阵容由多国球员组成，这样一种现实使之成为更加复杂的一件事。语言障碍会演变成背地里的抱怨，无论是在场上还是在场下。在和球员们交流时，教练需要对来自不同文化背景的球员进行区别对待。比如，如果对象是荷兰球员，那么即使教练当着大家的面批评他们，他们也不会觉得有任何困扰。事实上，球员们在比赛中会一直关注那些偷懒的队友，然后做出语言上或身体上的攻击。在另外一种环境中长大的球员可能会认为这是一种侮辱行为。相比之下，西班牙球员更加易怒，而且他们的自尊心受损后更难恢复。当一名教练在不同于他自己文化的国家里工作时，他需要在一定程度上对当地的特色持一种开放的态度，当然，还要尊重东道主国的传统风俗。

一支球队需要的领导风格不只取决于俱乐部的足球文化，还取决于它的阵容在某一特定时点的发展态势。在某个时间段能帮助球队的那种教练，在另一个时间段可能就做不到这么好了。当"将军"米歇尔斯离开阿贾克斯后，接替他的教练给了球员更多自由的余地。在经历了多年的艰苦训练后，俱乐部需要引入一种全新的格调。在那之前，球星们在阿贾克斯模式下得到了很好的培育，他们对球队了如指掌。当他们在新教练的领导下被给予了更高程度的自主权后，他们便开始在球场上展现出更高的水准。

荷兰的教练们来自一个国土面积极小、周围强国林立的国度，因此他们拥有更多的跨国交流经验，而这个事实也使得他们比来自其他国家的同行们多出一种优势：他们拥有许多与来自不同国家的人共事的实践经验。他们越来越大的名气造成了更大程度上的人员流动，而这反过来又会导致他们更频繁地接触不同的社会习俗与足球传统。随之而来的结果就是荷兰人在学习外语时总能掌握独门诀窍。荷兰的小孩儿们至少需要在高中阶段学习3门不同的外语：英语、德语和法语。在某一时点，他们可能会选择一两门语言进行深造，而放弃对其他语种的学习。大型语种地区侵占了讲荷兰语的小地区，这一事实给这种教育传统提供了必要性。此外，因为英国人、德国人和法国人都不愿（通常来说也不会）讲荷兰语，所以只好由荷兰人来说外语了。正因如此，你就不会对2006年世界杯各球队中总共有不少于4位荷兰主帅这件事感到吃惊了：迪克·艾德沃卡特执教韩国，古斯·希丁克执教澳大利亚，马尔科·范巴斯滕执教荷兰以及莱奥·本哈克执教特立尼达和多巴哥。世界上没有哪个国家能与之相匹敌。

所以，荷兰教练们发现他们既能用于内供，也可用于外销。他们经常被邀请去执教一些不太出名，但通常类似于给你"捐钱"的国家，比如阿拉伯海湾地区的国家。要不然，就是被邀请去一些人口稀少、足球传统发展不完善的非洲国家。这些荷兰天才教头们为何能将这类贸易掌握得如此透彻呢？其中一个原因就是他们通常需要在一种银根紧缩的环境中工作，这是自相矛盾的。荷兰的小俱乐部通常都是天才球员们匆匆路过的一小站，因此，敏锐的球探工作也应运而生。说话时从来不会感到害羞的范加尔曾声称荷兰联赛是世界上战术水平最高的联赛。虽然并不是他所有的同胞都达到了他的成就，但多数人都认为荷兰教练们已经证明了他们的价值。看起来，这些教练都拥有适应任何水平球队的能力。

和其他国家一样，现阶段最好的荷兰教练通常在过去都不是最好的球员。范加尔刚一加盟拜仁慕尼黑，英国专栏作家阿伦·古德麦斯就评论说："范加尔是荷兰式刚愎自用傲慢管理方式的缩影，在荷兰国内有很多人喜欢他，但讨厌他的人所占的比例可能也少不了多少。很多在荷兰国内的人喜欢他的原因是他那近乎残忍的直率风格，而荷兰人却将其视为一种值得骄傲的关键特质……"

"人们经常看到他站在边线旁边，手里拿着一块剪贴板，并在上面画着破敌良方，准备着中场训话。他的换人非常精明，但对有些球员来讲这有些让人难以接受，因为一直以来这些球员都被视为单纯靠替补上场拯救比赛的人。他苦心经营着一种轮换体系，对于那些不按他思路走的球员，他不会显示出丝毫的仁慈。"

众所周知，顶级足球教练都是具有强迫倾向的记录者。范加尔的日记簿里包含着详尽的统计数据，包括每个赛季打进多少球，每名球员该赛季能创造出多少次助攻等。荷兰的教练们好像都特别喜欢记录发生在场上和场下，赛前、赛中和赛后的一切。里纳斯·米歇尔斯就痴迷于这种做法，而迪克·艾德沃卡特也好像是从一个模子里刻出来似的。在聊到他伟大的导师时，他说："他不分昼夜地思考着足球。他坚持做笔记并记录下一切信息，于是我也开始那么做。在我这儿，这种习惯几乎快要成为一种病了。"同样地，古斯·希丁克也因准确记录日常执教事宜而闻名于世。一本韩语出版物详细列举了他在2002年世界杯上的管理方式，该书还别出心裁地印有他从执教前期一直到锦标赛期间所做的记录的图片。页面上印满了希丁克所写下的整齐而紧凑的战术记录、战术布置以及各种各样的评论——当时主要是用英语写的，但也夹杂着一些难以翻译的荷兰术语。他多数时候都是用铅笔书写，因为在需要更改的时候，他可以擦掉已写的内容，然后整洁地修改错误。而范加尔的书写习惯，其实并不像你在媒体上看到的那样奇怪。

拿到1992年欧冠冠军的那支巴萨"梦之队"获得了巨大的成就，这为俱乐部接下来的发展设立了非常高的标准，但是两年后决赛的失利宣告了一个周期的终结。虽然球队在球场上取得了令人瞩目的成绩，但是在1996年，球队主帅约翰·克鲁伊夫富有争议性的离队行为暴露了俱乐部各部门的问题。博比·罗布森接替了他的职位，他执教了一个赛季便被路易斯·范加尔取代了。他威风凛凛地走马上任，宣称自己是克鲁伊夫及其踢球风格的继承者。

诺坎普球场拥有近10万个座位，是全欧洲最大的体育场，在这里踢球会让人望而生畏。范加尔掌管巴萨时干得一点儿也不容易，他还得努力地让球员们理解他那独特的足球视野。就是在巴塞罗那时，全世界都意识到范加尔的天赋是通过一定的代价换来的。他对待技术的严谨信念使得他跟球员之间发生了冲突，而且他缺乏一种将自己的想法传达给媒体和球迷的能力，这意味着球队似乎永远都处在危机爆发的边缘。一些批评他的话语将他描述成一个狂热的足球分子，一个和他所推崇的战术教条结婚的男人。

但不管怎样，你都不能说他在巴萨的执教是不成功的。1997—1998赛季是他在俱乐部的第一个赛季，而他总共拿下3座奖杯：西甲、西班牙国王杯、欧洲超级杯。第二个赛季，范加尔再次夺得西甲冠军，这意味着在执教期满两年后，范加尔将球队重新带回了西班牙足坛的巅峰。然而，他在这里的第三年成了最艰难的一年。球队在联赛中只拿到了第二名，而在欧冠半决赛和国王杯半决赛中均被淘汰出局。该年度，俱乐部四大皆空。

路易斯·范加尔麾下这支巴塞罗那球队为加泰罗尼亚人带来了在他们看来比一切都重要的比赛结果：在首都举行的国家德比中击败皇家马德里。他挑选出来的球员，他的传跑战术，最终帮助球队以一场激动人心的3：2胜利终结了皇马的开局不败纪录。在加泰罗尼亚，这些成果是让人欢欣鼓舞的，因为足球是他们政治分裂主义的一种表达方式。不过，巴塞罗那和大多数足球俱乐部不同。范加尔是在为一位19年间换掉12名教练的俱乐部主席工作，这位主席之前任命的教练是博比·罗布森，而他被取代的原因是只获得了国王杯、西班牙超级杯以及欧洲优胜者杯，而在联赛中的排名却位于皇马之下，屈居第二。在巴塞罗那，这是无法想象的。当俱乐部主席看到反对的球迷扔下一块块白色手帕并高呼"entrenador fuera"（教练必须下课）时，他就在球迷赶走他之前先赶走了教练。"在诺坎普，这不是一种理智的心态。"里纳斯·米歇尔斯如此评论道，他曾在范加尔来这里之前执教过巴塞罗那。

范加尔和里瓦尔多之间的紧张关系无法为他的巴萨生涯带来任何帮助。1997年，里瓦尔多以40亿比塞塔（大约2000万欧元）的身价从拉科鲁尼亚转会至巴塞罗那。这笔转会费可谓物有所值：他在巴塞罗那的第一年就成为联赛里进球第二多的球员，34场比赛中总共打入19球。里瓦尔多或许不是巴西1997年夺得美洲杯的冠军队成员，但他绝对是1999年卫冕该项赛事的球队关键人物。他以5粒进球与罗纳尔多共享了金靴奖，并荣膺赛会"最有价值球员"这一奖项。1999年，他再次成为西甲的银靴得主。同一年，他成为"世界足球先生"和"欧洲金球奖"双料得主。

足球教练有一项任务，那就是为每名球员的表现设立一个可以接受的底线，进而将球队塑造成一个能充分发挥每个个体最大能量和最佳技术的整体。从某种程度上说，每名球员都认为他自己是"一个王国"，明星球员的这种感觉尤为明显。教练的主要任务就是将这些"王国"联合起来，使之成为一支强大的队伍。每名球员都想闪耀全场，因此他们会倾向于创造有益于自身发挥的条件。这是一种再普通不过的人类行为了，但是对团队建设而言，个体的重要性是处于第二位的，而球队的利益与成功才是重中之重。球员可以闪耀全场，但必须让全队的利益得到最大化。

只要球队正处于连胜状态之中，个体对团队利益的服从就会变得顺心如意。但是如果事态出现恶化的征兆，球员们就会产生一种明哲保身的倾向。众多小"王国"必须汇聚成一股力量，寄希望于大家能将各种可以获得的资源紧密汇集在一起，从而可以用来对抗共同的"敌人"。只有一个人可以做到这一点：教练。他有两项不同的，甚至看上去像是互相矛盾的任务。一方面，他必须尊重每个小"王国"的个体完整性；而另一方面，他必须说服所有球员，从而让他们愿意为共同目标的达成做出牺牲——比赛的最终结果。

一名不开心的球员会带来连锁反应。球队的催化剂通常都是明星球员，他们同时也是球迷和媒体的宠儿。与此相关的事就发生在里瓦尔多和范加尔之间，在他们合作的第三个赛季，两人关系彻底破裂。造成这种僵局的原因在于，里瓦尔多拒绝在范加尔一直致力使用的阿贾克斯经典4-3-3阵容里出任左边前锋。这名南美球星想要扮演核心角色，最终，范加尔多次将他晾在了板凳席上。他坚持让里瓦尔多忘记自己的盘带技能，转而重视教练所尊奉的信念——"传球赢得比赛"。要知道，在当时的前场梦幻三叉戟中，另外两人分别是路易斯·菲戈以及帕特里克·克鲁伊维特。告诉"世界年度最佳球员"他的位置将会固定在左翼，或者说为队友创造空间而非在场上自由散漫——这或许可以让范加尔的战术计划变得完整起来，但这绝不是能让他从加泰罗尼亚泥潭里全身而退的最佳办法。用一批前阿贾克斯球员来取代这些超级巨星的行为，也没有让范加尔赢得当地人的好感。

范加尔有时抱怨称当巴塞罗那赢球时，所有光彩和荣誉都会属于球员，但是在球队输球的时候，他就会在头版文章里受到谴责。关于里瓦尔多，他说："我给了有些人足够多的机会，我认为他应该做出一些改变。如果那个人不那么做的话，那么更衣室里的平衡就会被打破。那是我在该赛季中所犯的最大错误。这里的文化需要球星。现在我拥有排名世界前十的球员之中的两位。1995年，我在阿贾克斯没有输过任何一场球，但我麾下没有任何一名球员能跻身前十名单中。我无法改变这种文化，这是一种'我们天下第一'的文化。不过当然了，这必须得到证明才行。"

另一名在巴塞罗那遭到范加尔疏远的巴西人是中场球员乔瓦尼。范加尔的到来见证了这位国际球员被打回板凳席的全过程，后来他还被迫签约了奥林匹亚科斯。2010年，这位球员毫不客气地表达了对前教练的愤怒不满之情："范加尔傲慢、自大，而且还有毛病。我和他在一起的那段日子简直糟糕透顶，巴西球员们都不想让他当教练。他将我送回板凳席，同时还与里瓦尔多和桑尼·安德森斗智斗勇。他总是找借口说我们没有好好训练。我知道他一定是有什么创伤。他对足球没有任何想法，可以说是一无所知。我和他在一起的那段时光里，他的训练方式可谓千篇一律。他太疯狂了。"多年过去了，可这位巴西人的怨念还是没有消散。2010年欧冠决赛，在穆里尼奥的国际米兰击败了拜仁后，乔瓦尼甚至希望这次失利要是再惨痛一点儿就好了，他说："如果这事儿我能做决定的话，那我就愿意看到国际米兰以15∶0的比分获得胜利，而且有5个球是由卢西奥打进的。"卢西奥是另一名被范加尔"忽视"的巴西人，当初这位新教练明确认为自己不再需要他为球队服务了，于是就将他卖给了国际米兰。

范加尔并不认为他和那些出色的天才之间存在着矛盾，对此他说："我有过与超级球星共事的经历，他们都有能力承担责任，其中包括科库、哈维、伊涅斯塔、普约尔……而这也是巴塞罗那现在表现这么好的原因。球队的核心部分是由一群懂得自我批评的球员们构成的。在我的手下，这些孩子都能出场。我喜欢和他们这样的球员共事。我无法忍受那些只有当电视广播关注时或者太阳发光时才拿出自己优异表现的'大牌球员'……"范式球员的最佳典范当属安德雷斯·伊涅斯塔。范加尔评价他说："他能很好地解读比赛，他能踢多个位置……哈维也拥有这些能力，但哈维是一名更偏向于静态的球员。伊涅斯塔所拥有的这些能力使得他在比赛里显得格外耀眼。哈维更像我，技术完美、战术执行力强，但就是太慢了……这和我如出一辙。伊涅斯塔是我曾梦想着要成为的那种球员，但最终并未如愿……"而哈维在评价他的角色时说道："范加尔是一名与众不同的教练，我无比尊敬他，一定程度上是因为他给了我在西甲出场的机会。他信任我，这永生难忘。他可能会有些执拗，但他是对的，没人能让他为此做出改变。和他共事时，如果你努力工作的话，你就可以上场。"

　　范加尔在巴塞罗那的岁月里，有两个人值得夸耀，他们后来均成了欧冠冠军球队的主帅。佩普·瓜迪奥拉是范加尔时期的巴萨队长，他在评价细致入微的范加尔时说："他真的不会放过任何细节。"何塞·穆里尼奥，20世纪90年代末期曾是一名在加泰罗尼亚工作的年轻翻译，同时还负责为范加尔提供球探报告。俱乐部后来获得了成功，范加尔到底在奠定成功的基础时扮演着怎样的角色，一时间在巴塞罗那众说纷纭。在瓜迪奥拉治下，球队主要是由自家培养的一群球员组成，包括哈维、伊涅斯塔、普约尔、巴尔德斯以及梅西。有人认为瓜迪奥拉借鉴了他以前教练的管理艺术。这种说法认为，固执的荷兰人尝试着给球队带来变化，可是巴塞罗那当时对这种革新并没有做好充分的准备——他们是后来才实现了这一成就的。与此同时，另一些人则认为，一种年代久远的影响又施加在了巴塞罗那的现代风格之上：这是范加尔的前辈约翰·克鲁伊夫倡导的风格。

　　1999—2000赛季，球队在竞技方面的失败让俱乐部主席何塞普·路易斯·努涅斯下定决心赶走范加尔。2000年5月，范加尔辞职一事公之于众，他将不再履行合同中剩余时间的工作，这样一来他就能获得一大笔违约金。在此之前，范加尔与巴塞罗那的合同签订到了2002年。在剩余的时间里，他将可以额外获得1000万欧元作为补偿。可令他妻子特鲁斯感到沮丧的是，他拒绝接受这笔可观的买断费，对此他说："我昂首离开，并且不接受一分比塞塔。其他人也这么做过，但同时也为他们自己带来了诸多痛苦。"

范加尔离开俱乐部时留下了不错的功绩，但他始终难以和加泰罗尼亚的球迷们建立联系。摧毁他诺坎普生涯的还有他与媒体之间糟糕的关系，这逐渐毁掉了他，并最终导致他黯然下课。他无法掌握西班牙语，这使得他经常在新闻发布会上无法保持冷静，而且在没有什么新闻素材的时候，加泰罗尼亚媒体就经常会搬出范加尔来作为诱饵，抨击他的战术和哲学。与他在荷兰时一样，范加尔和媒体之间产生了不可调和的矛盾，在他离队时，他说出了那句著名的话："Amigos de la prensa, yo me voy. Felicidados."——"媒体朋友们，我走了。恭喜你们。"最终的结果是，敌人多于朋友，口角多于奖杯。在成为几乎众叛亲离的孤家寡人之后，范加尔离开了这个是非之地，开始去寻求新的挑战，这项挑战见证了他重回祖国的怀抱：荷兰国家队。

第 9 章　国家队主帅

我很难忍受失败的痛苦，如果有些事最终没能获得成功，那就太糟糕了。

——路易斯·范加尔

在重大足球锦标赛上，荷兰队屡屡按下自爆按钮，这样的纪录无人能出其右。约翰·克鲁伊夫没有出现在1978年的世界杯上，路德·古利特因与领队不和拒绝出战1994年世界杯，而在1996年欧锦赛上，球队的阵容最终再一次分崩离析。大卫·温纳的著作《灿烂的橙色》中充满了各种吸引眼球的理论，这些理论都是关于为什么荷兰的球员们最终总会把事情搞得一团糟。在名为《死亡愿望》的一章中，一位政治学专家把这一切都归罪于荷兰人对民族自豪感的质疑与不屑。"我们认为胜利是一件有点儿肮脏的事，"他说，"它只应属于那些需要它的人，从而弥补他们在其他方面的缺失。"退役球员维姆·范哈内亨曾公开发表声明称荷兰人好像对权威、领袖以及集体纪律过敏。"如果国家队周围一片风平浪静的话，所有人都会认为大家都很懦弱。如果我们之间没有出现麻烦，那我们就必须自己制造一个麻烦出来。"心理分析学家安娜·恩奎斯特认为："我们足球领域里的'死亡愿望'与荷兰加尔文主义认为表现好是一种与耻辱有关的事。我们的加尔文主义文化使得我们对'成为最好'这种行为嗤之以鼻。"

　　博比·罗布森爵士在前往荷兰执教埃因霍温时曾将这次旅程描述为一种"文化冲击"。荷兰人喜欢进行战术争论的嗜好出乎他所料，对此他感叹道："一名英格兰的职业球员会遵从教练的决定，但在这里，每场比赛结束后都会有替补球员来找我。"他们是去质问主教练为什么不派他们出场比赛。1990年，在他执教英格兰国家队时，他说道："荷兰人的特点是踢球踢得很好，但他们更善于搬起石头砸自己的脚。作为对手，我们一直都依赖于他们的第二个特点。"

在20世纪90年代中期，路易斯·范加尔宣称他想在2000年以后成为一名"bondscoach"，即荷兰语中"国家队主帅"的意思。他说："我对国家队主帅的工作应该怎样开展有着独到的见解。不过呢，到目前为止我执教国家队的愿望都没能实现。即使成为国家队主帅，只不过是为了证明我的训练方法是正确的，我也想去尝试一下。"范加尔多少有点儿喜欢做一些预测。他做出过一些最终没能实现的预言，比如他曾预言自己将会在55岁时终止教练生涯。然而，执教荷兰国家队的梦想，最终还是实现了。

2000年7月7日，范加尔被任命为新一届荷兰国家队主帅，而那时2000年欧锦赛刚刚结束不久。他接替的是弗兰克·里杰卡尔德的位置。后者率领的荷兰队在半决赛里被意大利队淘汰出局，之后他就下课了。"现在出现在你们面前的这个人非常开心。"当荷兰足协在阿姆斯特丹的希尔顿酒店宣布给予范加尔一份6年长约后，他如是说道。合同中的条款规定，联盟会每两年评估一次他的成绩。"最初，我本打算先休息一年（离开巴塞罗那后），"范加尔说道，"但是我一直都认为如果成为国家队主帅的机会摆在我面前的话，我就会伸出双手将它牢牢抓住。"

就像博比·罗布森在埃因霍温时一样，成为国家队主帅对范加尔来说也成了一种文化冲击，只是二者的方式不同罢了。出乎他意料的是，阵容中的球员们都把夹在俱乐部赛事中间的国际比赛日当作一段休闲时光来对待。他们认为这是一个探亲访友的好机会，而不是一个对比赛模式和比赛风格进行严格训练的契机。范加尔的雄心壮志在球员们的脸颊上飘然而过，他们只想着晋级越轻松越好。这种截然相反的观念以及随之而来的意见分歧最终导致荷兰队自20世纪80年代中期以来首次缺席国际性重大锦标赛。

2002年世界杯欧洲区预选赛小组抽签结果出炉后，荷兰与葡萄牙、爱尔兰、爱沙尼亚、塞浦路斯以及安道尔分在同一小组。第一场主场比赛，荷兰对阵爱尔兰，最终双方2∶2握手言和。一个月之后，球队在尼科西亚以4：0的比分兵不血刃地战胜了塞浦路斯。随后，荷兰被葡萄牙2：0击败。这场比赛球队的表现令人失望，荷兰标志性的风格完全从人间蒸发了，他们大多数的进攻都在葡萄牙的中场区域被拦截了下来。虽然他们后来在巴塞罗那5：0击败安道尔，并接连战胜塞浦路斯和爱沙尼亚，可他们在接下来的比赛里还是没能做出改善，在客场与葡萄牙2：2打平。

在对阵爱沙尼亚的比赛之前，球队遭遇晴空霹雳，埃德加·戴维斯以及弗兰克·德波尔的尿检样品显示他们的南诺龙检测呈阳性。但这个结果并不能提供充分的证据，因为类似的物质会自然存在于人体之中，即使数量极少。所以，当这项富有争议的检验结果公布之后，身为国家队主帅的范加尔表达了对球员的支持："反兴奋剂专家那里的最终结果现在还不得而知，但无论如何我都会无条件地信任我的球员。"然而，多少令他感到吃惊的是，他居然无法找到戴维斯来就此事展开探讨。

"我对此感到吃惊，因为戴维斯有两部手机，其中一部没有语音邮箱功能。我多次拨打了他的移动电话，还在他的手机语音邮箱里留了许多信息，而且还拨打了他的固定电话。到目前为止，他还没有回电。"弗兰克·德波尔则与之相反，在第一次药检呈阳性后，他立刻与他的教练取得了联系。面对他最重要的两位球员所遭遇的药检风波时，范加尔简明扼要地表示："首先，我们要等候独立调查报告，报告会涉及膳食补充剂以及球员们在荷兰国家队训练时到底吃了什么样的食物。"然而，戴维斯最终被国际足联实施了禁赛处罚。弗兰克·德波尔最开始被禁赛12个月，后来欧足联上诉机构减少了他的刑期，因为他们发现受污染的食品添加剂"极有可能"是药检呈阳性的罪魁祸首。

荷兰获得晋级机会的关键比赛是做客爱尔兰的这场球。范加尔斗志昂扬地前往都柏林，他说："我对自己所挑选的阵容感到满意，我们拥有一个均衡的团队。一般来说，爱尔兰人会一直坚持踢同样的比赛。你无法改变这样一种国家的文化。他们会依靠自己的实力，踢得更有侵略性。那种精神流淌在他们的血液之中，他们在阿姆斯特丹时也是这么和我们踢的。我们的任务是据此做出回应，我们是可以做到的，对此我充满信心。全队也对此深信不疑，但我们不能忘记的是，爱尔兰在过去5年时间里都没有输过球。从这个意义上来说，当我看到爱尔兰人给予我们的尊重反而超过了爱尔兰队时，一种奇怪的感觉就会在脑海里萌生。我们的名头响当当，但这说明不了任何东西。我们必须去证明自己。我们可能会给大众留下深刻的印象，但我们显然不会给爱尔兰球员留下深刻的印象，他们可都是在英超踢球的孩子。"

2001年，当荷兰队抵达兰斯当路球场时，看上去这不过是他们通往世界杯决赛圈道路上无足轻重的一站。范加尔考虑过球队输球的可能性，但他同时认为这只与对方教练米克·麦卡锡有关联，因为一旦爱尔兰输球，他就会陷入巨大的压力之中。但那一天最终的结果是，球队野蛮冲撞、逻辑混乱，范加尔的足球信仰被放在了次要的位置。10人应战的爱尔兰在距离比赛结束还有20分钟的时候由杰森·麦卡蒂尔先拔头筹。范加尔看上去变得绝望起来，也有可能他之前就已经这样了。他只好派上一名又一名的前锋，只为获得一粒进球。然而，爱尔兰挺了过来。荷兰无缘世界杯，这在荷兰国内引起了轩然大波。正如范加尔所说："对荷兰足球来说，这无异于一场灾难。我们失去了参加世界杯的资格，我们本来有机会赢得比赛的。你必须去获胜，尤其是当你11打10的时候。我们在中场多出了一个人。我们创造了两次良机，但从那以后就被爱尔兰人牵着鼻子走了。"媒体事后的总结中充斥着各种由谁来背黑锅的观点。《共同日报》提出的是，"最核心的问题是：应该指责范加尔吗？晋级资格决战中的各种战术变化不符合逻辑，但都不会给比赛带来决定性的影响。在客场对阵葡萄牙的比赛中，我们真的是靠弗兰克·德波尔创造的点球才艰难地2∶2逼平对手的。在对阵爱尔兰的资格赛中，球队早在克鲁伊维特和岑登错失了两次足以保证安全的破门良机之后就已经埋下了失败的种子。然而，这并不意味着教练的作用应该受到质疑——那名一年前上任时还锣鼓喧天的教练。"《荷兰人民报》则认为："范加尔迄今为止都没能将自己的烈火雄心传递给他的弟子，把国家队惨败的全部责任都推到他的头上显然是有些过了。他手下有太多的球星在决定性时刻都犯了错误。"

《荷兰电讯报》的批评则更加严厉："这简直就是'橙衣军团'（荷兰队昵称）的奇耻大辱！虽然阵中有很多为欧洲最负盛名的俱乐部踢球的世界级球星，可他们却只能在对阵葡萄牙和爱尔兰的4场比赛中拿到2分！我们的国家队已经有16年没有缺席过任何重大锦标赛，当时的主教练莱奥·本哈克遭受了猛烈的抨击。现在我们犯了同样的战术错误，而且造成了同样的恶果（就像1985年那样）——荷兰，世界上最好的足球国度，明年的世界杯居然只能充当看客！"

《布拉班特日报》采用的语言还要刺耳一些："比赛之后，范加尔在为自己辩护时指出草地的质量太差，而且比赛中的噪声让他无法与球员进行交流——根据他的自我评价，这是他的长处之一。这简直就是胡说八道！你应该在赛前就和球员们进行交流，11打10时该怎么踢！比如，在训练营里找一段闲暇的时间，或者在一次特别的秘密训练之中交代清楚。范加尔应该为此感到羞耻！"

在遭遇溃败之后，范加尔在他的官方主页上给球迷们写了一封公开信："你们非常失望。但是请相信我，那种宿醉的感觉，在都柏林的荷兰更衣室里才是最严重的。球员们都崩溃了，但我们必须挺过去。这就是我们将对阵爱沙尼亚的比赛当作欧锦赛来对待的原因（资格赛最后一场）。请给球员们一个公平的机会吧。"与对阵爱尔兰那场声名狼藉的比赛相比，范加尔这场比赛并没有做出任何人员调整，显然这是为了给球员们提供一个自我救赎的机会。爱沙尼亚0∶5惨败。即便如此，范加尔渴望从球迷那里获得的悲悯也无处可寻。足球数次被球员一不留神地踢出边线，荷兰的观众们对此报以嘘声和口哨。不管怎样，这场胜利都是毫无意义的，因为葡萄牙3∶1战胜了塞浦路斯，这扼杀了荷兰进军世界杯理论上的可能性。

对范加尔的批评不只局限于媒体。莱奥·本哈克发表评论表示："范加尔没能实现他的既定目标，他应该对此做出一些总结。"马尔科·范巴斯滕则对范加尔进行了猛烈的抨击，声称他采用的战术需要为国家队失去晋级资格一事负责："范加尔他自己从来没有为国家队踢过球，所以说这或许就是问题所在。他想要掌控的东西太多了，然而他们每次在一起的日子不过两三天。这时间实在是太短了。"数年后，范加尔以彼之道还施彼身，在范巴斯滕遭遇了2008年欧洲杯失利后，范加尔也彻底抨击了他一番。

在荷兰无缘世界杯后，幻想破灭的范加尔于2002年2月辞去了国家队主帅的职位。在新闻发布会上，他用自己独特的方式回答了记者的询问："球员们和我有不同的观点，而现在是主教练停止前进的时候了。我到底失败没有？我当然失败了，因为我负有不可推卸的责任。荷兰足协的目标是进入世界杯，随后再打进八强。我们没能达成这一目标，无论是球员还是技术人员。"情绪激动的范加尔向大家透露了更进一步的细节和背景，他有时声音很大，有时双拳紧握，他的眼神很有穿透力，并且还不时泛着泪光。"对我来讲，这是一个极度伤感的日子。一年半之前，我曾无比高兴。当时我认为成为国家队的主教练是一件无上光荣的事情，而且我还有成为世界冠军的雄心壮志。但是，我们甚至没能进到这项锦标赛之中，这太令人感到难过了。对荷兰大众、荷兰足协以及赞助商来说，这也是非常难过、非常失望的一件事。"

"（荷兰国家队）曾有两次登顶世界足坛的良机。但在2002年，我们甚至没能达成最低目标——八强。对我来说，那是悲伤的一天。包括球员和工作人员在内的所有人都失败了。"

范加尔认为球员和他之间的化学反应并不奏效，他说："我永远着眼于现在与未来，而非过去。没有机会作为荷兰队的一分子参加重大锦标赛着实是一种耻辱，但我辞职的原因是一些球员无法接受我的方法。我就是我，我有自己的方式。我不会改变，也不愿改变。"

在荷兰无缘世界杯参赛资格之后，范加尔在全国范围内的电视讲话被播出，在长达一个小时的演说中，他试图为自己教练生涯最惨痛的失利做出解释，这成了媒体界的一段经典。范加尔说他获得了球迷、同事以及技术员工的大力支持，他们都希望他能回心转意，放弃退位的想法。但是范加尔却说："现在最重要的就是作为一个整体继续前进，球员群体和技术员工要紧密团结在一起。这就是我已经和一大帮球员谈过话的原因。我不是为了询问他们我是否该离职，而是为了了解他们是如何看待球员管理这件事的。在职业监管这方面，他们和我持不同观点。我想要排除任何意外，我不信任宽松的方式。短期来看，用宽松的方式管理球员可能会让你获得一些成绩，但是如果你只着眼于短期的话，你就会永远目光短浅。在这种情况下，我便无法将球员体内那10%的潜能激发出来——要知道，我将这种能力视为自己的特点之一。由此看来，我认为现在离开是最好的选择。"

范加尔在荷兰足协不只对国家队负责，他还负责一项名为"大师计划"的发展项目。20世纪80年代中期，里纳斯·米歇尔斯在荷兰国内提出了自己对青年足球的想法。一条关键的信念就是孩子们的足球不能完全照搬成年人的足球，另一条就是足球应该用来让人感到愉悦，让每个人都能参与其中，并且能创造很多进球的机会。从整个荷兰范围来看，他的这个想法沿用至今。在5岁时，比赛采取4人制。9岁时，他们会进一步发展到半场7人制。最后在13岁的时候，他们才在标准球场踢11人制的比赛。

范加尔在作为荷兰国家队主教练时修正了米歇尔斯的模式。他提出一种金字塔结构，并且让业余比赛和职业比赛同时发挥效用。青训学院以一星至四星的标准进行评级，引入青年球员教练证书，俱乐部能否获得许可证取决于他们所拥有的发展球队的数量。

也许"大师计划"最关键的就是注重享受比赛。

"大师计划"面向所有人：男孩儿和女孩儿、天才与庸才、移民小孩儿和残疾人。计划的目的是让每个人都能激发出自己最大的潜能，而享受比赛则是核心目标。这是一种自然而然呈现在范加尔面前的任务，因为他曾经做过教师，也曾在重构阿贾克斯和巴塞罗那的青训项目时投入过大量的时间和精力。

荷兰青年梯队在近几十年时间里屡屡失败成为一个不解之谜。在大多数时间里，他们的成年队在世界杯和欧锦赛中的表现往往能吸引到大量的球迷，然而他们的青年队却屡屡受挫。但最近几年，一种着实令人感到震惊的转变发生了。在2005年与2009年的U-17欧青赛中，荷兰均获得亚军。2005年世青赛，他们获得季军。U-21在2006年成为欧洲冠军，这是荷兰青年队有史以来第一次获得这一殊荣，而2007年他们蝉联了这一佳绩。

弗普·德汉曾在2004—2009年期间担任U-21主教练，他指出范加尔才是这一系列成功的缔造者。2001年，范加尔提交了他的"大师计划"，目标是全面提升荷兰各级别足球的水平。当时，怀疑论者认为这不过是纸上谈兵罢了，而支持者则赞扬了范加尔。德汉显然是后者中的一员，他说："过去，你当然拥有很多顶级天才，你就看看跟范巴斯滕一起参加1983年墨西哥世青赛的那群人吧。但这不过是一叶障目罢了，其实我们的总体平均水平还是很低的。而今天，我们的水平高了许多，我们也因此获得很多奖项。"

范加尔愿意留任技术总监，为全面实施他的"大师计划"而努力工作。然而，荷兰足协却并不允许他这样做。亨克·凯斯勒认为："在2月13日对阵英格兰的比赛中，范加尔的理念不能再萦绕在荷兰国家队身上。"因此，范加尔于2月1日离队。那时候，他的未来悬而未决。"我不认为自己会再当国家队主帅了。我只愿意成为一个国家的国家队主帅，而这个国家就是荷兰。"于是，范加尔再次表示他将会在55岁时退休。但最终在2014年，他获得了带领荷兰国家队征战世界杯决赛圈的机会。

第 10 章　重返巴塞罗那与阿贾克斯

我的心埋葬在阿贾克斯，一家俱乐部，如此让人沉醉，如此与众不同。

　　——这是范加尔所作的一首诗的开篇语，用来献给他"童年的至爱"阿贾克斯，本诗写于他就任阿贾克斯技术总监之际。

2002年的春天，《荷兰国家日报》向它的读者们传递了以下这条趣闻："范加尔所有的档案都已经转到他位于加泰罗尼亚小镇锡切斯的新家中了。"事实上，说这位教练的"档案"需要被"转走"纯属一些荷兰媒体的戏谑。《荷兰人民报》的伯特·瓦根多普指出每个人或许都"有一堆塞满的信封"，里面装着一些历史纪念物，但唯独范加尔有许多"档案"。他说："毫无疑问，西班牙人已经委派了一队翻译人员将其翻译成西班牙语了。"但是，范加尔在耐心地解释自己的动机时用加泰罗尼亚语反问道："我要怎样才能更好地表现出我在这里生活得很开心呢？"令人遗憾的是，范加尔与巴塞罗那之间的第二段美好时光甚至比他第一次待在这里的时间还要短。

巴塞罗那2002—2003赛季的欧冠征程开局不错。他们在小组赛第一阶段中势如破竹，而在小组赛第二阶段也创造了一个良好的开端。药厂勒沃库森无力阻止这辆加泰罗尼亚快车继续前行，而巴塞罗那也成为32支队伍中唯一在小组赛中获得六连胜的球队。

然而在西甲联赛中，事态看上去就完全没有那么顺心了。2002年12月，球队0∶3惨败在塞维利亚手下，球迷们向管理层表达了他们的愤怒，而矛头主要是指向俱乐部主席胡安·加斯帕特。加斯帕特遭到了持续性的抗议，呼吁将他"解职"和让他"滚蛋"的声音此起彼伏。不敢相信，巴塞罗那居然距离降级区只有2分的差距！西班牙每日发行的《马卡报》的观点认为"巴萨目睹了自己的葬礼"。《体育报》的头条则称"这是绝对的危机——简直不能更差了！"而《先锋报》则未免有些草率地写道"诺坎普的公众们已经下了结论——这里不再需要范加尔和加斯帕特！"

加斯帕特的回应则显得有些目中无人，他指出："我不会考虑辞职，而我也不会解雇教练。"范加尔也不认为逃避就是缓解巴塞罗那目前所遭受痛苦的良方，他说："辞职并不是万全之策，最重要的事情就是教练和球队要团结在一起。我会跟球员们讲明这些事，然后将球队带出危机。"球员们看上去也是支持他的。卡洛斯·普约尔说："要摆脱这一困境得靠球员们才行，而我们已经着手在做了。换教练对我们来说没有任何好处。解决的办法就是赢得下一场比赛，找到获得一系列成功的开端。"面对球队在欧冠赛场与西甲联赛中天差地别的表现，范加尔也不知做何解释。"很难解释与纽卡斯尔的比赛和与塞维利亚的比赛之间有什么不同的地方，这简直令人难以置信，我们都感到心灰意懒。我们必须比以前更努力地工作，从而走出这一困境。"

圣诞假期过后，球队与马拉加互交白卷，紧接着便在主场遭受另一场重创：这一次，巴塞罗那2∶4负于瓦伦西亚。加斯帕特再度表示自己对范加尔充满信心，但是呼吁荷兰人下课的压力好像丝毫不减，甚至还变本加厉。最终，范加尔在巴塞罗那的位置保不住了，即使球队在欧冠赛场上成就非凡。在宣布这位富有争议的荷兰人离队时，巴塞罗那赢下了全部10场欧战赛事。压死骆驼的最后一根稻草就是在1月以0∶2的比分负于维戈塞尔塔的比赛。这样的赛果使得巴塞罗那只能排在联赛第十二位，被榜首球队皇家社会甩开了20分，而距离降级区依旧只有3分。

胡安·加斯帕特终于受够了，他最终解雇了范加尔，并让拉多米尔·安蒂奇接替了荷兰人的位置。在回顾这位荷兰教练重返巴塞罗那这段短暂时光时，后卫球员奥莱格尔·普雷萨认为："范加尔的麻烦是他自找的，当球队表现下滑时，他只关心自己的形象。他是一个善于交际的人，但他并不认为有必要把他在这方面的东西展示给外界。越来越多的人开始觉得他是一个严苛的训练者。"在新闻发布会上，泪眼婆娑的范加尔跟球迷道别，并为俱乐部目前的糟糕处境道歉。

在被巴塞罗那解雇后，范加尔曾短暂地在荷兰公共电视网络NOS做足球直播解说员。没有人会拒绝重返老东家的机会，他重返了自己作为教练期间取得过最辉煌成就的地方——阿贾克斯，但这一次是担任技术总监。在宣布这段命途多舛的任期的新闻发布会上，范加尔用一首诗作为开场白，表达了自己对这家俱乐部的爱。

这个空缺的职位出现在莱奥·本哈克出人意料地宣布辞职之时。在流言持续发酵数周后，终于有官方消息宣布范加尔重回"他的阿贾克斯"。本哈克离职后，在阿贾克斯的俱乐部结构中，技术总监的职责发生了些许改变。本哈克会与主教练罗纳德·科曼一起为重大购买交易负责，而范加尔则和青训主管丹尼·布林德合作，更多地开始关注起球队青训体系的发展——这是他众多优势之中的一个。而重大交易事项则分拨给罗纳德·科曼以及董事长阿里·范艾基登来处理。

阿里·范艾基登对范加尔的回归表示欢迎："任命范加尔一事能对俱乐部3年前所制定的方针起到推动作用，这无关乎任何新的政策。路易斯·范加尔将会和丹尼·布林德一道，继续精炼阿贾克斯的青训体系。范加尔会在阿姆斯特丹竞技场与德托克姆斯特（De Toekomst）基地之间充当一座桥梁。""De Toekomst"——意为"未来"，这是一块训练场的名字，阿贾克斯青年队和业余队都在那里踢球。

阿贾克斯主席约翰·雅克同样很高兴，他表示："我们在委任一名新的技术总监时表现得非常谨慎。我们花费了大量的时间，尽可能地采取最佳方式来填补技术总监这一空缺。选择范加尔是本着对俱乐部长期战略负责任的态度，经全体一致同意才最终拍板的。"之前每天都与莱奥·本哈克共事的球队主帅罗纳德·科曼也对任命这位新"技术总监"感到振奋不已，他说："范加尔的到来对俱乐部和我来说都是好事。我坚定地认为这就是路易斯·范加尔的最后一站，他已经和他的教练生涯说再见了。"范加尔本人也肯定了科曼的想法，他说："你可以读一读过去对我的访谈，我一直在说我55岁时就不想再执教了。呃，现在我已经提前做到了。我回家了，这是我心之所属的俱乐部。现在，我会作为一名旁观者开展工作，我想要从容一点儿，先到处巡视一番再说。"

不幸的是，蜜月期很快就结束了。阿贾克斯管理层和技术总监范加尔之间的许多对话都表明双方一直处于争论不休的状态之中，分歧尤其聚焦于以下两个问题：一、什么才是合适的俱乐部日常管理方式？二、技术总监应该扮演怎样的角色？他和主教练罗纳德·科曼之间的合作关系从来都不和谐，而且两人在该如何执教一队这个问题上持截然不同的观点。阿贾克斯在冠军联赛中的表现也不尽如人意，在对阵拜仁慕尼黑的比赛中，球队表现糟糕，而主席选择站在主教练这一边，这无助于缓和范加尔和科曼之间的关系。多数情况下，在任何一个商业领域中，首席人才和次级人才产生矛盾纠纷后，通常都是次级人才被炒鱿鱼，而首席人才会继续留任，因为这是从长远发展角度来考虑的。因此，有人认为在这场范加尔和科曼的冷战中，阿贾克斯董事会应该选择站在范加尔这一边，而不应该更加支持科曼，因为范加尔对足球事务的理解优于科曼。

凯文·加塞德在《电讯报》中写道："回到巴塞罗那是错误的，随后回到阿贾克斯扮演技术角色，从而远离教练席也是错误的。"

只有当范加尔重掌阿尔克马尔的教鞭之后，他的足球天赋才再次被唤醒。换句话说，只有当范加尔重新寻找到他的足球根基并妥善处理好它的根本问题——如何踢好球时，他的足球天赋才会闪耀光芒。

第 11 章　范加尔与媒体

过去，人类拥有酷刑架；现在，人们拥有媒体。新闻媒体业控制着我们。

——奥斯卡·王尔德

在当今时代中，抱怨媒体的人群不只局限于父母、教师，同时，这种抱怨已经伴随了我们相当长一段时间，而且并不是毫无理由的。体育媒体可能比其他任何领域的媒体都更擅长炮制大量无厘头的新闻。体育所传递的信息与名人丑闻的传播普遍地与有利可图的非主流新闻联系在一起，这是一种全球现象。人们不会总是把体育运动当作一种只有实测分析与冷静思考的项目。

因此，很多媒体都说过或者写过这位来自风车和郁金香国度的派头十足的男人在品质与可靠性方面不太靠谱的报道。虽然有海量的文章和广播都报道过范加尔，可是他的实际形象还是没有被清晰地刻画出来。与此相反，新闻报道通过模棱两可以及自相矛盾的语言更加混淆了事实真相，而且还在一定程度上攻击了范加尔。

从根本上来讲，媒体是一种受利益驱使的机构。它们身处商业环境之中，就像职业足球俱乐部一样。然而，媒体与俱乐部的诉求经常是对立的。教练倾向于维持稳定而宁静的环境，而媒体则正好相反。很少有体育杂志的读者会有兴趣去了解一些没用的东西，比如，阿贾克斯在训练中度过了一个安宁祥和的下午——冲突与丑闻往往能让杂志社卖出更多的杂志。因此，在顶级足球俱乐部中，往往存在着隔墙有耳的现象。

媒体一直都在致力寻找最新而罕见的爆炸性新闻——这是他们的本职工作。一位优秀的观察员能迅速地意识到球队中弥漫着紧张气氛或上演了一场冲突戏码，如有些球员踢球不愿考虑他人，不愿像平常那样跑动，比以往更容易忽视自己的基本任务。离开球场后，这些紧张气氛也会制造一些小小的摩擦。记者通常都是优秀的猎手，擅长捕获这些吸引眼球的新闻，而且多数情况下他们都能挖掘出一些人，从而更好地开展自己"肮脏"的工作。通常来说，人们都做好了抱怨的准备。有一种危险随时会在球队大门前若隐若现，那就是失去梦寐以求的安宁生活。

和其他领域一样，足球也是靠结果说话的。如果一名教练输掉了比赛，他立马就会成为罪人。如果他赢得了比赛，通常来讲他都会成为一位英雄。虽然范加尔可能在刚开始时，因其有些伤人的处事方式而成为"情感银行的负债人"（史蒂芬·柯维所说），但是外界对他的批评还是很快就平静下来了，即使不是永远平静。范加尔执教第一年，阿贾克斯史无前例地赢得了欧洲联盟杯冠军，在夺冠道路上还淘汰了2支意大利球队。半决赛对阵热那亚的比赛中，在阿贾克斯首次将足球送入网窝之前，还没有哪名热那亚的球员碰到过足球，此时比赛才刚刚开始不到1分钟。最终的比分完全出乎人们所料，3∶2，随后荷兰媒体争先恐后地称赞球队的表现。当阿贾克斯再接再厉拿下决赛后，连一向冷静甚至颇具批判性的荷兰媒体也开始变得欢呼雀跃起来。

不过没过多久，范加尔和媒体之间的关系就恶化了。最终，事态变得严重起来，荷兰记者协会——Nederlandse Sport Pers（NSP），决定提醒一下这位派头十足的教练记清楚他的公共职责。在一封来自协会的信件中，他们带着一种礼貌性的语气教训了范加尔："阿贾克斯的新闻发布会因粗鲁的大声争吵而蒙羞。这种极具侵略性的方式也许能保证年轻、温顺球员的成功，但它出现在一堆成年人出席的新闻发布会里是不合适的。"在接下来的一次媒体见面会上，这位教练立刻对这封信件展开回击。范加尔拿着这封控诉他的信件，像一位校长训斥一班不守规矩的孩子似的，质问聚集在现场的记者到底是谁写的这封信。没人有胆量举起手来。范加尔认为这封信不仅可笑至极，而且还侮辱了他和他的球员们。"有时我会拒绝回答，因为我发现这个问题很愚蠢，我不是指提问的这个人。"

在某些时候，范加尔好像意识到了他那激烈而富有侵略性的交流方式无法为他赢得朋友，而且也无法以一种积极的方式来影响别人。他承认，曾有媒体专家建议他说话时缓和一下自己的语气，但他又说："也许他们是对的，但若要把这个和我的性格联系在一起的话，我就会说'不'。我的反应出于我的本能，我的表达都是真情实意。我准备好了改进自己，但我拒绝不忠实于自己。没人能改变我坚定的信念——我是一名战士。"或许他已经放弃了改变自己形象的念头，因为从斯巴达开始，他的形象几乎就没怎么改变过。"一种学院派的观点说我是一名出色的球员，一个高大而迟钝，却能扛着整支球队前进的人；另外有些人则认为我是一个高大而迟钝，并且傲慢到敢于告诉所有人他们应该如何踢球的人。这种形象是在我开始为阿贾克斯工作之后才得以加深的。"

潜藏在媒体交流之下的东西就是文化裂痕。在记者们看来，说话直接、思想守旧的范加尔有一种独裁倾向，并且让人无法忍受。事实上，范加尔更像是一个政治反常物——一个保守的纪律主义者，在他的足球哲学中，团队处于核心位置。这样来看，媒体不理解他或许也就不那么令人费解了。他们不明白范加尔为什么不迷恋一种所谓纵容性社会，在这位教练看来，这种社会宽恕了故意的破坏行为以及受鼓动的冷漠行为。他认为造成这种社会的原因是缺乏秩序、权威以及尊重。社会需要有明确的准则，并被明确地执行。这会创造透明、公平以及冷静的环境。从记者的职业本性来看，他们之中的大多数人都不喜欢秩序；他们还批评秩序。他们不支持统治力量，他们质问并挑战统治力。尤其是荷兰媒体，最喜欢质疑那些在他们看来有些装腔作势的人。

由于荷兰国土面积的缘故，国内各家体育媒体有点儿像一家老友俱乐部。大家相互之间都知根知底，因此舆论一致，墨守成规的观念很快就形成了。在范加尔看来，他对恪守成规并不赞同。在他教练生涯早期，他用过一些不正规的术语，媒体因此经常嘲笑他。比如他一直使用的一个词——"球队构建"，对记者来说就是一个新奇的词汇。范加尔说："最初几周的结果并不理想，所以范加尔可以被嘲笑。我认为你应该用具有说服力的证据来进行争论，来评价别人的工作方式，而不应该揪着诸如'球队构建'这样一个在足球世界中不常见的词语不放。他们的鼠目寸光让我感到非常恼火，而这还常常带来对进球的误读。媒体会想：因为进球太少，因此表现就很差。你可以换一种角度来看待问题：认为球队的表现很优秀，本来应该取得更多进球。你能感受到有什么差别吗？"

范加尔很难意识到媒体与足球俱乐部之间存在着一种共生关系。在荷兰，媒体能提升它们的发行量需要感谢的是阿贾克斯，可反之亦然。阿贾克斯，它的全体赞助商、它的球员，当然还有它的教练，都是通过媒体来打广告和进行推广的。媒体帮助阿贾克斯、丹尼·布林德、路易斯·范加尔为世人所知，也让他们变得富裕起来。但是这一事实好像在范加尔这儿压根就不存在。对他而言，媒体就是敌人，需要被检查，如果有可能的话，他们就必须停步于门口而不得入内。他说："从本质上来讲，我是一个温文尔雅的人，但是当我注意到媒体带着子虚乌有的'事实'出现时，或者我认为他们带着一种敌意时，我就会立刻大发雷霆。阿贾克斯的成功建立在投资与尽心尽力做事的基础之上，我有时觉得他们对此缺乏应有的赞赏。此外，我感觉有一些人乐于看我们的笑话。"

当范加尔开始怀疑有些记者不严肃、不正直时，后果就很严重了。他把这些人加入到黑名单之中。那些在范加尔看来制造过不实报道或者过度挑剔的记者仍然可以在新闻发布会上提问题，但是他们会被拒绝进行采访。"如果记者们问出一些愚蠢的问题，我就会无情地抨击他们，因为他们没有做好自己的工作，而且他们还伤害了我的球员。"在《足球国际》的记者泰德·范莱文问了一个"愚蠢的问题"后，范加尔给出了一个著名的答复："到底是你真的那么蠢，还是我太聪明了？"

因此，范加尔和媒体之间保持着一种非常矛盾的关系。一方面，他真的很渴望得到关注；另一方面，他很少会对他所得到的关注表示满意。在这一点上，他并不孤单，至少还有一名荷兰教练也和媒体之间关系紧张，那就是迪克·艾德沃卡特。在笔者为艾德沃卡特作传期间，笔者采访了法兰斯·丽尔梅克斯，他是研究海牙ADO的历史学家，而艾德沃卡特年轻时就是从这家俱乐部起步的。丽尔梅克斯明确表示这同样非常适用于路易斯·范加尔。"有时候，迪克和媒体之间有很多矛盾。因为他的诚实，因为他有一点儿顽固，所以他在公共关系方面并没有给人留下什么好印象。他的性格里没有一种可以让他准确理解媒体这一行业的因素。坦白地说，在这样一种冲突中，你永远只能失败。当你达到如此高的一个水准时，你真的就变成了某种公共财产，而且你无法回避发生在游戏边缘的事情。同时，要不是媒体的话，艾德沃卡特永远不可能变得像他现在这么出名、这么富有。当然了，他不应当被恶劣地对待。他真的是一个非常棒的足球专家，同时还是一个非常友善的人，而且，球员们一直都支持他。"丽尔梅克斯表示在教练的需求之中有一种矛盾的元素，需要在和平时期由媒体给爆出来，因为这最终不仅会让媒体从混乱之中获得利润，就连俱乐部和那些为之工作的人也会受益。记住一句古老的格言会让那些不高兴的教练们受益匪浅——"世上从来没有所谓负面宣传"。

当然，媒体经常会做得有些过头，煽动起小规模的冲突，传播一些未经证实的报道或者公然表达一些错误的主张。因此，范加尔坚决地给他的球员下达了指导方针，告诉他们应该怎样和新闻界的人打交道。清单中的第一条就是将"洗过的脏衣物"晾在外面是不可饶恕的行为：在更衣室里讨论的任何内容都是严格保密的，它们只能存在于这间小屋子中。如果任何人对此有异议或埋怨，他们就应该直接去找范加尔。

为了教导他的球员们应该说什么，不该说什么，范加尔甚至还自掏腰包组织了媒体培训课。结果就是，媒体在采访阿贾克斯的球员后写出来的文章往往让人看了就像吃了安眠药一般昏昏欲睡。唯一能制造烈焰风暴的人就是主教练他自己。

范加尔执教时期，阿贾克斯的踢球风格从很多方面来看都是这位教练性格的缩影。在场上传球时，最优先考虑的就是保持控球以及牵制对手。其他人的观点可能会认为这样一种比赛观念会扼杀自发性、创造力、不可预知性以及比赛乐趣，对球员和观众二者来说，正是因为这些元素的存在，才让足球变得如此富有吸引力。但这些对范加尔来说无关紧要。阿贾克斯的足球教育也彰显了他对控制场上局势的偏好，而这建立在科学的，或者至少说有依据可循的数据之上。球员的发展状况会被详细地储存在电脑之中，随后会有专人对其进行分析，从模型中得出的偏差会被立刻进行登记。

同样地，如果媒体没有坚决保证在发行之前先让范加尔阅读和编辑他们所写的文章的话，那范加尔是绝对不会同意接受采访的。他从来不会考虑将新俱乐部的合同细节透露给财务咨询机构。

范加尔最在意媒体做的事就是展现他的弱点。他好像认为全世界只有阿贾克斯的足球场地是安全的，而其他地方则出现了大量心怀不轨的人。这种世界观让范加尔与媒体之间形成了相互的对抗，一边是自我保护的教练，而另一边则是咄咄逼人的记者团体。这使得双方对彼此都产生了一定程度的反感。

有一次，天空体育邀请范加尔出镜担任演播室评论员。或许是觉得出场费以及免费到伦敦的旅途不足以说服这位伟大却多疑的教练，他们便建议他说这是一个好机会，可以为他在英超联赛中赢得"更多的关注"。

"不，谢谢你。"范加尔尖锐地回答说，"我对我的低关注度感到非常满意。"

根据范加尔自己的记录，他收到过成百上千的脱口秀、娱乐秀之类节目的邀请，但他总是婉言谢绝："我是一名足球教练，我只愿谈论我的职业。我不会参与其他的事情。我是被邀请过，可我没时间。我需要在电视上强颜欢笑吗？我不认为我应该改变自己，我对自己感到很满意。"

"我在高兴时会表现出高兴，在悲伤时会表现出悲伤；我想笑就笑，想哭就哭。我不会因为自己出现在电视上就笑出来。15年前，所有人都撰文说我接受过媒体培训，因为有一段时间我表现得有些沉寂。可没过多久，有些事情再度发生了，随后所有记者都必须承认：路易斯·范加尔压根儿就没接受过媒体培训！"

然而，阿贾克斯的球员们却接受过媒体培训。在范加尔看来，这是再正确不过的了。但他觉得他自己并不需要这种培训，因为他认为他"在与媒体打交道时采用了一种非常好的方式"。范加尔对荷兰媒体的信任是有限的。因为在他看来，媒体行业被某些人的人脉关系所控制，例如占主导地位的影响或者对自己不利的影响，通常都来自约翰·克鲁伊夫。同样是作为国家队主帅，人们给予约翰·克鲁伊夫以及马尔科·范巴斯滕的空间却从来没有给过迪克·艾德沃卡特，或者范加尔他自己。范加尔认为造成这种状况的原因就是前面两位在球员时期都是超级巨星，而艾德沃卡特和范加尔却不是。

据和范加尔走得比较近的人说，在私人谈话中，你跟他聊任何事几乎都是可行的，但是在公开场合说什么就完全是另外一回事了。他的自豪感、完美主义使得他对批评十分敏感。范加尔不想犯错，而即使他犯了一个错，他也不愿意在新闻上看到这个错误。媒体从多个角度刻画了这位"铁血郁金香"的特征，称他是一个不懂得左右逢源、缺乏社交技巧的人，是一个暴君、一个妄自尊大的人或者一个胡说八道的疯子。与此同时，范加尔自己则认为他在做人方面被他人误解了，而在做教练方面也没有得到他人足够的赏识。1991年9月30日，在一场令人难忘的新闻发布会上，有人问他是哪种类型的教练。他有些不自在地看了看在场人群，缓缓地故意说道："我是一个执着、诚实，并且说话很直接的人。而这些特质，有时会伤及他人，让人觉得我是一个难以相处的家伙。"基于这个回答，有人得出结论说他是一个食古不化之人。紧接着，这位教练就在接受《足球国际》采访时说："过去两周，我已经认识到我不应该过快地说出对自己的看法。我认为媒体需要自发地来了解我，那些在我身边待过一段时间的人以及了解我的人会用不同的方式对待我。过去两周，我在回答媒体提问时采取了错误的方法，这是范加尔这个人最不完善的地方。我不知道此刻出现在我面前的媒体属于哪种类型。我会引以为鉴，并弥补这方面的缺陷。"

特鲁斯·奥普梅尔是范加尔的第二任妻子，她说："在我结识他以前，我以为他和其他荷兰人一样，是一个性情乖戾、傲慢自大的家伙。

但他不是。我承认，他在电视上展现出来的大多数东西都不太好。他的确会表现得情绪激动，在这方面我的做法会有所不同，可他也有风趣的一面。但是，他的工作就是他的生命，他严肃地对待自己的工作，这是毫无疑问的。而且，范加尔认为人们总是在攻击他。他需要多一点儿笑容，他笑起来时会更加帅气。范加尔说我是对的，但他不想做出改变，他认为其他人才应该改变。我已经不再看他的任何采访。去年我就已经做好了联系一些节目主持人和记者的准备，然后告诉他们我的想法。不过当然了，我不能这么做。"

范加尔一直都很清楚，他和媒体之间保持着一种职业的关系。因此，在记者群体和这位教练之间并没有什么中间人充当纽带。而诸如维姆·范哈内亨或古斯·希丁克这些教练，他们和记者之间可能就存在着一些这样的人。有一次，当范加尔被人问到他对希丁克在新闻发布会上展开的魅力十足的反抗有什么看法时，他回答道："我解释的东西比希丁克多得多，他从来不说过多的话。希丁克是一个回避问题的大师，而我却总是在回答着各种问题。"

在巴塞罗那举行的一场新闻发布会上，范加尔曾痛斥过一名记者，因为该记者表现出过分的消极。范加尔操着一口蹩脚的西班牙语表达了自己的失望，发出荷兰人难以咬准的辅音，说："你一直都很消极，从来都不积极。"这句在媒体上广泛播出的严厉谴责至今仍被视为经典。说到他的交流技巧，范加尔被视为伊比利亚版的吉奥瓦尼·特拉帕托尼——派头十足、魅力动人，但在语言方面有一定缺陷。

在加盟拜仁慕尼黑以后，范加尔和媒体之间的斗争仍旧明显。任何一个德国人，不用说都知道范加尔对天空记者迪特尔·尼科尔斯感到不满，因为后者曾在联赛对阵纽伦堡的赛后质问他拜仁的激情何在。范加尔认为这位记者质疑他球队的表现简直是不可理喻的行为，于是他解释说只不过是进球没有到来罢了。在回应这位记者接下来提出的一系列问题时，他的愤怒迅速增长，直至达到爆发的极限。在荷兰，他的朋友和敌人都已经学会了如何忍受这位特殊足球大师的情绪大爆发，但是在德国的这次遭遇，对瞠目结舌的德国观众来说，已经在某种程度上成了一个媒体经典事例。而《图画报》在调侃这件事时则采用了这样一个标题："Louis Van Gallig！"（"Gallig"意味着尖酸或者刻薄）

2006年，范加尔在接受荷兰著名记者斯黛菲·库特斯的采访时开门见山地问道："你知道这次采访的条件，对吧？"

库特斯回答说："我猜应该是你要在发行之前先审阅一遍吧？"

"不只是审阅，"范加尔回应道，"我还想能够修改一些东西。曾经，我还完全重新写过一篇文章。"

"如果你那么做的话，我不会感到开心的。"

"我也是，"范加尔回答道，"因为那么做对我来说工作量很大。"

"你是一个多疑的人，难道不是吗？"库特斯问道。

"根本不是。"范加尔矢口否认，"你以为你跟任何人都可以进行这样的谈话吗？一个将自己完全展现出来的人？我太天真了，特鲁斯100年前就告诉过我。我相信别人，我对生活保持着积极的看法。我想你应该会将这件事编造成一段美丽的故事吧。如果不是的话，那就意味着我又打了一次自己的脸。我就是这么生活的。"他给人留下了严厉、不友善的印象，但这并不是他的错。"我，路易斯·范加尔，跟那没有任何关系。媒体处心积虑地挑选了一些形象，并企图用这些形象来表现我是个什么样的人，结果就是这样。"

库特斯凭借这次采访拿到了国家级奖项。她虽然是一个经验老到的业内人士，可她后来依旧承认自己当时非常紧张。她告诉范加尔说："我进来时，你用一种不信任的眼神看着我，因为我是一位媒体人。你确实是习惯于板着脸说'请进，喝杯咖啡吧'的那种人。"

范加尔回答说："对我来说，这是一场无法避免的灾祸。我接受这次采访是因为我的新闻官要求我这么做……我和公众心目中的形象其实截然不同，对此我深表遗憾。"

"你曾经有没有想过这个问题，"库特斯问道，"你对造成这种局面会感到一丝内疚吗？"

"我当然会感到一丝内疚了，"范加尔赞同地说道，"要是我是一名演员的话，事情就容易多了。如果我能重新来过的话，我想我会选择一条不一样的道路，虽然我不知道我是否能重新来过。如果我不那么刻薄的话，我就会让我的生活变得更简单，说话也会更加拐弯抹角，还会经常像变魔术一样把笑容挂在自己的脸上。"

第 12 章　在阿尔克马尔东山再起

范加尔是一位伟大的教练，也是一个伟大的人。从现在开始，我是一名阿尔克马尔球迷。路易斯·范加尔正在卷土重来，而他的成功早已注定。

——何塞·穆里尼奥

从阿姆斯特丹驱车向北不用多久，建筑群就会被苍茫的绿草地所取代，著名的黑白花奶牛无处不在，牛粪散发出来的刺鼻气味弥漫在空气之中。这个国家的每一寸土地都是一成不变的平坦，没有大山脉或小山丘来割断永远笔直的地平线。这是一个骑自行车的理想之地，几乎每个荷兰人天天都会这么做。事实上，荷兰的自行车保有量甚至大于汽车保有量，而且单独的自行车道已经成为一种标准化设施。它和主干道平行，用于非机动车交通，甚至还会出现在农村地区的高速公路旁边。

如果交通状况良好的话，开车45分钟之后你就会到达阿尔克马尔——一座拥有10万人口的城市，而这个数字也是荷兰人心目中足以构成"城市"的人口基数。不过，事实上早在1254年，著名的伯爵弗洛里斯五世就批准了阿尔克马尔城市宪章，即便是今天的荷兰人也认为这是一项重要的成就。与此相反，海牙政府就从来没有这么做过，因此它也被嘲笑为荷兰最大的"农村"。阿尔克马尔坐落在一块典型的荷兰开阔地貌之上，和一个拥有沙丘、海滩、树林以及水域的大型自然保护区毗邻。过去，它最出名的是奶酪市场，同时这也是一个主要的旅游观光点。但是在2009年，范加尔改变了这座城市赖以成名的标志，他带领阿尔克马尔俱乐部拿到了近30年来的第一个全国冠军。

2005年，范加尔接受了阿尔克马尔主教练一职。他的前任，科·阿德里安塞已经在俱乐部创造了奇迹，但是他为人所知的就是像挤柠檬一样压榨球队的全部潜能，随后他在球队发生不可避免的爆发之前选择了离开。装点在阿贾克斯俱乐部范加尔办公室中的那句话——"能力绝非巧合"，并没有被放到他在阿尔克马尔的新领地里。这并不是说这里改变了他执教的看法，因为这句话依旧是他的基本信条。范加尔，一个想要把所有的事情都掌控在自己手中的男人。

在阿尔克马尔的再次执教看上去就像是一次备受鼓舞的举动，因为范加尔一直希望重回到一种纯粹的教练工作之中，接着按照他自己的想法重新构建一支新的球队。在范加尔来到球队之后不久，阿尔克马尔便发现它拥有了一位新粉丝，不是别人，正是切尔西主帅何塞·穆里尼奥。穆里尼奥在葡萄牙体育日报《O-记录》的每周专栏中解释了为什么从现在开始他将会观看阿尔克马尔的每一场比赛。"范加尔是一位伟大的教练，也是一个伟大的人。从现在开始，我是一名阿尔克马尔球迷。路易斯·范加尔正在卷土重来，而他的成功早已注定。"穆里尼奥接着预言道，"过不了多久，他就会重返某家主流联赛的大球会之中。"

范加尔为阿尔克马尔工作的这段时间，俱乐部被赋予了"荷兰切尔西"的称号，因为两家球会最明显的相似之处就是他们的老板：阿尔克马尔随心所欲的银行家老板德克·舒宁加以及切尔西挥金如土的亿万富翁老板罗曼·阿布拉莫维奇。在西伦敦，阿布拉莫维奇从他的口袋中掏出6亿英镑用于资助他的"宠物计划"。舒宁加和这位俄罗斯人如出一辙，好像阿尔克马尔就是他的私人玩具一般。不过实际上，这位DSB银行拥有者的花费跟阿布拉莫维奇相比，那就是小巫见大巫了。阿布拉莫维奇求助过古斯·希丁克，希望从荷兰教练那里得到一些受用的帮助。和他一样，舒宁加也求助于路易斯·范加尔，以求将这家地方性俱乐部带到联赛的争冠行列之中。最终，阿尔克马尔在没有买下任何大牌球员的情况下怒夺联赛冠军。正如范加尔解释的那样，他们夺冠靠的是踢出了漂亮的足球。"阿贾克斯拥有更多的个人技术，这是符合逻辑的……他们能花更多的钱。在阿贾克斯截胡亨特拉尔之前，我们之间就展开过对话。同样的事也发生在马凯的身上。亨特拉尔最终去了阿贾克斯，而马凯则去了费耶诺德。阿尔维斯也决定追求金钱。这就是差别所在，而这也就是我们在拿下联赛冠军后会引起这么大轰动的原因。"

在范加尔治下，训练的重点改变了。"和我共事，球员们必须明白他们所做之事的原因何在。每次训练，我都会解释我为什么会做某件事，这就是我们备战比赛的方式。我会解释对手的建构，这样球员们就能感受到这一点，而且他们在比赛里也不会遭遇对手猝不及防的打击。即便如此，他们仍旧说我训练的强度不够，不如科·阿德里安塞。但是我的训练更聪明，我会刻意地去构建某种东西，这样他们就会在工作中更加集中注意力。在球场上，球员们会有一些和他们场上位置相对应的任务，而我会向他们解释这些，这样他们就可以专注地在自己的位置上做出贡献了。"

在范加尔上任之初，很多人都认为阿尔克马尔没有多少上升空间了，但是这位新教练却成功地让球队长时间地保持在高水准上。上任2年后，他已经2次冲击了荷甲冠军头衔。2006—2007赛季，他率领阿尔克马尔挺到了最后一天，当时他们以净胜球的优势领先阿贾克斯和埃因霍温。阿尔克马尔唯一要做的事就是战胜积分榜垫底的埃克塞尔西奥，这样的话他们就能时隔25年再次获得荷甲冠军。在他的门将被罚下之后，范加尔好像陷入了无助的恐惧之中，最终他的球队输掉了比赛，也丢掉了冠军。一些在范加尔一觉醒来之后才出现的批评言论认为，这样的悲剧可能都是由他一手造成的。在赛季之中，他坚称他的球队还不能被视为冠军的有力争夺者，而且他们在工作中是着眼于长远来考虑的。然而，这给他的球员们带来了消极的影响，似乎他们都不敢相信自己居然还能抓住夺冠的机会，即便此时冠军已经在朝他们眨眼了。

范加尔后来说道："在最后一场比赛里丢掉冠军着实让人感到失望（2007年）。俱乐部需要一个冠军来证明它所取得的进步。如果我们想要在荷兰国内得到认可的话，这就是我们下一步要做的事情。我们只有1600万欧元的预算，而阿贾克斯和埃因霍温分别有6500万欧元以及6000万欧元，可我们在过去两个赛季都进入了前三名，还杀进了杯赛的决赛，只不过在点球大战中输掉了比赛而已。我们的主席是一个有钱人，但他不愿意提高预算。钱不是万能的，也不能解决一切问题。阿贾克斯、埃因霍温、费耶诺德在球员工资的开销上是我们的2~3倍，但是这个缺口被球队的实力填补了。在你栽培球员并带领他们前进的时候，你会得到一种真实的满足感。所以，我一点儿也不失望。我们有其他一些让我们获益的东西，比如我们踢球的质量。我们崇尚进攻，而这也是我们的特点。在我首次带领阿贾克斯夺冠的时候，我们也是在低预算的基础上做到的，所以我们在这儿也同样可以做到。如果我对此有任何怀疑的话，我就不会来这儿了。"

新赛季开始之前，范加尔告知他的最佳射手、荷兰国脚丹尼·库韦尔曼斯说将会把他放到替补席上，因为他会优先使用新签约的球员。这位教练解释说库韦尔曼斯不具备下一阶段所需的打击力量——冠军联赛。当时，阿尔克马尔希望从海伦芬签下球队最佳射手巴西人阿方索·阿尔维斯，以及其他一些青年天才球员。可是阿尔维斯最终没能成行，而那些被委以重任的天才们也没能给球队带来影响。对此感到不满的库韦尔曼斯离开了阿尔克马尔加盟埃因霍温，在那里他最终踢上了冠军联赛。与此同时，阿尔克马尔破门乏术，因此痛苦地挣扎在联赛的下游区域。谈论进入前四的话语顿时烟消云散。

2007年秋天，或许是噩运将至的前兆，范加尔出了一次事故，于是只好在轮椅上度过一段时间。在一次ALO（体育教育学院）的重聚活动中，他在给大家现场示范撑竿跳高时伤到了自己的脚踝和腓骨。据他自己介绍，他的准备活动做得很完美，但是由于平底鞋的缘故，他不慎滑倒了，因为他穿的这双鞋子不适合做这样高难度的动作。结果，这位56岁的教练尴尬地摔到了健身馆的地板上，而他的腿部也遭遇了骨折。"我太疯狂了，居然以为自己还18岁。"事故当天，他就在阿尔克马尔医疗中心接受了手术。范加尔的腿伤一定非常严重，因为至少有6根钢钉被植入了他的体内以支撑断裂的腿骨。他的腿被保护在模具之中，而且接下来几周他只能通过轮椅来四处行走。可是第二天他就被允许出院了，这样一来他就可以参加阿尔克马尔在DSB球场对阵NEC奈梅亨的比赛。他承认他在手术后以迅雷不及掩耳之势出现在球场之中。那些接受过全麻的伤者一般来说都要在医院里待3天，可他却说："为了确保万无一失，我在去球场的路上吞服了大剂量的止痛药。无论如何我都想待在那儿，但我不想让他们看出我正在遭受痛苦。"

范加尔讲了一些黑色幽默的话，他说他是故意弄断自己的腿，从而给自己的助手爱德华德·梅特嘉德一个一展身手的机会。虽然梅特嘉德在场边指挥阿尔克马尔，可范加尔依旧坐在对面的管理层包厢中严阵以待，并亲眼目睹了他的球队以4：0的比分轻松溃击来访的球队。他和教练席之间用无线对讲机保持联系，但是在技术人员建立起令人满意的无线连接之前，阿尔克马尔就已经攻进第一粒入球了，这是一粒来自西蒙·齐奥默的头球攻门。下一场比赛是客场挑战埃因霍温，阿尔克马尔向埃因霍温方面申请在飞利浦球场的高层看台区域为这位受伤的教练设置一个位置，以便让他监督球队的表现。可他们的请求被拒绝了：因为范加尔是一个潜在的危险因素，所以他只能待在场地上。飞利浦的人尝试着从中调解，他们建议搬走教练席上的两个座位，从而为轮椅创造空间。

这段时期，球队经理皮特·哈特兰成了范加尔的司机，搭载这位教练往返于他位于诺德维克的住所以及阿尔克马尔的训练场之间。范加尔坐在后排，受伤的腿则全部搭在座位上。身体方面的训练他就交给了自己的助手，但是周五的赛前训练就是范加尔亲自坐着轮椅在场上带队了，主要是针对下一个联赛对手进行一些有针对性的指导。"就踢球而言，你的双腿至关重要。但是做教练时只需要动脑子就可以了。只有在一种情况下事情会变得糟糕起来，那就是我头部受伤并且无法与球员们进行适当的交流。只要那种情况不发生，我就仍然可以做好工作。只是有一件事要记住，我无法再打断比赛并走到球员面前，现在球员们得主动来找我。不过在我的教练生涯里，我没有错过任何一场比赛。在我生病时，我仍旧会去现场。"在巴塞罗那的时候，他还弄断过自己的跖骨，对此他说："你能从图片里轻易发现这一点，而我直接继续工作了。我能理解西班牙人对此感兴趣，但这居然在英格兰也成了一条新闻。我觉得这太夸张了。作为教练，我赢得过欧冠冠军，但我还从来没有获得过像现在这么多的关注，因为我现在坐在轮椅上。女王烘焙了一块'国家志愿活动日'的蛋糕，这则新闻被刊登在报纸的第8页。而我呢？发生在我身上的事根本没有这件事重要，可它居然登上了各大报纸的头版。"

虽然遭受了意想不到的打击，但是范加尔还是保持了乐观的心态。他说："我刚到这里时，他们还在一座容量只有8000人的球场中比赛，即便如此，球票也难以售罄。而现在，我们拥有了一座能容纳2万人的新球场，而且上个赛季我们几乎卖光了每场球的门票。球队已经迈出了重要的一步。我们的目标是把阿尔克马尔打造成一支国内的大型俱乐部，并在欧洲范围内得到认可，与这儿的'三巨头'齐名：阿贾克斯、埃因霍温、费耶诺德。主席想一步一个脚印稳扎稳打，这样一来就能全方位覆盖，而不只是关注球场上的结果。我已经说过了，鉴于上个赛季的优异表现，我们在欧足联的排名已经超过了'三巨头'，这个事实成为我们向前发展的一个重要因素。"

这个赛季最终成了阿尔克马尔和范加尔的噩梦。球员普遍遭受伤病困扰，士气低落，新签约的球员没能跟其他球员融合在一起，因此阿尔克马尔甚至一度需要为保级而战。赛季结束前，球队没能掀起什么大波澜，排在积分榜中游位置，获得了荷甲联赛的第十一名，这个成绩相当平庸。范加尔是一个典型的肆无忌惮之人，他最初拒绝为球队的下滑背责。他那些愤怒的咆哮一如既往地引人发笑，这让其他的教练、球员、球迷都兴奋不已，他们觉得看着阿尔克马尔和范加尔深陷连败之中是一件惬意的事情。有人批评俱乐部主席德克·舒宁加居然不解雇他。与此同时，范加尔表示他去意已决，这个决定引来了球员们的联名挽留。出乎大多数人所料的是，在联赛收官战对阵鹿特丹斯巴达的比赛之前，范加尔顺从了他们的意愿并收回了自己的成命。

"经过与俱乐部董事会以及主管的协商后，"范加尔说道，"我发现好像所有人都希望我能留下来。很多球员都是因为我在这里当教练才选择投奔俱乐部的，现在离开对这些球员来说是不公平的。"范加尔开始将他的注意力转投到下一场战役之中。他说："这个赛季我们学到了很多东西。我们必须确保球员们变得越来越好。如果不能如愿的话，那就寻求更好球员的加盟。我们也必须严格把控转会，如果没有十足的把握拿下一名球员的话，我们就应该把关注的重点放在争夺其他球员上。"他认定，缺乏领导力是影响俱乐部的主要障碍，于是他说球队会在转会窗口中寻觅一位经验丰富的老兵："我们这个赛季真的很缺这种类型的球员，即便最后几周情况有了一些好转……我们下个赛季或许无缘欧战赛事，这对球队来说是一个耻辱，但我们知道自己想要什么。这个赛季我们会往后退一步，但我很有信心在下个赛季往前迈两步。"

让批评他的人感到喜闻乐见的是，范加尔和阿尔克马尔继续止步不前，输掉了2008—2009赛季的头两场比赛：阿尔克马尔主场1：2负于NAC布雷达，而海牙ADO则在自己的主场以3：0的比分降服了他们。但是在下一场比赛中，范加尔开启了一波转折。他激动人心的演讲鼓舞着阿尔克马尔以令人吃惊的1：0力克卫冕冠军埃因霍温。从那以后，阿尔克马尔好像完全变了一支球队似的。流畅自如的攻势足球、赏心悦目的进球、聪明的跑动，这些属于范加尔的标识再一次大量涌现出来。一些比赛的结果彰显了这种改变所带来的巨大转机：6：0狂屠鹿特丹斯巴达，5：2大胜蒂尔堡威廉二世。

坚定的信念，加上对阵容的修补，最终，范加尔将阿尔克马尔打造成了他理想中的球队。在范加尔和他的教练员们的妙手调教下，塞尔吉奥·罗梅罗发展成一位表现一流的门将。吉尔·斯维尔茨以及尼可拉斯·莫伊桑德是源自阿贾克斯传统的攻击型边后卫，能控制两条边路走廊，在进攻端和防守端都给人留下了深刻的印象。中卫位置则由老将基奥·耶利安斯以及墨西哥天才少年赫克托耳·莫雷诺组成。中场方面，范加尔选择了荷兰国脚，比如德米·德泽乌及斯泰恩·斯哈斯，同时还有比利时国脚马尔滕·马滕斯、塞巴斯蒂安·波科诺利。澳大利亚国脚布雷特·霍尔曼也可以踢这个位置。然而，中场真正出人意料的发现当属尼克·范德维尔登，他是从一家名为多德雷赫特的小俱乐部转会而来的。在前场，比利时神锋穆萨·登贝莱无论是从踢球风格还是从体格上来看，都像极了兹拉坦·伊布拉希莫维奇。从威廉二世转会过来之后，他摇身一变成为一名高产的射手，踢进了许多技惊四座的进球。

2009年2月，范加尔的新体系在重获新生的埃因霍温面前经受住了巨大的考验——好吧，总之还是坚持了半场。当埃因霍温拿球时，他们就会去全力拼抢，于是阿尔克马尔在上半场主导了控球，这也帮助他们打进2粒进球：吉尔·斯维尔茨顶进了斯泰恩·斯哈斯开出的角球；之后德米·德泽乌被对方绊倒在禁区之中，虽然德泽乌罚丢了点球，但是马尔滕·马滕斯将反弹回来的足球补射入网。下半场易边再战，球队放松了警惕，结果被气势如虹的埃因霍温连入2球。2：2是一个公平的比分，但这场比赛非常重要，因为它终结了一种说法：阿尔克马尔在荷甲担任领头羊是由于对手们弃权所致，理由是埃因霍温、阿贾克斯及费耶诺德正在经历低产的一年。赛季到此时为止，阿尔克马尔已经保持5个月不败了，而且这场平局是他们3个月以来第一次无法取胜的比赛。

球员们通过请愿让范加尔留下来的行为被证明是正确的：阿尔克马尔一路高歌猛进，拿下了自1981年以来的第一个冠军。俱乐部夺冠的优势达到11分之多，而且这也是28年以来冠军第一次旁落埃因霍温、阿贾克斯或者费耶诺德这三家俱乐部之外的俱乐部。

面对这种形势转变，只有一个人没有被震惊。2008年，在范加尔正式地为这座城市著名的奶酪市场开市的时候，他遇到了一个卜算师，卜算师告诉他说："阿尔克马尔会在4月19日成为冠军。"由于俱乐部在那一天没有荷甲的比赛，所以范加尔就没把他的预言当一回事儿。时间来到了4月18日，那一天阿尔克马尔有机会直接夺取桂冠，但却出人意料地输给了维特斯阿纳姆。但是随后这一天——是的，4月19日，他们身后最近的追逐者阿贾克斯以2：6的比分惨败给埃因霍温，因此冠军正式成为阿尔克马尔的囊中之物。

古斯·希丁克在《电讯报》的专栏中大力称赞了范加尔手下这支阿尔克马尔："我赞成范加尔的主张，阿尔克马尔确实已经达到了能参加冠军联赛的水准。当时我还在考虑这支球队本赛季在荷兰国内到底表现得有多出色，后来我就开始认为他们同样可以在更高级别的竞赛中证明自己。我感觉阿尔克马尔已经用他们的方式赢得了人们的尊重。俱乐部不断地发展自己，即将到手的全国冠军不过是对此的嘉奖罢了。对荷兰足球来说，换一家不同的俱乐部成为新科冠军是一件好事。"更多的赞誉来自范加尔的老对手约翰·克鲁伊夫，他说："首先，当然了，祝贺阿尔克马尔。经过一系列强劲的挑战后，阿尔克马尔的球员们成为荷兰的冠军，这是意料之外，但却是情理之中的事。特别的祝贺要送给他们的教练路易斯·范加尔，他用一种卓越的方式亲自完成了对上个赛季的救赎。当我实实在在地看到阿尔克马尔夺冠后，我就不能再用一种挑剔的眼光来看待他们了，也就是与阿贾克斯、埃因霍温及费耶诺德进行区别对待。仔细想想阿尔克马尔到底有什么方法，可以让他们表现得这么出色。一切的基础关键在于防守，31场比赛中仅丢17球，他们可以在欧洲的赛场去征战了。"

阿尔克马尔的奶酪货运司机协会没有他们自己的守护神，在教堂里也没有自己的圣坛，不像补鞋匠、制桶工、铜匠、皮革工等其他的职业协会。然而，从1662年开始，《圣经》里的一句话至今仍是阿尔克马尔同业协会的座右铭："诡诈的天平，为耶和华所憎恶；公平的砝码，为他所喜悦。"这同样也可以成为路易斯·范加尔的座右铭——一位直来直去的商人，相信诚实和辛勤劳作可以带来应有的回报。在阿尔克马尔，它们当然带来了回报。

第 13 章　路易斯·范加尔的饭菜

路易斯是一个温情的人，遗憾的是并没有太多的人知道这一点。

——特鲁斯·范加尔·奥普梅尔

在经历了执教荷兰国家队的彻底失败过后，范加尔决定用稳固的防守来取代无休止的传球。当一支球队输球后，他就会立马予以关注。他要找的就是对方的防线何时出现失位的情况。阿尔克马尔夺冠之时，就是它们奏效之日。在某些人看来，阿尔克马尔的防守反击踢法处于荷兰传统教科书式战术的对立面。然而通过近距离的观察你会发现，二者之间相似之处多于不同之处。阿尔克马尔的战术建立在全攻全守的基础之上，他们会在比赛中采取守株待兔的策略，等到对手阵型过度延展之时再突然爆发。他们那些技术出色、快如闪电的前锋非常善于把握住有限的机会。范加尔的体系给予了个体更多自由发挥的空间，对阵型的要求也不再那么严格——在夺冠赛季，他至少让他的球队使用了四套不同的阵型。阿尔克马尔还会给对手施加令人窒息的压力，只不过大部分是在本方半场完成，而不是在全场的范围内。当球队获得球权以后，球员们会尝试着用三脚或者更少的传球向前推进，最后通常都是给自己的前锋送出一脚妙传，让他们去追逐足球。换句话说，他们用简短而迅速的方式进攻，随后就把工作交给对手来做。

"这是一种足球哲学，而不是一种体系。"范加尔解释道，"一种体系取决于你所拥有的球员。我在阿贾克斯时踢过4-3-3，在巴塞罗那时踢过2-3-2-3，我还能在阿尔克马尔踢4-4-2。我是一个灵活的人，然而，我的足球哲学是始终如一的。教练是球队的焦点，所以说准备战术阵型是重中之重。每名球员都必须知道他应该出现在什么位置，以便支援自己的队友……我不认为你能适应每一个自己可能出现的位置。你需要有正确的心态，而且这取决于球员是如何看待教练的，反之亦然。

教练确实是球队的焦点，但你不能有任何成见，所有球员同样如此。为了达成一个共同目标，所有人都必须一起努力工作。为你的战术阵型做准备是至关重要的。这是一项由22个人参与的运动，场上有11个人组成了另一支球队来作为你的对手。每一名球员都需要知道他应该去击败哪一个人，而且他还得在场上支援自己的队友。"

范加尔在阿尔克马尔所做的其中一件事就是大力扩张了他的管理团队——在他的任期内，团队规模几乎翻番。球队不仅壮大了医疗队伍，还把关注的重点投向了技术方面的东西。"我一直致力知识型管理，而且我希望我的助手们能够弥补我的不足。我认为方法是非常重要的，但我不可能一个人完成所有的工作。这就是我会聘用一位体能训练师的缘故。如果我从那些孩子身上看出了什么，他就会予以确认。同样的情况也适用于PPT展示以及比赛分析之中，这些事则是由计算机专家以及我的助手来完成。"

在范加尔的训练中，主要的目标就是教育，球员们能在这样一种学习的过程中取得进步，这对阿尔克马尔来说意义重大，因为俱乐部不可能买到正处于巅峰期的高价球员。相反地，俱乐部获取的球员恰恰都在那种水平之下——他们都是拥有良好学习潜力的好球员。从2008年开始，录像分析电脑专家马克思·雷克斯与摄影师基斯·维维尔通力合作，来支援球队的学习进程。维维尔用一台特殊的摄像机进行拍摄——这种摄像机拍摄的图像明显大于平时在电视上呈现给观众的画面，因此它能提供每名球员所处位置的概况，而且画面会更加清晰。维维尔摄像的时候，雷克斯就在手提电脑上将海量的比赛情景编码到多种门类之中。在赛后的加工处理中，图像会被分解成2000个"事件"。每名球员随后会收到含有相关图像的视频摘要——他们自己会牵涉到这些事件之中。之后，范加尔会基于他对这些镜头的解读提供进一步的反馈信息。

录像分析在赛前准备过程中也扮演着至关重要的角色。即将迎来的对手最近所踢的比赛录像会被拆分开来，然后他们将以对待阿尔克马尔比赛录像的方式来对待对手比赛的录像。通过分析和归类，就能得到大量的信息，范加尔在训练时就能够以此为依据来部署即将到来的比赛。阿尔克马尔的模拟比赛也建立在这个基础之上，11名替补球员会奉命用对手的风格来踢球，与11名主力展开对抗。训练同样也会被录制下来，而且接下来的11对11训练赛也会以此为基础。这样做的结果就是，即将到来的这场比赛在它正式开打之前其实已经"上演"过2次了。

范加尔的录像团队采用了一种复杂的系统来进行比赛追踪：名为"体育解码"的部门负责记录每名球员的触球，而名为"体育追踪"的部门则负责判断每名球员的实时位置——他们在比赛中出现的热点区域。有趣的是，后者是由以色列军方发展而来的，主要用于在战场上追踪坦克的行进线路。范加尔给他的球队进行赛前指导，而对球队表现的评估则建立在他们对指导方针执行完成度的基础之上，服从命令有时甚至被认为是比实际比分更重要的东西。因此，2008—2009赛季初期，范加尔在输给海牙ADO之后依然称赞他的球队"表现很好"。

"我对全体队员都很感兴趣，"范加尔解释道，"我不认为A球员把球传给B球员有那么重要，这是很简单的一部分。为了构建一支优秀的队伍，你需要把一群分离的个体给黏合起来。去年，我们在球场上缺乏一位领袖。你要把团队运动看成是组装一堆齿轮，这样一来你就能把它们黏合在一起，并最终组合成一台足球机器。噢，不能说机器……这个词语不太好。此外，你还要用心去感受，用灵魂去体验。但你也得知道什么才能驱使人们去做某件事，他们愿意为谁效劳，我需要怎样靠近和激励这些孩子。我对我的所有球员都进行了全面概括，而且我和我的教练团队成员之间也有了共同语言。我曾经对一位球员说：'你在这里没有取得任何进步，我不会再用你了，一切都结束了。'当天晚上，我夜不能寐，而且我也知道自己错了。第二天，我就找到了他并对他说：'听着，我已经睡不好觉了，我错了。你还是会保住球队中的位置的。'世界正变得越来越复杂。我们生活在一个快速推进的文化之中，按一下按键，你就能尽知天下事，而且孩子们在他们12岁的时候就学会这么做了。我必须在这种环境中工作，而且我不能独自完成，我需要很多领域的专家来指导这些球员。"

虽然范加尔是一位科技的忠实信徒，可他却认为在球队中营造一种和谐的氛围才是重中之重。为了达成这一目标，他采用了一些特别实用的方法。就像他在阿贾克斯早期所做的那样，他在阿尔克马尔也为全队组织了游戏晚会。"他们觉得这很棒！晚会里的游戏都带有互动的特色，这样他们就可以在不同的情境下了解彼此了。球员的太太以及董事会的成员也会出席。我们会玩纸牌，也会搞恶作剧，还会一起放声高歌，每个人都参与其中。如果你用一种正确的方式来展现这些游戏的话，大家就会一直享受其中。因为你又找回了互动：与他人相视而笑，莫逆于心。我是表演大师！"

"我需要每天和这些孩子们进行沟通，这让我保持了年轻的心态。我想要人们都围绕在我的身边，我需要交流。我可以单独过一天，但是第二天就会开始变得紧张不安起来，而第三天我就会疯掉……我每个月都会接到两三通电话，而且都是一些相当不错的俱乐部打来的。有时他们会给我连打4次电话……我很抱歉，拜仁慕尼黑总是在错误的时间找我。那确实是一家我愿意与之合作的俱乐部，而且我认为我以前本来是可以这么做的。"不过，2008—2009赛季让人热血沸腾，因此范加尔觉得为阿尔克马尔工作已经让他倍感满意了，他说："有时我们在训练中达到的水平让我想起了阿贾克斯和巴萨，球员与教练之间的沟通很好，而且我们在这个赛季里充满信心，这很重要。上个赛季，我们大多数时候本应是更好的球队，但就是找不到射门靴。压力来袭，紧接着就开始犯错，而这又加剧了压力。现在，我们已经摆脱了破门乏术的困扰，每个人在比赛中都表现得从容淡定。我们只丢了11球，这与我们前场得分的能力息息相关。"

范加尔灵活变通的程度超出了批评者们愿意承认的限度，虽然这是一种随着时间的推移才能慢慢学会的东西。"当我还是一名少帅时，我曾尝试着给那些在场上靠直觉踢球的球员施加某种方面的影响，但这对他们不起作用。我意识到，这种类型的球员无法从结构和体系里获取更多的好处，他们需要被给予更多的自由。穆萨·登贝莱就是一名直觉型球员，我在很大程度上对他采取一种放任自流的态度，而不必拘泥于我的风格。穆萨拥有许多自由，这带来了两个好处：他发挥得更出色，而且他还意识到我对他加以区别对待。但是他还是会想成为我的风格中的一部分，所以他会来向我咨询一些问题。正是由于我采用了这种方法，才让他成了一名前途广阔的球员。"

"我是一个'合二为一'的人：一个和谐、有条不紊的教练。我和球员们之间建立了一种良好的关系。通过这种关系，我的想法是什么以及我们如何在球队中实现这一想法都变得明晰起来。我一直都在一种亲人般的氛围中做这些事，我不相信争端与惩罚。这是一个非常漫长的过程，永远没有终点。球员和我之间有一定的距离，这很好。但是组成球队的球员的年龄从16岁到35岁不等，有些人仍旧行走在通往成年人的道路上，所以我对他们履行着父亲般的职责。但是我也可以成为一个折磨他人的人。我会根据实际情况表现真实的自己，但是前提是我们之间存在着某种关系，这就是我很少责骂球员的原因。我更容易情绪化，也更直接。当你用一种惩罚性的方式开展工作时，你会基于他的表现纠正他的行为。但是某些人的行为是他本性的一部分，所以我不认为这种方法会对他奏效，我宁可在交流之中找到解决问题的办法。惩罚或许是有必要的，但最终必须要这名球员自己做出正确的抉择，否则的话你就会把事情搞到难以收场的境地。"

虽然范加尔给人一种强硬，有时甚至是傲慢的公众形象，但他仍旧吸引着一批有远大抱负的教练，他们挤破头地想要拜在他的门下。已经完成了自己职业足球教练课程的帕特里克·克鲁伊维特来到阿尔克马尔，在范加尔手下实习。以前做过诺维奇城的助理教练，后来又成为盖茨黑德二号人物的亚当·萨德勒，将访问阿尔克马尔作为完善他职业许可证的一部分。"我怀着极高的期待，"他承认道，"但是路易斯·范加尔仍超越了一切。他热情好客，敞开心扉。他是一个正直并且拥有强烈道德感的人，他要求最大限度地保持注意力，他不会让球员们放松对自己的要求。"

在阿姆斯特丹体育盛会上，路易斯·范加尔荣膺"荷兰2009年度最佳教练"。有51位教练同行把票投给了他，作为对他带领阿尔克马尔成为荷兰冠军这一成就的认可。"这太不可思议了，同时还有一个要说明的原因就是，这一次媒体也做出了巨大的贡献。"范加尔如此说道，他用简明的话语谈论了与他一向关系紧张的媒体。范加尔感谢了阿尔克马尔的球员、董事以及前俱乐部主席德克·舒宁加，他说："他在阿尔克马尔的任期不长。这一年，德克·舒宁加诸事不顺。"他指的是舒宁加银行破产一事。

有流言说范加尔怀有去英格兰国家队执教的野心，但范加尔否认了此事。"荷兰媒体夸大其词，实际上我已经和阿尔克马尔续约到了2010年。合同里确实有提前离队的条款，但是只有在某个国家队邀请我时该条款才会生效。我草拟了一份名单，上面只罗列了5个可能的下家，因为俱乐部不希望看到一大堆国家跑来敲门。英格兰确实在这份名单上，由于当时这个职位处于空缺状态，所以媒体便对此事小题大做了。我在这里感到很开心，主席、球员、员工之间产生了良好的化学反应，而且我也很喜欢俱乐部整体的氛围。我现在的远大抱负就是带领一支国家队参加国际性大赛，并且赢得冠军。在俱乐部层面，我几乎已经获得了可以获得的一切冠军头衔。我感觉自己还有所欠缺的经历就是作为一名国家队主帅参加欧洲杯或者世界杯的比赛。阿尔克马尔肯定希望我能留下来，而且我一直以来也是忠心耿耿地履行完所有合同的。"范加尔还说阿尔克马尔老板舒宁加可能想把他塑造成荷兰版的亚历克斯·弗格森。"主席计划与我从长远考虑来打造球队，他想一直让我干到65岁。但我不想在那样一个年纪里执教国家队，要是再老一点儿的话，那就更不可能了。"

除了英格兰队那份工作，另外一个可能的下家看上去似乎更加诱人：接管拜仁慕尼黑。范加尔和阿尔克马尔管理层进行过一次积极的对话，出席的人员有主席德克·舒宁加、技术总监马塞尔·布兰茨、董事长图恩·杰尔布兰兹以及财务主管内内·尼里森，双方探讨的议题与这位成功教练的去留问题有关：到底是允许他提前离队，还是要求他在阿尔克马尔履行完自己的合同？据布兰茨说："我们不愿意失去范加尔，不过我们也明白自己即使不惜一切代价也无法挽留住他。"范加尔明确表示拜仁就是他梦想中的俱乐部。之前，他曾有两次机会差一点儿就转投拜仁了：一次是当他还在巴塞罗那的时候，另一次他最终还是选择了执教荷兰国家队。在2008—2009赛季联赛最后一场对阵海伦芬的比赛的项目公告上，范加尔"乞求"得到球队主席舒宁加的宽恕，允许他在合同到期之前离队。据范加尔说，他们之前曾有过口头协议，只要阿尔克马尔能够拿到全国冠军，他就可以被允许离队。"像拜仁慕尼黑、切尔西或者皇家马德里这些欧洲顶级俱乐部跟阿尔克马尔之间不具有可比性。这就是我希望能跟德克谈一谈，并让他给我这个合同年选项的原因。如果这一切最终没能发生的话，那么就很难再维护公信力了，对我，对阿尔克马尔董事会来说都是如此。"这位教练在跟他的球员和技术员工道别时说道，"我希望你们都能享受一个愉快的假期。或许我们会在6月份的第一堂训练课上再次相见，或许我们再也不会相见了。"

2008年8月8日——08/08/08——碰巧这天也是他57岁的生日。这一天，范加尔对特鲁斯·奥普梅尔说了"Yes"。这对新人后来在葡萄牙的阿尔加韦河畔阿尔布费拉小镇举行了婚礼，仪式在一处悬崖上展开，这里风光旖旎，碧海蓝天。特鲁斯·范加尔·奥普梅尔评价道："我本想在德奎普（费耶诺德主场）结婚的，但是范加尔说：'下一次给建议的时候请正式一点……'婚礼非常美好，它对我来说很重要，但对他来说就没有那么重要了。他一直都把我视为他的妻子，但是媒体一直称我为'范加尔的女朋友'，我并不喜欢这种叫法。我们结婚很晚（在保持了14年的交往关系之后），这主要是因为我想要在拉斯维加斯牵手结婚，并且只有我们两个人在场。而范加尔想举办一场隆重的典礼，他说：'如果你有什么事值得庆祝的话，就尽情地去庆祝吧！'随后他便没有再问过我的想法。他去年（2008年）才这么做，就在圣诞前夕。

他无法单膝跪地，因为他刚刚弄断了自己的腿。我认为一场秘密婚礼可能会成为一个错误。范加尔第一任妻子所生的几个女儿当时也在场。她们的母亲去世了，而她们的爸爸想要秘密地进行婚礼……不，我是一个费耶诺德球迷，所以我想要在德奎普这片场地上完婚。对此他并不同意。但是我说：'嘿……我才是新娘，好吗？那是我的城市。'但最终我们还是选择在葡萄牙举行婚礼，在那里我们也拥有了自己的家。我们用飞机接来了朋友们，一共80位客人。我的紧张忙碌盖过了兴奋感——婚礼所有的细节：鲜花、餐桌布置……所有这些东西我都要操持。"

"范加尔帮不了他自己。他相信自己，也相信他的方法。最近我告诉他说：'我们在这儿有一个美好的家，在葡萄牙也有一个。为什么你非得做那样的工作呢？停下来吧！去做一些能激发你兴趣的事情，或者去电视上做分析，赚一笔可观的报酬，同时不要背负太多的责任。'2年前，一家英格兰的电视台提供给他一份工作。我很喜欢这份工作，既能挣很多钱，又能享受愉快的生活。但是他拒绝了。如果他放弃自己的想法的话，我就得谢天谢地了。我知道我们会做什么。范加尔可能会开始学习，比如心理学方面的知识。他会打高尔夫，我们也会一起打网球，虽然网球对我们来说并不是很容易掌握。我们配对进行双打，他会一直大声叫喊'跑！''击球！'之类的话。我对他说．'不过只是打网球罢了。'范加尔是个宅男，他不想看电影，而且他也看不懂。如果我们在看DVD的话，他就会走开，嘴里还会说：'多么愚蠢的故事。'接着我就会告诉他，这不过只是电影罢了！他是如此的严肃。范加尔喜欢普通的荷兰食物，我会点一盏蜡烛，为他斟上一杯葡萄酒。他在家里什么也不做，他甚至不知道怎么制作一杯咖啡。他喜欢我宠着他，而我也乐于这么做。"

从2000年开始，范加尔和特鲁斯·范加尔便担任了"Stichting Spieren voor Spieren"的大使，也就是"肌肉互促基金会"。这家组织在它的网站上解释说这对夫妇"参与性极强，经常出席各种活动现场，对整个组织来说非常重要"。在"把健康的肌肉奉献给虚弱的肌肉"这样一个主题下，组织的目标是为患多种肌肉疾病的儿童筹集治疗经费。2009年，这家组织举办了5周年庆典，在这个为研究和治疗而募捐的夜晚，范加尔说："我明白源源不断的资金对于资助科学研究有多么重要。此外，进行这种投资能够点亮那些患有肌肉疾病的儿童的未来，这是一件令人欣慰的事情。"从某种程度上来说，由于范加尔的盛装出席，所以这个夜晚总共募得40万欧元的善款——对组织者而言，这创造了新的捐款数额纪录。这家慈善团体的主席杰拉德·霍特默直言他们不能再奢求一位更优秀的大使了："范加尔不仅是一个世界级的教练，他同样能看清事物的相对性。此外，他还是一个温情脉脉的人。在组织内部，我们能亲眼看见范加尔究竟有多么高的参与积极性，以及他跟孩子到底有多么亲近。他不仅在体育界是顶级人士，在做人方面也是首屈一指的。"

范加尔没有用他的慈善行为来打广告，他说："我做这一类事只是为了慈善事业，这是唯一的理由，而不是说为了我的个人形象。"这就是典型的范加尔。范加尔在德国家电零售品牌美地亚荷兰分部所进行的商业推广中发挥着重要的作用，而且据说他已经把他因此而获得的全部收入捐赠了出去。美地亚探究了这件事，但是却一无所获。"那笔钱我想怎么花是我的事，没人管得着。我永远不会对此做出回应。不过，在我为美地亚所做的商业推广中，确实出现了一些我曾经在荷兰跟记者们交锋时说过的话。那些说过的话现在全都用到了广告之中，我认为这太棒了，简直就是对我的一种赞美。"

所有事情都朝着有利于他的方向发展，那么问题就来了：范加尔快乐吗？这位教练严格的标准让他周围的人以及他自己的生活变得有些困难起来。2008—2009赛季中途，范加尔曾这样评价道："呃，我们在积分榜上领跑，我刚刚迎娶了特鲁斯，我的孩子们和孙子们都很健康，所以……我妻子想在葡萄牙度过更多的时光，因为那里有我们的第二个家，但是我告诉她现在还不行！我不能忍受自己每天过着睡完懒觉再打一轮高尔夫的生活。"在阿尔克马尔的餐厅里，有一种东西被称为"路易斯·范加尔的饭菜"：土豆泥、苦苣、慢火无骨焖牛排以及蘸有大蒜汁的培根条。"他们曾经犯过一些错误，我本来点的是苦苣汤，可最终出现在我面前的却是甘蓝汤，但我并不喜欢甘蓝。如果它真的是路易斯·范加尔的饭菜的话，你就需要把它当作路易斯·范加尔的饭菜来对待。"这款丰盛的含3道主菜的荷兰套餐标价28.5欧元，而且还会配一些零食。

"我天生就是一个美食家。我在一个富裕家庭中长大，过得还不错，已经达到了某种水平的生活，所以便形成了一种美食家的倾向。我已经不再喝劣质的葡萄酒了。"范加尔如是说道，永远的完美主义者，注重细节的男人。阿尔克马尔在训练场上罩有一层白布，"你看到覆盖在球场上的那个东西了吗？每当我们开始训练时，它就消失得无影无踪了。可是训练结束后，它又会重归原位。每天都会有8个人来回地拖动这块白布，其中就包括球场管理员本人。这真是闻所未闻的事情，简直太不可思议了。最重要的是，他们所有人拽的都是同一根绳子。"范加尔所吃饭菜中的甜品是自制的包含有新鲜柑橘、生奶油以及脆皮巧克力的蛋糕。"事实上，巧克力蛋糕更胜一筹，而柑橘部分会混入巧克力中，这样一来就不那么好吃了。柑橘包在奶油里面会更加可口美味。"

特鲁斯说："他认为我花了太多的钱。他会问我你到底需要多少件外套？我让他搬到西班牙或者意大利去，因为钱在那里更值钱，但他并不为之所动。他根本不在乎钱。他50岁时，我送给他一块昂贵的手表。他没有接受——'我已经有一块不错的表了。'这就是典型的范加尔。我们从来没有因为家庭内部琐事而拌嘴或者打斗，我们的生活很棒。我和他女儿们的关系很好，而且也在范加尔的孙子们面前扮演着外祖母的角色，我很喜欢这种感觉。在我的房间里还有一张费尔南达（范加尔的第一任妻子）的照片，为什么不呢？她也是一位外祖母啊。我从来没有把自己当作一位新的母亲，孩子们只能拥有一个母亲。我给2个孙子都买了阿尔克马尔的儿童版运动衫，你应该看一看范加尔当时的面部表情是什么样的，自豪而感动。范加尔是一个温情的人，遗憾的是并没有太多的人知道这一点。"

第 14 章　终于转战拜仁慕尼黑

Der Tod oder die Gladiolen.

——路易斯·范加尔援引了来自荷兰的一则谚语，翻译成英文是
"Death or the gladioli"，意即"要么拥有一切，要么一无所有"。

对拜仁来说，获得2001年德甲冠军，以及4天之后在米兰城拿下冠军联赛奖杯，这在一定程度上弥补了他们1999年在诺坎普球场所遭受的灾难。当时，曼联用两个不可思议的补时进球偷走了他们到手的胜利。在21世纪第一个10年里，拜仁再次被认定为不断在获得成功的球队。他们自己以及他们国内的大多数对手都开始相信，巴伐利亚霸权已经成为一条不可动摇的自然法则。"Mia san mia"——"我们就是我们"，是展示俱乐部自信的颂歌。它是一条标榜成功的俚语，用于颂扬"巴伐利亚人"。这样一种优越感、一种毫无悔意的霸权感以及一个高压的环境，毫无疑问已经帮助这家俱乐部在德国足坛获得了独特的地位。然而，也许真正可怕的是其他球队都怀着一种"So sind sie"的想法，即"他们本应如此"。这是他们那些温顺的对手们所秉持的一种根深蒂固的想法，其中，大多数球队在开战时做梦都只想着要拿到第二名的成绩。

然而，几年之后，拜仁却要为保持球队稳定性而抗争，他们在3年的时间里居然换了4任主帅。荷兰中场马克·范博梅尔被任命为拜仁史上第一位外籍队长，而他们那永远处于变化之中的阵容已经发展到外籍球员两倍于国内球员的境地。在2008—2009赛季开打之前，有些人已经为俱乐部旷日持久的认同危机感到绝望，由此可见拜仁的信心已经遭受了多大程度的打击。在尤尔根·克林斯曼的带领下，"我们就是我们"已经让位于神志不清的"我们是谁"，而且他上任才满300天就被认为是多余的了。在这次失败的尝试后，拜仁迫不及待地想要重回正轨，主席乌利·霍内斯急切地渴望能够签下"一位足球教师"，从而将这支队伍所蕴藏的巨大潜力全部激发出来。正因如此，他们拨通了路易斯·范加尔的电话。

范加尔的自我信仰看上去似乎和拜仁很久以前的信仰十分匹配。2007年，范加尔在接受一次采访时对国际足联说："我就是我，而且我有自己的方式。我不会改变，也不愿改变。"2009年7月1日，当他抵达慕尼黑后，他重复了自己那句口头禅："Mir san mir！我们就是我们！我就是我：自信、统治、诚实，一个工作狂，富于创新，但同时也充满热情，与家人和睦融洽。这就是我适合这里的原因。"他向摄像师展示了一个由13人组成的强力管理团队。随后，赛季在一堂轻松的训练课中正式拉开序幕——正如范加尔解释的那样，目的是"熟悉彼此"。他想要跟拜仁一起书写历史，他说："我们的目标就是赢得冠军。联赛、杯赛，而且我们有可能，只是有可能，在范加尔任期的尾声拿到欧冠冠军。"然而，他又警告道："那不可能在一个月的时间里完成，或许需要两年时间吧。"

阿尔克马尔没有要求德国球队为范加尔的违约做出赔偿。为了补偿他们，拜仁提出在阿尔克马尔"免费"踢一场比赛，以感谢他们将这位广受欢迎的教练转让给自己。范加尔签署了一份合同，截至2011年6月底。之后，俱乐部主席卡尔·海因茨·鲁梅尼格公开表示："我们对路易斯·范加尔感到非常满意，因为我们成功地找到了一位经验丰富的成功名帅。"在这个荷兰人的职业生涯中，他从没隐瞒过自己是拜仁的仰慕者这个事实。这家俱乐部以前也接触过范加尔，但是他多次拒绝了对方的示好，理由是他们来得"不是时候"。

范加尔认为，他这种以体系为基础的教练风格与拜仁那种有组织框架的公司结构简直是天作之合。拜仁不像欧洲其他顶级俱乐部那样由商人来经营，他们的管理者都是真正的足球人——范加尔能与之共事的人。"我认为我非常适合那里。当年，我在去巴塞罗那之前本来也可以去AC米兰的。尽管米兰愿意给我提供丰厚的薪水，但我还是选择了巴塞罗那。同样地，在拜仁，你能成为冠军，并且能够在冠军联赛中有所斩获。"

范加尔尽自己最大的努力来适应他的新环境。他坚持认为所有在德国从事足球行业的人——比如球员和教练——都应该学习这个国家的语言，他就是用这种方式来让自己与这个收容他的国家增进感情的。虽然他在高中学过德语，甚至还在抵达慕尼黑之前参加过集中进修课，可他的德语远远称不上完美。他总会时不时地逗乐他的听众们，或者让他们感到疑惑不解，他还会使用一些新奇的词汇以及令人费解的语法来丰富这门语言。即便如此，他的努力仍旧得到了德国杂志《抢救德语的卫士》的认可，而且他还被评选为2009年度三大"忠诚卫士"之一，以表彰他为保护德语所做出的表率。

德国心理学家莱因哈德·沃尔夫在他的著作《让我们坐下来》中分析了荷兰人说（或者尝试去说）德语时所出现的独特现象。过去，德国西边的邻居曾善意地滥用过德语，也因此创造了一些滑稽的表达方式，但是路易斯·范加尔好像把这种困惑提升到了一个全新的复杂水平之上。据沃尔夫说，范加尔的人生格言"不成功便成仁"已经在德国家喻户晓，而且它最终还真有可能在德国的方言里占据一个永久的席位。

范加尔没有被语言挑战和文化障碍所吓倒，他只带着一本荷德辞典就开始进入自己的新角色。他已经发出过警告，按照他的设想，拜仁的重建工作可能会占用两年的时间。随后，他继续概述了他的"整体性原则"，并且向那些不知情人士讲解了范加尔的哲学思想。"球员将足球从A点踢向B点，这样一种行为，对我来说没有任何吸引力，我只会在意那些对周围环境做出反应的人。"

范加尔警告说，在最初几个充满变革的月份里可能会出现很多问题，这个预言后来真的应验了。拜仁头三场联赛一胜难求，因为范加尔那种注重短传配合以及执行严格站位纪律的足球哲学需要假以时日方能大功告成。他在赛季初强调对球的控制，这让他至少用了10场比赛来缝缝补补才最终找到了理想中的主力阵容——在这10场比赛中，球队看上去群龙无首，而这位教练的执教资历也饱受质疑。实际上，该赛季的头

4个月，范加尔好像和拜仁擦不出任何火花。有人指责这位新主帅采用了一种独裁的方式，这种方式显然会让他的球员们不敢去表达自己，而巴伐利亚的球队也艰难地寻找着自己的竞技状态。很多人担心范加尔这套试验性的首发只会加剧现有的危机——他的阵容和战术就跟变戏法一般，在客场对阵汉堡的比赛中，他采用了一种怪异的3-3-3-1阵型首发出场。然而，最终的比赛结果却证明他是对的。虽然一路坎坷，可球队正是在痛苦、误解以及几乎所有人的批评这三者共同作用下才创造了这样的成果。一旦这位教练找到了他的方案，那么一轮骄人的连胜就会开启，而且无论是范加尔还是整支球队，都不会回头。

范加尔在拜仁的最初几个月过得不太安稳，德国媒体批评他施加了过多的战术禁令，这抑制了他手下球员们的创造本能。著名的前拜仁后卫威利·萨尼奥尔警告他说："拜仁的球员不是小孩子了！"这提及了他曾当过教师的背景，暗指他的风格并不适合顶级水平的足球运动员。这样的指责范加尔以前就听到过，于是他迅速反驳道："媒体知道你曾经当过一名教师，所以他们喜欢给你贴上这样一种标签，"他继续说道，"我不是那种像校长一样的人。"范加尔所展现出的灵活应变能力也突出了这一点。在意识到他的球队很难理解他全部的指令后，他稍稍软化了自己的立场，并且敦促他的球员们肩负起更多的责任。"我必须改变我的交流方式，"他说，"最初，球员们认为他们必须严格执行我的指令，但他们必须适应不同的境况。开局是不幸的，但我已经改变了队内讲话的方式，而现在情况已经有了好转。球员们必须习惯我工作的方式，我要求他们多动脑子，因为我相信踢球更多的是要用心去感受。我很直接，也很情绪化，而且我会立刻纠正错误。教学生时，你会尝试着采用某种方式，并利用好你性格中某些方面的东西，这在指导足球运动员时同样适用。战术明确的团队足球是最重要的东西。拜仁是一家大俱乐部，像巴塞罗那和切尔西这样的俱乐部能够到外面去网罗球员，而且他们几乎可以签下任何人。而我们正在尽自己最大的努力来打造一支优秀的队伍。"

大概15年前，拜仁在吉奥瓦尼·特拉帕托尼担任主教练期间首次赢得了"好莱坞足球俱乐部"的称号。当时，很多拜仁球员不断地涌现在德国的小报上，别人给他们起这个绰号是为了对此做出回应，而特拉帕托尼那古怪的举动则让这个名字变得更加贴切。多年以来，这些配角变得日益稀少，而这个昵称最终也消失了……直到范加尔的到来。将球队交给他是为了让他在国内和欧洲两个层面提升拜仁的形象。拜仁毫不掩饰自己的渴望，他们希望自1974年以来能第五次成为欧洲之王。俱乐部董事会也想确立一种独特的地位、一种清晰的体育文化以及确切的足球哲学，这些东西蕴藏在阿森纳或巴塞罗那身上，而范加尔在阿姆斯特丹雄霸天下时率领的那支阿贾克斯也具备这些特质。

又一年的无冠前景让后卫菲利普·拉姆有些难以忍受了，在一次接受《南德意志报》的采访中，他批评了球队的一切，从转会政策到场上战术。他抨击球队的管理层缺乏远见和足球哲学。范加尔弥补了这些不足——他为球队注入了一些基本要点，这些要点与一致而连贯的足球哲学有关。然而具有讽刺意味的是，他在做这些事的同时，很多在拜仁的人都批评他太过固执，脱离了当地的实际情况。不过拉姆选择站在他的教练这边，他说："你不能因为一些球员很好就买下他们。"

拜仁球员公开质疑球队的行为是极为罕见的，而且这么直接的话居然出自温文尔雅的拉姆之口，这简直是不敢想象的。然而，他是少数几个既有勇气发声，同时又忠于自己教练的球员之一。拉姆当年本来有机会转投巴塞罗那，可最终却没能成行，当他被问到是否会因此而感到后悔时，他回答说："我绝对不会后悔，因为我仍旧坚信有一些东西肯定会在拜仁这片土地上生长。这里是我的家，是我成长的地方，既然我坚信自己能够在这里拥有它，那我为什么还要走呢？不过你必须带着批判性的眼光来分析这种情况，这绝对和我们过去几年间屡换教练一事息息相关，他们每个人都有不同的想法。像曼联或巴塞罗那这种俱乐部都创立了一种体系，随后他们只买适合这种体系的球员，因此你只需要关注特定的球员就可以了，这就是发展球队的方式。"拜仁的管理层对此稍显不满，随后还罚了他的款，大概的理由是说话不合时宜。不过随后他们基本上采纳了拉姆的建议，并且被迫接受了范加尔。

范加尔从第一个赛季开始就一直努力地将自己的足球意识形态灌输给全队。就算这个群体再有能耐，好像也没有几个人能领悟到他在说什么。阵中有几个反抗者，而卢卡·托尼可能是最著名的一位。范加尔说："拜仁的足球处于最顶尖的水平上，每名来到这里的球员从他们签订合同开始就应该为球队奉献自己的全部。足球和个体无关，它是一项团队运动。它不是一种爱好，而是一种职业，这就是区别之所在。我们有很多规则，而且我们在工作时必须遵守这些规则。卢卡·托尼并没有遵守这些规则，他必须与伊维卡·奥利奇以及马里奥·戈麦斯争夺他的位置。每一名球员，无论他是一位世界冠军还是其他什么，都必须接受自己无法上场的事实。"大多数人看上去都对此表示了赞同，虽然他们仍旧感到困惑、迷惘、不知所措。虽然菲利普·拉姆建议说俱乐部需要"一种哲学"，然而弗兰克·里贝里却说"他（范加尔）的哲学太难理解了"。他同时抱怨称"训练时没有人会笑，一切都太严肃了"。

10月末之前，有流言称如果拜仁无法在下一场比赛中击败法兰克福的话，范加尔就会被解雇。在比赛还剩4分钟的时候，两支球队还以1∶1平分秋色，范加尔决定做一件意想不到的事：用后卫马丁·德米凯利斯换下前锋卢卡·托尼。主场6.9万名观众咆哮着表达自己的不满，但是他们的教练却无视这一切，并将中卫丹尼尔·范比滕前提至锋线搭档马里奥·戈麦斯。这是大胆的一步棋，但却收到了奇效：终场结束前2分钟，这位比利时后卫接托马斯·穆勒的传中将足球顶入网窝，拜仁也因此顺利地带走了3分。对范加尔和拜仁来说，他们在这个赛季中奉献了众多决定性时刻，这只是初试牛刀而已。

队内的紧张气息从未消散。一些事会时不时地涌进公众的视野之中，比如在11月对阵沙尔克04的比赛里，卢卡·托尼在半场结束后就让位于阿扬·罗本。情绪不稳定的意大利人认为这是不可接受的事，于是他径直离开了球场。终场哨响后，当范加尔知道了托尼离开的消息时，他表达了自己的惊讶和不满。"在这种事情发生后，我的感觉并不是很好，我们会就此事展开交谈的。"比赛最终以平局收场，这样的结果使得拜仁只能在德甲积分榜上暂列第八位。球迷们依旧不高兴，同时媒体还唱衰拜仁，说这是他们15年以来的德甲最差开局。面对球队的排名，主席乌利·霍内斯甚至说出了"紧张不安"这样的词汇，但是名誉主席弗朗茨·贝肯鲍尔却展现出了大胆的一面，他认为给范加尔证明自己的时间至少应该延长至冬歇期。很少有人还能保持乐观，但是菲利普·拉姆却认为更好的时代正在前方等待着他们去开启，他说："迄今为止，很多人依旧既尊敬又害怕范加尔，但他绝不是一个怪物，而且他从来不会要求我们做出荒唐的事来。一切都需要更多的时间，但是我坚信他是一位好教练。"此时的拜仁不像克林斯曼时期那样漫无目的，相反，拉姆甚至还说出了这样的话："我们有希望，因为我能意识到球队的结构。我们和这位教练正行走在正确的道路上。"

然而，拉姆代表的只是少数人的心声。在俱乐部总部，坐立不安的情绪湮没了严明的纪律，拜仁的管理层越发地对荷兰人及其带队方式感到不满。乌利·霍内斯说："像拜仁这么受关注的球队绝不能被一个人掌控。路易斯·范加尔认为一切都应该由他自己来组织，但是仅凭一个人是不可能处理好全部事务的。当我们排名第八的时候，我忍不住想说一句：一切都太可怕了！"贝肯鲍尔要求这位个人主义色彩浓厚的荷兰人去学一学"如何肩负起责任"。他感觉范加尔极度不情愿参与到公共讨论中来，因为这位教练"更喜欢别人明确地将他认定为权威人士"。管理层同样也质问了范加尔的战术，并建议将范加尔更喜欢的4-3-3体系转变为4-4-2体系，因为这样做可能效果会更好。

对乌利·霍内斯而言，最重要的是他想要看到球队的进步，他说："我不会坚持设立一个最后期限，我最看重的是他和球队能够取得一定的进展。如果我们感到球队和教练之间的关系发展到了不可调和的地步，或者说这种关系阻碍了球队发展的话，那我们就必须好好想想了。教练必须要让每一名球员保持高兴的心情，即使是那些上不了场的球员也应如此。"俱乐部的体育主管克里斯蒂安·内林格尔坚称在圣诞之前，球队的成绩必须取得实质性的进步，这加剧了球队上下的压力，他说："你必须拿下冬歇期之前的全部4场比赛。现在，球队的表现曲线必须急转直上。我们绝不允许像美因茨这样的球队长期凌驾于拜仁之上。范加尔知道自己的工作是什么，但他现在必须将一切带回正轨。"

范加尔对这些公开评论感到不满，于是他这样说道："俱乐部身上的压力都是媒体一手造成的，球员们和教练们几乎都已经忍无可忍了。俱乐部和媒体中的所有人都对球队缺乏耐心。当然，每个人都会在他从事的职业中犯错，而且并不是所有转变都会如愿奏效。另一方面，我有时很好奇人们在评价别人时为何总能做到如此地迅速。早在赛季开打之前我就预测说我们需要几个月的耐心才能将一切顺利地运转起来，奖杯要到5月份才会被颁发……我1991年接手阿贾克斯时，头半个赛季人们只想要约翰·克鲁伊夫，那不是一件令我感到开心的事。球员们需要一定的时间来适应我，来了解我是怎样的一个人，是怎样的一个教练。我1997年执教巴塞罗那时，情况一模一样。我们花了4~5个月的时间，才让情况有所好转。阿尔克马尔的情况也很类似，拜仁当然也应如此。我很确信，我们现在已经改变了拜仁的境况。不过，我会一直对球员们保持信心，也会对我的哲学保持信心。"

有时，球队会带来一些惊喜，好像让人看到了"希望之乡"一般，比如5∶1血洗多特蒙德、3∶0横扫沃尔夫斯堡以及在德国杯的比赛中4∶0击败法兰克福。球员们踢出了一种整支球队融为一体的足球风格，就像钟表里上过油的齿轮一样。足球始终在完美地控制之中进行转移，直到不可避免的杀机自己出现为止。这项计划或许要求有更多的信念，这样一来一些率性而为的人就会被聚拢起来。弗兰克·里贝里在多特蒙德终于受到了启发，他放下了之前对教练的成见，并在打进一粒美妙的进球后直接跳进了范加尔的怀中开始庆祝。"我两脚都快站不稳了，弗兰克表现出的情感是他喜爱这位教练。"范加尔后来微笑着承认道。

12月中旬之前，拜仁已经攀升至积分榜第三位。球队在德甲中以

5：1的比分兵不血刃地击溃了波鸿，范加尔对球队的表现感到非常满意，他说："我的球员们在准备比赛的过程中精力高度集中，而且在开球之后便一直保持着这种注意力。在都灵取得4：1（冠军联赛）的胜利后，这场球便成了另一项艰巨的任务，不过我还是要说，在这儿取得5：1的胜利还算不错。我们对比赛准备得很充分，大家观看了录像，球队举行了会谈，大家相互之间也交谈甚欢。我认为我们今天看到了一些成功的迹象。我们现在和领头羊勒沃库森的差距重回两分，我非常满意……我一直坚信我们可以做到这一点。拜仁踢球的风格就是享受大量的控球时间，我们控球越多，那么我们创造出来的机会也就越多。我是那种有着自己哲学的教练，这种哲学需要被人吸收，而这需要一些时间，它是一个过程。"逐渐稳定下来的东西不只存在于球场之上：范加尔习惯了德国的文化，尤其是食物，他说："我喜欢当地文化。作为一个肉食主义者，我在任何一个地方吃过的肉都没有在德国吃过的这么多，它确实让人垂涎欲滴。"

第 15 章　范加尔，郁金香将军

　　范加尔有一种哲学，他一直都会用到。世界上没有多少教练员具备他那样的能力。

　　　　　　　　　　　　　　　　　——克里斯蒂安·内林格尔，拜仁体育主管

永不停歇的阳光、30℃高温、棕榈树、令人心旷神怡的天际线映衬着新近落成的世界最高建筑，这些和附近清真寺里的玛津按时呼唤信徒进行祷告一事具有截然不同的特色——迪拜是一个度假的理想选择，但是拜仁慕尼黑不是去那里放松的，而是为了进行一次认真的拉练。待在这里的6天时间属于赛季中段休息期的一部分，球队总共完成了10堂高强度的训练课以及一场折磨人的体能测试。

　　"我认为选择迪拜是非常正确的。这里的天气很好，训练设施也非常棒，酒店就更不用说了。每名球员都100%地付出，所有球员都如饥似渴，更衣室里也兴致盎然。"范加尔如是总结道。全队齐心协力，让人印象深刻。"球员们工作非常努力，我感到很满意。"显然，他确实很满意，因为他还决定表现出自己柔情的一面，宣布在迪拜剩余的训练营时间里他将不会推行宵禁，他说："我没有说过他们必须在1点以前回家，对老总来说，自由是非常重要的，对全队来说也相当重要。"后卫丹尼尔·范比滕积极响应了这一消息并表扬了范加尔，他说："范加尔有目的地开展着自己的工作，在每一次训练的背后都潜藏着一些想法。我们的工作完成得很好，而且我们乐在其中。"

　　范加尔刚从拜仁上任时，球队队长是马克·范博梅尔。他是一个迷人的健谈者，而且在解释事情的时候他经常会冒险使用一些包含比喻和谚语的表达方式。有时，他在将荷兰母语转换成德语时会比较生硬，这会给他的德国听众带来乐趣。范博梅尔在训练结束后表示球队的兴致非常高昂。"这里没有酸苹果。"他评论道，或许是暗指卢卡·托尼从阵中消失并转战意大利这件事。首发11人固定了下来，如果临时有什么变化的话，原因只可能是伤病或者停赛。戈麦斯谈到了激烈的竞争，但他同时认为这是一种伟大的"我们的感觉"。"这种集体的想法，"巴斯蒂安·施魏因施泰格补充道，"会成为成功的决定性因素。"

在迪拜度过了卓有成效的一周之后，范加尔自信满满地认为他们将会在赛季下半段的战役里迎来体面的开局，他说："我们举办了一场效果非常好的训练营，我认为在圣诞之前我们会处在一个继续进步的位置上，我有一种全方位的良好感觉。"

该赛季拜仁最引人注目的一点就是，固定下来的首发11人和范加尔刚到球队时的首发11人发生了翻天覆地的变化。范加尔仍在适应他的新工作，他明确地认定巴西国家队队长、球队5年以来的阵中常客卢西奥与他的计划不符。没过几周，卢西奥就被卖去了国际米兰，这给中路的防守留下了巨大的漏洞。范加尔坚称比利时人丹尼尔·范比滕可以填补这一空缺。范比滕上个赛季只出场过18次——包括4次替补登场——与之相比，卢西奥在全部43场比赛里首发登场。但是直到2月中旬之前，竟没有一个人质疑过范加尔的决定，到那时为止，范比滕已经以首发的身份踢完了全部21场德甲的比赛。不仅如此，他还在6场欧冠比赛中首发登场了5次——唯一缺席的那场是因为停赛——而且他总共打进7粒入球，这和卢西奥在拜仁5个赛季取得的总进球数持平。比利时人坦言道："我在这位教练的手底下取得了长足的进步，他激发出我体内很多潜藏的东西，我甚至从来没有想过自己居然还有这些能力。"显然，范加尔相信范比滕会成为一个合适的替代者，要不然的话他就不会这么快就把卢西奥给卖掉了。"他真的成熟了，"前锋马里奥·戈麦斯评论道，"他在后场清扫了一切，而且他总能在对方半场打入关键进球。我认为他已经向前迈出了一大步，即便他已经不再年轻。"拜仁为了奖励32岁的范比滕，便与他续约了两年。范比滕，6尺5寸（约1.96米）的铁塔，值得这份奖励。他继续在整个赛季当中回报着范加尔和拜仁。

范加尔和意大利前锋卢卡·托尼之间的紧张关系早已不是什么秘密了。虽然范加尔最初喜欢使用单前锋的行为可能是导致他将这位前拜仁球星在冬歇期租借至罗马的直接原因，但是这位意大利前锋显然一直都不太适应范加尔的体系。同时，这位教练还在9月份将主力门将米切尔·伦辛打入冷宫，转而启用了老门将汉斯–约尔格·布特。原本是被范加尔提拔起来的边后卫埃德森·布拉费德并没有达到预期水平，于是他被租借到了凯尔特人。

接下来要说的是弗兰克·里贝里，他是德甲2008年度最佳球员，而且大家普遍认为他是赛季之初最耀眼的明星。可是后来事情却演变为一场忘记里贝里的运动，伤病和场外的麻烦事儿折磨着他，其中就包括未来去向尚未明朗，因为他的合同会在2011年6月到期。结果，在前两个赛季中对拜仁至关重要的里贝里不再是德甲联赛中的常规首发。然而在此期间，范加尔的拜仁在熬过了排名急剧跳水的不稳定开局之后，便开始在下半赛季中涅槃重生。部分原因是范加尔开始倚仗老将，比如边后卫菲利普·拉姆、中场巴斯蒂安·施魏因施泰格以及最重要的边锋阿扬·罗本——他在夏季刚刚以2500万欧元的转会费从皇家马德里转会而来。

罗本的转会被很多人视为一种赌博。没有人会质疑他的技术或者他那如闪电一般的速度，但是人们一直都怀疑他无法有效避免伤病。事实上，他的伤情史很不乐观，他还被誉为"长着玻璃脚踝的男人"：这位26岁的球员在他的整个职业生涯中只有一个赛季在联赛里首发超过30次。然而不可思议的是，罗本保持了健康并帮助拜仁上升到了一个新的高度。德国杯（相当于德国的足总杯）决赛前夕，他向拜仁的医疗人员表达了谢意，他坚信，自己之所以能够在新俱乐部里上升到巨星层面，这些人功不可没。"对我而言，健康是最重要的因素。从赛季中段开始，我就一直保持着非常稳定的状态。过去，肌肉拉伤经常困扰着我。这里边一定有一些潜在的原因，不过我们最近已经着手在解决此事了，非常感谢穆勒·沃尔法特医生以及俱乐部杰出的医疗团队。他们所有人对我来说都非常重要。"

范加尔说："罗本转会拜仁一事完全跟弗兰克·里贝里有关。我原本打算让里贝里在钻石中场里扮演10号的角色，但他不想踢那个位置，只想活动在左边路。于是我就把球队体系调整为4-4-1-1，这样一来我就需要一名右边锋。罗本当时在转会市场里。跟往常一样，球员之间会相互打电话。在我拨通罗本的电话之前，马克·范博梅尔就告诉我说他想来。他们两人之间已经通过无数次电话了，也发过很多信息，所以，我就没必要多做什么了。问题在于罗本在荷兰国家队踢的是左路，而我只有一个位置留给他，那就是右路，于是我问他是否愿意为拜仁改踢右路，他当即表示没问题。事实上，如果里贝里欣然接受了10号的位置的话，那我可能就不会将罗本带到拜仁来了。"

除了使用经验丰富的球员充当球队主心骨之外，范加尔还证明了自己善于从队内提拔人才的神秘能力。瘦长的21岁后卫球员霍尔德·巴德斯图贝尔以及20岁的攻击型中场托马斯·穆勒这两个人都是拜仁青训产物，而且绝大多数的公众都不认识他们。然而，他们两人都成了范加尔阵中的中流砥柱。特别是穆勒，以激动人心的青年天才姿态在欧洲赛场上崭露头角。他身材高大，威风凛凛，经常游弋在中场和中锋之间，而且尤其擅长后插上冲进禁区。在对阵波鸿的比赛中上演帽子戏法之后，他将赛季总进球数提升到了19粒，对像他这样年轻的人来说，以这种方式来回报球队简直不可思议。

拜仁流畅的进攻让人们轻易地忘记了一个事实：就在几个月以前，范加尔的工作还处于岌岌可危的状态中。但是拜仁重新找到了球队的平衡，而这主要得归功于范加尔大胆坚持了一种特殊的体系，以及一种不太可能出现的混搭组合：超级巨星搭配一些名不见经传的青年天才。以前，典型的超级拜仁阵容都是由处于巅峰期的球员构成，他们都是在其他队打出名声后被拜仁买过来的。然而，范加尔却关注起了自家培养的球员。将一个名为穆勒的人放进拜仁的阵容中不是一件容易的事情，但是他的同名前辈盖德也为托马斯这个赛季的表现感到自豪。在后场，范加尔将他的信任投到霍尔德·巴德斯图贝尔以及19岁小将迭戈·孔滕托身上，而后者同样是出自拜仁业余队的产物。孔滕托直到2010年年初才收到他的第一份职业合同。

　　大胆的人事变动对与众不同的荷兰人来说并不算什么新鲜事儿。实际上以范加尔的标准来看，球员们都需要具备超乎寻常的信念，并且必须得思考他们自己对于余下的全队来说意味着什么。拜仁用2500万欧元的转会费从斯图加特买来的马里奥·戈麦斯只是全体锋线球员中的一种选择，这其中就包括了米罗斯拉夫·克洛泽以及伊维卡·奥利奇，这个事实和他的转会费毫不相符，毕竟这位中锋以前是每周都能上场的球员。范加尔撤下了明星前锋克洛泽，让他扮演马里奥·戈麦斯替补的角色。穆勒的崛起为俱乐部留出一笔钱，用于在淡季期完成除罗本之外的另一项重大签约：他们引入了在俄罗斯踢球的中场球员阿纳托利·季莫什丘克。如果要赞赏范加尔的大胆程度，你可以参照以下事实：他将德国国家队最高产的射手以及一位据传转会费达到1000万欧元的球员放到板凳席上，却在阵中起用了3名青年球员。

　　外界指责他更倾向于使用穆勒和巴德斯图贝尔，并因此忽略了其他大牌球员。为了摆脱这一指责，范加尔指出他在克拉伦斯·西多夫16岁的时候就给了他在阿贾克斯进行首秀的机会。范加尔是"表现为本"的坚决拥护者——是积极的感觉还是消极的感觉——而且他还练就了一种能挖掘出表现潜力的神秘能力。他识别并培养了一大批各式各样的青年天才，这些球员最终都成了巨星，而他培养的球星在数量方面也可谓冠绝群雄。他不像阿森纳的阿尔塞纳·温格，教授有时会花大量的转会费买来年轻球员，然后再把他们培养成著名的球星，而范加尔则是自己动手，丰衣足食。阿贾克斯富有传奇色彩的"95班"里的那些青年超级巨星们，在近乎10年的时间里都位列世界足坛最为抢手的"商品"之中。拜仁慕尼黑肯定从来没有想过要复制这种传统，在范加尔执教球队的第一个赛季刚开始时，拜仁队内没有人会相信球队在缺少了来自托尼、戈麦斯、布拉费德、季莫什丘克、里贝里以及伦辛的贡献之后依旧有实力追逐3项赛事的奖杯。但这恰恰还真就发生了。

　　范加尔在阿尔克马尔时曾这样评价过自己的工作方式："它更多

地和一种哲学有关，而非一种体系，而且体系本身总是要取决于球员的。"他在备战每一场新的比赛时都会以纪律、结构及组织这三大支柱为基础。拜仁的统治力源于整场比赛都将足球控制在自己脚下。在4月中旬之前，巴斯蒂安·施魏因施泰格、菲利普·拉姆以及霍尔德·巴德斯图贝尔是德甲联赛中"平均每场触球数"这一项统计指标上位列前三名的球员。此外，球队的传球成功率同样出色：他们在联赛中有83%的传球都准确到位，而且即便在对手的半场，拜仁也达到了76%的传球成功率。巴斯蒂安·施魏因施泰格是联赛中在对方半场最好的传球手，他的传球成功率达到了不可思议的80%。拜仁另外一个成功的关键在于防守端的纪律。巴伐利亚的球队获得的黄牌数是最少的，而且定位球丢球也是最少的。体育主管克里斯蒂安·内林格尔指出："外界存在着巨大的压力，不过路易斯·范加尔坚如磐石。他在困境之中始终坚持自己的原则，而这最终也得到了回报。现在，你可以看到一切都在正常运转之中。"

虽然拜仁8月份时曾在美因茨因1∶2输球遭受过一次打击，但他们随后便在1月份对阵美因茨队的比赛中用骄人的表现完成了自我救赎，这是一场酣畅淋漓的3∶0完胜。范加尔表示："那是我们截至目前在主场踢得最好的一场球，我绝不相信你能轻松击败美因茨：他们的门将在门前高接低挡阻止了一切进球，但他终于还是在下半场犯错了。我们创造了大量的机会，并持续给他们的门将施加压力。我认为我们在对阵一支纯粹的防守型球队时保持了良好的控球。我很满意，因为我看到这支无比优秀的拜仁队打入了一些精彩的进球。"

一旦拜仁展开进攻，理想的结果就会接踵而至。球队在联赛第七轮输给了汉堡，之后他们便不可思议地在接下来的12场比赛里拿到了36分中的30分，其中还包括了一波七连胜，在此期间他们总共打进23粒入球，场均入球数超过3个。菲利普·拉姆和阿扬·罗本共同构成了球队的引擎，这为拜仁的进攻提供了永续不竭的动力。这两人之间的配合表演看得自己的队友眼花缭乱，对手更是如此，如何阻止他们成了一个未解之谜，没人可以破解。

　　拜仁自2008年5月以来首次登顶联赛，在坐镇安联球场对阵HSV汉堡的比赛中，俱乐部在赛前、赛中和赛后都用精彩表演盛情款待了球迷，以庆祝俱乐部建队110周年。这注定成为一场拥有显著荷兰式影响力的比赛，而马克·范博梅尔也展望着这场遭遇战，他说："这是一场充满橙色的比赛，无论是球场上还是球场边都有很多来自荷兰的家伙，这一定会让人开怀大笑的。"他说这句话时已经考虑到可能至多会有5名荷兰球员上场，而且他们还能向前来现场观战的国家队主帅伯特·范马尔维克展现自己。"橙色是一种伟大的颜色，尤其是在足球领域。"阿扬·罗本补充道。之后，他还意识到自己会在比赛中与汉堡前锋路德·范尼斯特鲁伊重逢。"我非常了解他，他是我的朋友。当他身体健康并处于最佳状态时，他依然算得上是世界最佳球员。"而范加尔则插话道："一直以来，足球都是一支球队与另一支球队之间的竞争，但是周日的时候它绝对会变成一场荷兰人之间的比赛。"

　　最终，法国路线决定了比赛。在比赛还剩13分钟的时候，双方仍然一球未进。此时弗兰克·里贝里在移动中接到了足球，他摆脱了居伊·德梅尔，内切之后轰出一脚世界波，后来监测显示此球的时速达到了112km/h。这球如火箭一般越过了沃尔夫冈·黑斯尔的十指关并钻入球门近角。这粒进球确保3分到手，也确保了积分榜第一的位置——这是22个月、652天或者说57轮比赛以来的第一次。拜仁登顶与周年庆典不期而遇——烟花以及庆祝音乐出现在球场上。范加尔让全队参与到庆祝之中，并暗示说他庆祝的时间会比他们之中任何一个人都要长，"我总是最后一个关灯的人。"

　　拜仁在各条战线上高歌猛进。在冠军联赛中，他们将面对曼联的挑战，双方将会争夺一个半决赛席位。紧接着，他们在与联赛对手沙尔克04上演的第二回合交锋中取得了一场关键的胜利。哈米特·阿尔滕托普在上半场被罚出场外，虽然以10人应战，可球队依旧在下半场的比赛中拿出了杰出的防守表现，打得6万名狂热的盖尔森基兴观众哑口无言。

本场比赛是他们本赛季最重要的国内赛事，而范加尔手下这群男人们成功地将2：1的优势保持到了终场，并拿到了宝贵的3分。前荷兰国脚维姆·范哈内亨高度赞扬了范加尔的处理方式，他说："客场对阵沙尔克04的比赛，半场结束时场上只剩下10个人。然而即便在那时，他依旧坚持着自己的看法：你在踢球时必须给自己强加必胜的信念。而对手也获得了机会，不过比分仍旧维持在2：1，这是一场意义非凡的胜利，因为对方是联赛领跑者之一。在我看来，拜仁看上去开始变得有点儿像1995年那支阿贾克斯了。不过范加尔仍旧缺少一个丹尼·布林德或者弗兰克·德波尔，他们是那种既能防守又懂得如何聪明地进攻的家伙，一个更好的门将也不会有害处。不过总的来说，你现在看拜仁踢球真的是一种享受。"

同样的韧性还展现在德国杯决赛对阵云达不来梅以及欧冠半决赛第一回合对阵里昂的比赛中。范加尔事后说道："我还从来没见过球员们一边倒地坚信我的足球哲学。这支球队甚至会变得更好，我们还没有实现自己的全部潜力。"他又补充说，拜仁在对阵不来梅时踢了70分钟有组织、有纪律的比赛。"纪律植根于脑海中，最重要的事就是你要在超过90分钟的时间里遵守纪律。拜仁已经万事俱备了，我们如愿运转只不过是时间的问题。"

范加尔的球队在一场死气沉沉的比赛中以1：1逼平勒沃库森，这让他们无限接近队史第二十二冠。最近有一系列艰苦的比赛缠住了他们，全队看上去都已经筋疲力尽。"不止身体，连头脑也都不再清晰了。"菲利普·拉姆承认说。在终场哨吹响前不久，汉斯·萨配明显地在禁区中阻挡了托马斯·穆勒，可是裁判并没有判罚点球。"反正不管怎么说我们都配不上一场胜利。"范加尔承认道。不过他们依旧保住了一波来之不易的不败纪录。"他们的足球并不完美，并且很难称得上一流。"《科隆城市报》在表扬这支即将锁定冠军的球队时如此写道，"从罗本、里贝里到布特、巴德斯图贝尔，他们阵中球员水平的分布是不均衡的。不过，他们的内核由钛构成，即便任何别的事情失败了，他们也从不会丧失信心：没有成功相伴的存在是毫无意义的。"

由于汉诺威96出人意料地以4∶2痛击沙尔克04，拜仁借此巩固了德甲领头羊的地位。在轮到拜仁自己面对汉诺威96时，结局就完全是另外一个故事了，这支球队以创主场比分纪录的7∶0屠杀了对面这支保级球队。罗本完成了自皇家马德里转战德甲以来的第一个帽子戏法，与此同时克罗地亚前锋伊维卡·奥利奇以及德国冉冉升起的中场新星托马斯·穆勒双双梅开二度。显然，范加尔非常高兴。"我对我们运转球的方式感到满意，那是最重要的事情。如果我们做到了这一点，我们就会有一些球员站出来影响战局。阿扬·罗本可以改变比赛走势，弗兰克·里贝里也可以，当然还有托马斯·穆勒，他们都已经证明了这一点。显然，对罗本来说，打进三球是妙不可言的，但是我必须把比赛当作一个整体来看待。这是一场激动人心的表演，毫无疑问，它取悦了大众。"

与此同时，范加尔没有免除对"第十二人"的纪律性纠正。虽然光鲜夺目的胜利时刻伴随着球队，不过这位教练依旧找出时间批评了拜仁球迷团体一番。他抱怨称这家正在追逐"三冠王"的俱乐部的球迷只可同甘不可共苦，说他们只会在球队境况好的时候才会支持球队。他表示，安联球场的观众来到这里只是为了娱乐。"这很不好。"在主场对阵波鸿的比赛前夜他如是告诉记者道，而这场比赛的结果将决定德甲冠军的归属。"他们和巴塞罗那、阿贾克斯很像，一群进'剧场'的观众。当然，过去3周出乎人们的意料，不过当我们赢得一切的时候，就很容易赢得喝彩声。我认为观众必须也能在球队不顺时给予支持，而那是我从未体验过的东西。"他补充说道，而南看台的支持者们则不在他批评的范围之内："他们永远支持着球队。"巴斯蒂安·施魏因施泰格同时表示球队还有进步的空间。"当事情进展不顺利时（赛季初期），我们立刻就在安联球场里遭到了嘘声，但那种事情绝不会在英格兰发生。我希望即便在困难时期，整座球场的人也能成为我们坚实的后盾。"

克里斯蒂安·内林格尔说："对这群球员来说，路易斯·范加尔是一位出色的领袖，日复一日。你能清楚地看出球队是如何取得进步的，他的印记很明显。即便在客场，我们也能将足球控制在自己的脚下。我们让对手疲于奔跑，于是我们就主宰了比赛。拜仁已经成为一个整体，而且已经以一种令我们意想不到的方式变成了一支优秀的足球队。打波鸿的头20分钟是世界级的，客场挑战里昂的比赛也是如此。这就像在看一年前我们做客巴塞罗那时被痛击的比赛一样：他们的意图是很明确的，可就是传不了球，我们只不过将他们剥离开来而已。范加尔干得太棒了，我们有希望成为'三冠王'。我们对冠军感到饥渴难耐，而且球员们也表现得像一支想要获得成功的球队。"范加尔说："头25分钟是我本赛季在安联球场里看到的最漂亮的足球，这些美妙的进球简直不可思议。我希望沙尔克04今天不要获胜，这实在是无比美好的一天，我们即将开始庆祝。"在终场哨响后，他的队长马克·范博梅尔用香槟将他淋得通体遍湿。

拜仁以3：1的比分将已经降级的柏林赫塔击败，从而创纪录地第二十二次成为德国国内联赛的冠军。奥利奇在第二十分钟为球队先拔头筹，随后阿扬·罗本双响建功。在德国国内，很多球迷都很喜欢跟拜仁保持一种既爱又恨的关系，然而在终场哨吹响之时，整个国家都忍不住开怀大笑起来。拜仁最终以70分收官，领先排名第二的沙尔克04有5分。在奥林匹克球场，马克·范博梅尔成为球队历史上第一位在7.5万名观众面前举起德甲冠军沙盘的外籍队长。在此之前，他和他的队友们围着球场一路追逐他们的教练路易斯·范加尔，一心想要把啤酒洒在他的身上。早前，范加尔就曾表示过他并不喜欢这种德国式"胜利啤酒浴"传统，他还呼吁他的球员们千万不要淋湿他。"我告诉过我的球员们我不喜欢这样，虽然我根本不会因此而感到烦恼，我必须适应当地的民俗民风。"不过为了安全起见，他在中场休息时刻意将他的时尚西装换成了一套运动装，后来看这确实是一种明智之举。拜仁队中有一半的人都在球场上追逐着紧张不安的范加尔。正当他躲过背后一次袭击时，哈米特·阿尔滕托普抓住了他的一只袖子，紧接着巴斯蒂安·施魏因施泰格以及丹尼尔·范比滕就尝试着想要用他们手中的大啤酒杯将他淋透。令人感到无比惊讶的是，这个58岁的人突然启动并快速奔跑起来，好像感受到了自由一般，双臂高举着逃走了，从而避免陷入被啤酒喷洒的窘境。"他们大概有五六个人在追我，我做得相当好，因此身上只有一点儿湿。但是当我放松警惕之时，他们就又冲上来了。"在所有人中，只有一个人成功地将满满3升啤酒笔直地倒在了他教练的头上，此人不是别人，正是他的老乡马克·范博梅尔。

之后，范加尔说："我想人们会记住2009—2010赛季这支拜仁的。这相当美妙，球迷们也很棒，当我们在庆祝时，他们也一直待在自己的座位上。我们有最犀利的进攻，也有最稳固的防守，而且我认为我们在这个赛季中踢出了最具观赏性的足球，这对我来说非常重要。获胜的感觉很好，而且我们成功地维持在自己的节奏之中。今晚我会一直在派对中庆祝到很晚。"现场有一位观众便是国际米兰的主教练何塞·穆里尼奥。赛后他承认说，他来德国刺探国米欧冠决赛对手军情的行为无异于浪费时间。巴伐利亚的球队轻而易举地就将德甲冠军收入囊中，而葡萄牙人的笔记本在终场哨吹响时几乎都还处于空白状态。"这实际上是一场友谊赛，因为拜仁已经夺冠了，而且赫塔也已经确定降级。我是来看这些球员的，以及他们在场上是如何进行联系的。但是如果想要学习拜仁的话，最好还是去看他们其他欧冠比赛的录像，看看他们在那些比赛中做了什么，而不是看他们今天做了什么。"

范加尔总结道："显然，获得每一个冠军都是不可思议的，尤其是当它发生在你来这儿第一年的时候。我在巴塞罗那时达成过这一成就，在这里又做到了。而且能成为历史上第一个夺得德甲冠军的荷兰教练，我深感自豪。但你知道，这一切不是由我一个人完成的，而是一群员工共同努力的结果。我已经在来自3个不同国家的4家俱乐部里拿到过冠军，而且每一项冠军都有其特殊的方式。我们这次夺冠的方式几乎前无古人。我们踢出了观赏性十足的足球，我们一直注重进攻，而且我们总是在给对手施加巨大的压力。我有一支伟大的球队，我们永远坚信我们可以一起做到这些，而结果就是你看到的这样。"

拜仁曾经决定让未来属于"橙色"，而这个决定立刻就为他们带来了成功。拜仁的教练来自荷兰，队长来自荷兰，还有一名叫作阿扬·罗本的荷兰人在24场比赛中打入16球。多亏了范加尔的成功，拜仁才得到了更多人的尊重。这支德国最著名球队的联赛第二十二冠拿得名副其实，他们踢出了标志性的攻势足球，而且充满实用性的战术也成熟了起来。

拜仁主席卡尔·海因茨·鲁梅尼格在体育一台的电视节目上透露：范加尔曾经说他是一个"派对狂人"的时候其实并没有撒谎。他和球员们一起在一家夜总会里跳舞直到凌晨。"我在凌晨4点离开，而那时范加尔还想带球员们去另一家夜总会。"鲁梅尼格说道。接下来的周日，拜仁的球员们得到了一天的假期，不过他们加入了游行的队伍。队伍从训练基地出发来到市中心，他们在市政厅的阳台上展示了冠军沙盘。在他们展示德甲冠军沙盘时，有超过10万的球迷在现场一同庆祝。为了增加狂欢的氛围，啤酒制造商普拉拿向球迷们提供了1万升免费啤酒。在胜利游行后，范加尔和球员们穿着包括皮短裤在内的巴伐利亚民族服饰出现在了市政厅的阳台上。范加尔和慕尼黑市长克里斯蒂安·乌德在阳台上欢快共舞。"我们不仅是慕尼黑的冠军，也是盖尔森基兴的冠军，也是不来梅和汉堡的冠军！"范加尔如是说道，"我们是德国最好的球队！或许也是欧洲最好的。"顺便说一句，他还抽时间讲述了他的成就："这个冠军对我来说意义非凡。欧洲还没有多少教练能幸运到足以在3个国家赢得冠军，对此我深感自豪。"

从更俗气一点儿的方面来看，即便拜仁无法赢得另外一项冠军，他们也将坐享财政上一笔意外的收获。"我们即将创造俱乐部历史上新的收入纪录，"卡尔·海因茨·鲁梅尼格说道，"我们的利润也会显著上涨，而且这是我们连续第十六个盈利的赛季。"拜仁在上一财年的营业收入总计达到2.9亿欧元，排在皇家马德里、巴塞罗那以及曼联之后，位列第四。但是这支来自巴伐利亚的球队跟其他大型欧洲俱乐部不同，他们身上没有巨额的债务。球队在秉持节俭财务政策的同时还能不断地获胜，这在很大程度上要归功于路易斯·范加尔。他不断地从拜仁的青训项目中不拘一格地提拔人才。"范加尔展现了巨大的勇气，我想不起还有哪一名拜仁教练敢于如此大规模地提拔青年球员。"鲁梅尼格如是说道。

在一场人们印象中颇为一边倒的德国杯决赛中，德甲冠军以4：0横扫了云达不来梅，确立了他们在德国足坛至高无上的地位。这是拜仁第十五次夺得德国杯冠军，同时他们第八次实现了国内"双冠王"的成就。

由于在下周的比赛开打之前似乎都没有什么可以用于放松的东西，所以拜仁的球员们在终场哨响之后疯狂地庆祝了起来。"我的球员们仍旧没有感到疲惫，"范加尔说，"当我们赢得一些东西时，我们就应该去庆祝。我不知道明天我们是否会训练，这要取决于我今晚什么时候上床睡觉。周三开始我就要着手准备对付（欧冠决赛对手）国际米兰了。"在拜仁摧残云达不来梅的同时，国米也以1：0小胜锡耶纳，拿到了意甲五连冠。

"对我而言，跟拜仁一起夺得联赛和杯赛的双料冠军或许是让人感到最为满意的事情，因为教练、教练组员工以及球员之间形成了非常非常良好的化学反应。球员给予我的团结和信心是我以前从未体验过的。"范加尔甚至还得到了老对手约翰·克鲁伊夫的赞誉，他在《电讯报》的专栏中撰文表示，赢得联赛和杯赛的"双冠王""是而且会一直是一种非凡的成就，因为你应对的是两种完全不同的竞争。一种是属于长期的，你需要深吸一口气，尤其是必须要保持连续性；而另外一种竞争是在短期内完成的，你不允许犯任何错误，因为即使犯一个错误也是致命的，这需要一种完全不同的心态。这意味着拜仁在两条战线上都做得恰到好处，因为每一场比赛都要有一种截然不同的比赛方式，而这是一种实实在在的成就。显然，拜仁慕尼黑与路易斯·范加尔是天生的绝配。俱乐部的管理层以及球员们已经做好了接受他的想法以及运营方式的准备，而这最终形成了一股非常强劲的合力。"

拜仁的球员们曾经一定很渴望每天都能在奥林匹克球场踢球。连续两个周六，队长范博梅尔都在首都举起了国内赛事的冠军奖盘（杯）。拜仁名宿弗朗茨·贝肯鲍尔在奥林匹克球场说："我认为这是一项了不起的成就，我在看球队下半场的表演时尤其有这样的感受。我们在上半场时就已经预示了这一点，不过奇妙的是他们并没有松懈，而是乘胜追击打进更多的进球。如果有人在6个月前告诉我说这些事情将会发生，我一定会把他送到精神病医院里去。能看到现在这支球队，我简直太高兴了。"不管怎么说，自从贝肯鲍尔51年前加入拜仁开始，他的评价一直都很讨俱乐部喜欢，即便是现在，这些话的分量依旧很重。"这场比赛的下半场是我们整个赛季优异表现的自然延伸，现在我们踢的是最高水平的足球，而我们的对手也必须要承认这一点。"主席乌利·霍内斯说道，"这支球队的阵容比2001年那一支还要优秀。当时，我们正统治着国内的对手，不过后来就辉煌不再了。我们是通过精神意志以及足球技术来展现自己的水平的。我对球队感到无比自豪，不过俱乐部的所有人都是如此。现在我们已经赢得了'双冠王'，所以我们在马德里（欧冠决赛举办地）没有什么好失去的了。我们会尽自己的一切努力来实现不可能的梦想。"

第 16 章　冠军联赛

这是源自范加尔的大师级战术。

——弗朗茨·贝肯鲍尔在拜仁对阵里昂的半决赛赛后如是说

2001年，拜仁慕尼黑赢得了欧洲足坛的最高奖项，他们在米兰的朱塞佩·梅阿查球场通过点球大战以5∶4击败了瓦伦西亚。蛰伏了9年之后，你几乎可以肯定他们将在2009—2010赛季的冠军联赛争夺中早早出局，因为媒体在一旁仔细地分析了球队的弱点以及教练的失误。球队在对阵波尔多的比赛中发挥失常，主场0∶2落败，之后《明镜周刊》发表了一篇意味深长的文章，名为《平均水平的慕尼黑足球俱乐部》。

《明镜周刊》的评论员向他的读者们提出了一系列的反问："这或许是巴伐利亚所面临的最糟糕的现实：在最近几周、几个月的时间里，巨星组合已经降格为一群在平均水平上踢球的团体。至于为什么会出现这种情况，球员和管理者现在都说不出个所以然来。难道是因为主教练路易斯·范加尔不断轮换才导致这种境况的吗？或者说是因为球员对他复杂的体系缺乏了解吗？还是因为新购买的球员到目前为止都还无法证明自己？既然有数名前锋无法命中目标，那么阵中的其他位置还有什么缺陷吗？受到困扰的准备工作有留下什么痕迹吗？或者，难道仅仅是因为拜仁的阵容无法磨合在一起吗？在其他方面如此坚信'我们就是我们'的这家俱乐部现在遭遇了各种不确定性，这展示出了它多样的面孔。"

2009年11月底之前，拜仁在A组已经进行的4场比赛中仅仅拿到4分，屈居小组第三的位置：战胜海法马卡比，与尤文图斯打平，并且被波尔多双杀。第二回合面对马卡比，在锁定一场险胜后，波尔多同样战胜了尤文图斯，这意味着拜仁仍旧需要努力追赶。想进入淘汰赛阶段，他们只有华山一条路可走，那就是在都灵战胜尤文图斯。

萨班卡尔·蒙达尔在网站Goal.com上精辟地总结道："他已经被

运往了坟场，而且仪式即将举行。坟墓已经挖好了，墓地狂风大作，好似在欢迎他前往'世界的另外一边'。各位来宾都穿着超大尺寸的黑衣，很多人都在全神贯注地重演着《葬礼上的死亡》中的场景，而另外还有一些人正准备在他的坟墓上起舞。随后令人震惊的事发生了，他复活了过来。这个为自己掘好坟墓的人从死亡的状态中重新站了起来，他的嘴唇抽搐着发出瘆人的微笑。在荒野中沉睡了数年之后，路易斯·范加尔终于复活了。在此期间，他已经被大多数人所遗忘，而那些因被他惹恼而记恨他的人仍不断地恶意中伤着他。"

在都灵以4∶1击溃尤文图斯的比赛改变了拜仁的赛季走势，并重新确立了范加尔的地位。这是一场建立在进攻之上的全方位表演，他们将"斑马军团"碎尸万段，这支来自巴伐利亚的球队还提升了自信以及对教练的信任。在对阵尤文图斯的比赛开打之前，即便所有人都在讨论谁会是下一任拜仁主帅的时候，这位58岁男人依旧坚称自己身上没有任何压力。范加尔总能看清他那过于强硬的形象依旧保持着原封不动的状态。最终，之前在德甲以及欧冠赛场上的失利不过成了范加尔球队在前进过程中出现的一个个小污点罢了。

完成这一成就的方式是令人瞩目的，一切都准确地按照范加尔的蓝图在有条不紊地开展之中。过去的那支超级拜仁建立在顽强的防守、一名天才进攻组织者以及一群强力中锋的基础之上。无聊的比较充斥在德国各大媒体之间，对比的内容是奥利弗·卡恩从2001年起领衔的那支简约派球队和2010版这支威武雄壮之师到底谁更厉害。然而经常被忽视的一个事实就是，拜仁上一次赢得欧冠冠军依靠的是一种清道夫体系。2000—2001赛季的阵容将斯蒂凡·埃芬博格以及吉奥瓦尼·埃尔伯分别固定在中场和前场。瑞士国家队主帅奥特马·希斯菲尔德认为最近这支拜仁比近10年前他所执教的那支球队表现得更好。"我认为他们的技术更加出色，我们当时有一些非常优秀的球员——埃尔伯、（梅赫梅特）绍尔以及埃芬博格，都是杰出的人才，但是罗本和里贝里也有着魔术般的表现。"

这支新拜仁是"我们就是我们"的化身,球队组织清晰,内部氛围融洽,并且崇尚进攻:大量的移动、迅速的传递、相互配合、试探对手并对其施压,从而找到突破口。范加尔转变了球队的重点,将经典4-4-2阵型改成了灵活性极强的4-3-3阵型。荷兰"全攻全守"的概念源自20世纪70年代,而他的想法算得上是现代版的"全攻全守"。不过,范加尔为了实现自己的愿景,他必须做出一系列大胆而且危险的人事决策。在都灵的那场比赛,数据统计令人印象深刻:射正比为22:7、角球数11:2、控球率拜仁占6成而尤文图斯仅占4成,而且不要忘了拜仁还是客队。

拜仁在冠军联赛16强战中的对手是佛罗伦萨,这是他们最理想的选择。"紫百合"在第一回合的比赛中表现出色,拜仁最终依靠米罗斯拉夫·克洛泽最后时刻的绝杀才以2:1的比分险胜对手。范加尔评价道:"我们赢了,这才是重中之重。佛罗伦萨采用了非常聪明的战术,他们改变了自己的体系,而我们没能做出回应,这真让人蒙羞。在上半场的比赛中,我们花了过多的时间跟着球跑,而忘了利用好球场的宽度。佛罗伦萨没有创造什么机会,可他们依旧进球了。我们在一次角球防守中丢球,这是我们很长时间以来的第一次,这真让人感到恼火。最后我们终于将球射入网窝,但那明显是个越位球,所以说我们有些走运。我们现在一球领先,不过在佛罗伦萨进行的那场比赛会很艰难。双方都有50%的机会,或者说稍稍比这个数字还要高那么一点点。"

在阿特米奥·弗兰基球场,拜仁2:3负于佛罗伦萨,双方总比分打成4:4,不过拜仁依靠客场进球优势涉险晋级。意大利的球队之前还以3:1领先,不过阿扬·罗本在30码外轰出一脚惊世骇俗的世界波,这让主队感到心碎。切萨雷·普兰德利只能无奈地思考:为什么他手下这支佛罗伦萨在8场欧冠联赛中取得6场胜利,却依旧要接受被客场进球淘汰的命运?范加尔事后坦承他对这场比赛"感觉很好",他说:"我在中场休息时告诉队员们必须保持冷静,并且要有耐心。我知道,对'紫百合'来说,要接受这样一种出局的方式是非常困难的,毕竟决定性的进球就是第一回合中的那个越位进球。在这种环境下（强风），我认为这场比赛充斥着各种个人失误，这也让比赛成了一场艰苦的遭遇战。比赛对我们来说并不容易，可我们打进了两粒精彩的进球，而且我们对晋级感到高兴。在最后10分钟的比赛里，我们甚至可以利用多余的广阔空间扳平比分。不过今天我们还是看出了自己的很多不足，对此我们必须加以改进。我们可以踢一场充满统治力的比赛，但我们今天并没有在90分钟的比赛中做到这一点，那可是我们应该做的。但是我们终究晋级了，这才是重点。"

这为1/4决赛打平曼联奠定了基础。众多拜仁或者曼联球迷不需要提醒也能记得1999年双方在巴塞罗那的诺坎普球场中发生了什么，当时曼联在比赛最后阶段连入两球以2：1的比分逆转获胜。泰迪·谢林汉姆及奥莱·古纳尔·索尔斯克亚在伤停补时阶段打入两粒进球，为曼联带来了一场永世不忘的胜利。自那以后，两支球队各自获得过一次欧冠冠军，拜仁在2001年夺冠，而曼联则在2008年捧杯。在拜仁夺冠的那个赛季中，他们在该项赛事的同一阶段再次遭遇曼联。在英格兰俱乐部的主场，老特拉福德，保罗·塞尔吉奥打入全场比赛唯一入球，这让"红衣军"在回到德国主场之后占得先机。吉奥瓦尼·埃尔伯和梅赫梅特·绍尔各入一球，而瑞恩·吉格斯也做出回应扳回一球，但这不足以阻止1999年的冠军接受被淘汰的命运。拜仁一直在寻求唤起对诺坎普的回忆，而不是把那段经历当作创伤和绝望。"当时，那是一个巨大的打击。"拜仁主席卡尔·海因茨·鲁梅尼格说道，1999年时他正担任着俱乐部的副主席。"1999年之后，每逢跟曼联踢比赛总会让人精神大振，因为这场对决充满了历史恩怨。"

亚历克斯·弗格森爵士和路易斯·范加尔是欧洲范围内经验丰富、战绩彪炳的两位教练。两人都接受过崇高的市民荣誉，而且赛前都喜好心理战，他们绝不会说出自己心里所想的东西。他们俩加在一起总共执教过376场欧战赛事，不过两人之间的直接交锋却仅有两次。这两场比赛都来自12年前的冠军联赛小组赛阶段，1999年，范加尔在曼联的三冠赛季中证明了自己可以和弗格森平分秋色，当时两队贡献了两场惊心动魄的3：3平局。鉴于范加尔在阿贾克斯的出色工作，他于1997年获得了奥兰治-拿骚秩序勋章，这比弗格森受爵的时间还早了两年。范加尔很高兴能将全部压力都抛给曼联，他说拜仁和他们的对手已经不在同一水平线上了。

范加尔对外宣称："我们将要对阵的是一支顶级球队，而拜仁目前还没有达到那种水平，二者的区别就在于曼联始终处于顶级水平之上。在一些特定的比赛中，我们也曾展示出自己可以达到那种水平，比如早前在欧冠对阵尤文图斯和佛罗伦萨的比赛中，当时欧洲没有人认为我们有机会。对球员和我来说，这都是巨大的挑战。我清楚地知道，曼联的组织结构很好，我很忌妒这样一种组织结构。如果我们在拜仁也能建立这样一种组织形式的话，那我们就能向前迈出一大步。接下来这两场比赛的开放程度肯定不如1998年的那两场比赛，因为当时的巴萨是一支完全不同的球队。在拜仁，我踢的是另外一种风格的足球。弗格森采用的体系和我相似，所以我们之间差别不大。但是他已经掌管曼联24年了，而我在这里只有8个月。"弗格森在听到跟他一样喜欢心理战的对手说出这些话之后只是微微一笑地说道："他是一个非常聪明的人——对此我根本不会在意。"

曼联在上一轮比赛中刚刚以7：2的总比分击退了AC米兰，其中包括主场4：0的大胜。1/4决赛第一回合，这支英格兰球队在做客安联球场时展现出巨大的自信以及英气逼人的姿态。亚历克斯·弗格森爵士认为，由于里奥·费迪南德、埃德温·范德萨及内马尼亚·维迪奇相继归队，他的球队正在踢出赛季最精彩的足球，他说："有一句真理叫作'后防强则全队强'，我们在本赛季开局阶段看起来弱不禁风，可我们现在看上去却非常强大。"

在慕尼黑，拜仁用一种永不放弃的态度让人们刮目相看，他们在落后的情况下绝地反击，着实配得上这场胜利——弗兰克·里贝里在76分钟时罚出的任意球经折射进网，从而帮助拜仁扳平了比分。那是一粒本该到来的进球，因为曼联没有彰显出多少创造力，而且拜仁的自信心也随着时间的流逝而高涨起来，即便阵中缺少了阿扬·罗本及巴斯蒂安·施魏因施泰格。在这场比赛之前，范加尔还不确定罗本是否会上场，他说："队医会仔细地检查他的小腿，看看哪里出了问题。如果他无法出场的话，我们绝对会十分想念这位球员的。我们需要一位像罗本一样的球员，但如果他没能100%康复的话，他就不会上场。"他言出必行：罗本确实没有上场，不过拜仁依旧以2∶1取胜。

"我们完全配得上这场胜利。"范加尔总结道，"我对第一分钟感到不满，还被丢球给震惊了。我们需要找回正确的心态，可这很难。很难的原因是对我们来说，最理想的情况是不让曼联进球，可他们立刻就做到了这一点。所以，当球员们在比赛中找回这种心态后，我感到非常自豪，而且在上半场的比赛中我们已经占据了场上的主动权。我们在下半场有着上乘的发挥，创造了大量的机会，而且不到最后一刻决不放弃。"奥利奇在第92分钟的进球让拜仁带着关键的一球优势进入到第二回合的比赛中。范加尔表扬了奥利奇，不过对于这制胜的一球，他也给自己记上一功，他说："我认为伊维卡·奥利奇一直都很机敏，而且他有着一种愿意付出一切的精神，这对一个教练来说非常好。我知道他永远值得我信赖，而且我认为教练将他安排在右路是一个非常明智的选择，因为他可以内切之后用左脚得分。"

在与曼联第二回合比赛开打之前的新闻发布会上，范加尔被问到了一条很久以前的流言，该流言说亚历克斯·弗格森爵士可能于2001—2002赛季结束后退休，之后他就会接管曼联。"要接替他的位置永远都是莫大的荣幸。"他公开回应道。伊安·赫伯特在《独立报》上写道："这到底是谁的荣幸呢？是范加尔的，还是曼联的？这位拜仁慕尼黑的主教练没有给出解答。如果你认为像弗格森这样一位从1999年起就被英国皇室授予骑士爵位的人就算得上是最高傲的主帅的话，那你就试试阿洛伊修斯·鲍罗斯·玛利亚·范加尔吧。2001年，在他的荷兰队3∶0战胜安道尔后的第二天，他再次暗示说自己将会是曼联寻找的目标之一。'我知道去年我的名字就写在继承〔弗格森〕的名单上'，他说：'到目前为止，我和他们之间没有进行过任何接触，因为我是荷兰国家队的主帅，不过我能想象像曼联这样的俱乐部依旧会对路易斯·范加尔感兴趣的。'使用第三人称的形式对一个体育人来说可信度不高，不过范加尔确实当之无愧。"

其他的英国记者也在现场，他们对这位来自拜仁慕尼黑的主教练说了一些不太友好的话。《每日电讯报》的邓肯·怀特向范加尔介绍了曼联的球迷，说他们像一种人："他是一个不太讨人喜欢的人，他非常傲慢，夸夸其谈，而球员们也抱怨说他缺乏一种情感同理心。他们粗暴易怒、冷酷绝情、吹毛求疵，而且他必然是成功的。"他最后一句话说对了，可是在一天快要结束的时候，这些新闻工作者的抱怨没有给曼联带来任何好处。让曼联更为担心的是，队内最佳射手韦恩·鲁尼在第一回合双方仍处于平局时就一瘸一拐地走下了球场，然而在第二回合中，拜仁的最佳射手阿扬·罗本将会回归。

国际米兰传奇教头埃拉尼奥·埃雷拉有一句至理箴言："接触足球对心态有益。"在安联球场，范加尔的球队用巴塞罗那的方式震惊了曼联，他们踢出了一种"传接表演"，打得曼联无所适从，就像他们一年前在决赛中面对巴塞罗那时那样。巴塞罗那的传球统计数据是参加2009—2010赛季冠军联赛的所有球队当中最出色的，排在他们后面的就是拜仁。在制造威胁球排行榜上，则是拜仁排在第一，而巴塞罗那紧随其后。曼联绝不相信拜仁在对手的主场还能踢得如此流畅。"我敢肯定他们心里明白做客老特拉福德将会是完全不同的一场比赛。"里奥·费迪南德说。埃德温·范德萨补充说道："我们有经验，也有实力晋级。"

20世纪90年代中期，范德萨在阿贾克斯取得突破性进展，并跟随这支荷兰球队尊享了国内和欧洲的荣誉，当时范加尔恰好就是这位门将的主帅。曼联历来的门将并不总能像他今天这样冷静镇定地扮演"最后一道屏障"的角色。1993年，他依旧处于学习全攻全守足球要求的

"清道夫门将"这门高深艺术的过程中。从本质上来讲，这是一种踢球也很出色的门将，并扮演一种类似于额外的清道夫的角色。随着他的日益成熟，他成为一名杰出的守门员，做出过众多让人叹为观止的扑救，而且他传球非常准确。范德萨坚信范加尔在2009年空降慕尼黑才是拜仁成功的根源之所在，他说："他去任何地方都会带着自己的理念。有时花费的时间会长一点儿，它永远不可能立马成功。但是他给球队注入了稳定性，也赋予了球队踢球的方式。那需要在训练场上付出大量的努力才行，不过我想现在拜仁已经在收获红利了。他们开局慢热，但是他已经见证了他们的成长。"

范德萨认为自己欠这位荷兰老乡很多东西，他在阿贾克斯时，正是这位教练签下了他，并让他取代了当时的一号门将斯坦利·门佐。"范加尔是对我职业生涯影响最大的人。在阿贾克斯，他将我排在别人的前面，要知道那人当时还在为荷兰国家队踢球。他给了我机会，并坚定地信任着我。他是我在阿贾克斯和国家队中的教练，因此他当然是我无比尊敬的一个人，而且我知道他会为拜仁创立一种独特的方式来帮助球队从老特拉福德全身而退。范加尔将会知道如何指挥第二回合的比赛，那会成为一种挑战，不过他很乐意接受这种挑战。至于拜仁，有一点我们很清楚，那就是他们顽强的精神——就像第一回合我们先拔头筹后他们所展现出来的那种精神。当然了，这是一种非常具有德国特色的优势。他们很强壮，而且他们充满自信，这会帮助他们在正确的道路上走得很远很远。让范加尔担任他们的主帅只会增加他们的实力和信念，因为我从自己的亲身经历中了解到他是一个做事不留任何漏洞的人。"

即便在都灵取得逆转之后，拜仁仍面临着许多充满挑战性的时刻，此时球队的自信和勇气再次遭到质疑。在老特拉福德，拜仁发现眼前这支曼联跟几周前在慕尼黑的那支逆来顺受的曼联大相径庭，他们很快就落后了3球。范加尔感到不开心也是可以理解的，他说："赛前我看到亚历克斯·弗格森爵士排出的首发后就意识到他做出了一种富有侵略性的选择。于是我对我的球员们说我们也需要打出侵略性，但同时也要把球控制住。比赛的前20分钟，我们根本没有展示出任何的侵略性，而曼联却把我们打成了筛子。"在比赛进行了40分钟后，拜仁仅有一脚射门，而且他们发现自己好像在场上追逐影子一样，照这个架势发展下去的话，恐慌仍会延续，节奏仍会加快。然而，拜仁在比赛里总喜欢等别人先出招。奥利奇在上半场行将结束时用一脚致命的、充满救赎意味的进球让拜仁找到了第一块立足之地。他们在等候时机之际，通过自己的能力、自己的体系、自己做事的方式展现出了一种无可动摇的自信，不过归根结底，还是通过范加尔的哲学来展现的。

曼联在比赛进行了41分钟后已经在喧嚣沸腾的老特拉福德球场连入3球，拜仁受困于这种令人血脉贲张的紧张气氛之中。然而，曼联后来却连丢两球，最终因客场进球少而惨遭淘汰——第二球来自前切尔西边锋罗本，这球是在鲁尼因脚踝伤势加重蹒跚下场以及巴西边卫拉斐尔被罚出场外之后打进的。通过两位教练的斗法，这场比赛为大家上了意义重大的两节课。虽然老特拉福德球场中的人群已经消失在夜幕中，可是仍要唠叨的现实就是他们的球队太过于依赖鲁尼。不管罗本在拜仁阵中发挥多么出彩，范加尔也没有犯弗格森那样的错误，即过于倚仗某位球员。拜仁这支球队是一个整体。第二个教训就是第一个教训带来的后果：弗格森情愿拿他手下前锋的健康来冒险，而范加尔则明显与此相反，第一回合对垒曼彻斯特的比赛中罗本就因为无法完全适应比赛而没能出场。弗格森抱怨说："比赛中有太多对他（鲁尼）的侵犯，而且我并不认为他得到了任何来自裁判的保护。"不管有没有鲁尼，最后晋级的球队终究是拜仁。感谢罗本的神仙球，范加尔在描述这个球时使用了"难以置信"这个词。

范加尔拒绝陷入与弗格森的骂战之中，后者就拉斐尔在50分钟时拉拽弗兰克·里贝里的球衣而被罚下一事指责了拜仁。他控诉拜仁球员向当值主裁尼克拉·里佐利施加了过多的压力，并导致其向拉斐尔出示了第二张黄牌。"此事不容置疑，"弗格森声称，"他们绝对无法通过这样一种平局的方式晋级！11人在场时，我们绝对没有问题。那个年轻的毛头小子表现出了自己的不成熟，不过是他们将他罚出场外的，所有人都冲向了裁判——典型的德国人！对此你不能狡辩，因为他们就是那样的。"

事实却是天差地别。虽然纳尼和瓦伦西亚奉献了伟大的边路表演，不过事实上在第30分钟之后，中场区域就已经属于强劲而且越发默契的拜仁中场二人组合施魏因施泰格及范博梅尔了。充满活力的拜仁中场在防守端搞得曼联无所适从，虽然纳尼在距离半场结束还有5分钟时将领先优势扩大到3球，可是从场面来看，这场比赛剩余的时间将不再只关乎一支球队的事儿了。在拉斐尔被罚下之前，拜仁明显表现得比曼联更出色。拜仁对比赛的控制方面：控球60%：40%领先、457（77%）脚传球对曼联的230（66%）脚传球——这些数据再次证明来自慕尼黑的男人们知道如何去踢球。亚历克斯·弗格森忘记了一场足球比赛有90分钟，事实就是即便没有那张红牌，第二个进球也会到来。曼联在下半场的比赛中疲态尽显，而且如果拜仁需要的话，他们还会打入更多的进球。

面对对手的抱怨，范加尔不以为意，他立刻对弗格森的控诉展开了反驳："我认为英格兰素以公平闻名于世。我现在要面对这些评论，这可不是我心目中的公平竞赛。我并不认同亚历克斯·弗格森爵士的观点，自控力是作为职业球员的一部分，每名球员都必须知道自己的工作是什么。如果你已经得到了一张黄牌，那么再得第二张就意味着你将被罚出场外。每名球员都应该知道这一点，而且那确实是一次够得上黄牌的侵犯。犯规的人是球员。如果曼联以11人完场，那他们是否会赢球呢？我们永远不会知道答案，亚历克斯爵士不会知道，我也不会知道，因为这场比赛不会再踢一次了。输球之后很容易说出这样的话，在对阵沙尔克04之前我告诉我的球员们必须踢得富有侵略性，并保持控制力，但是哈米特·阿尔滕托普并没有展示出这一点，而这就是他被罚下的原因——这同样也是他们阵中那位年轻球员在今天被罚下的原因。"

"德国人"的精髓是由什么构成的？在这一问题上，范加尔有着和弗格森显著不同的观点。"要击败德国球队很难，他们踢得并不如其他联赛的球队那样富有吸引力，比如，在英超或西甲踢球的一些球队。但是要摧毁一支德国球队不是一件容易的事情。我们深知这一点，因为我们每周都在和他们踢（德甲）……当我还在荷兰执教的时候，我总是习惯于说出你很难击败一支德国球队之类的话，即便你在90分钟时还保持领先。我们阵中有许多德国球员，而且也有许多在德国闯荡多年的外籍球员。这些球员从德国足球以及德国球员超乎寻常的精神意志中学到了很多东西，这同样也是我现在待在拜仁慕尼黑的原因。"

范加尔表扬自己的球员沉着冷静，精神顽强，他说："我当然感到自豪。鉴于球队曾以0：3落后，我们在下半场做到的那些事情简直让人难以置信。我们怀着良好的心态，踢得很有技术性，也很有侵略性。我们表现得像一支伟大的球队。"不过他也批评球队无法在比赛初期应对好压力。"我们需要从第一分钟起就做好准备，我在赛前就这么说过。"拜仁以更加耀眼的姿态开始了下半场的比赛，并且开始完全地掌控了比赛的节奏。观众们能感受到迟早会出现一个进球，事实确实如此，这粒进球在第74分钟时降临了。此球使得英超自2003年以来首次没有球队进入到半决赛之中，这是无比痛苦的一件事，而曼联也在该赛季意义最为重大的一周中土崩瓦解，并陷入巨大的失望之中。

在这个赛季中，拜仁好像形成了一种稀奇古怪的口味，那就是嗜好逆境：所有最好的表现都是在他们将自己置于危机四伏的绝境之后才到来的。这种做法似乎激起了更广泛公众的关注，其中包括一大批拜仁的反对者。"全德国都在同情拜仁。"《科隆快报》在头条中这样写道。拜仁有勇气，也有胆量在0：3落后时仍在比赛中狂追不舍。不管糟糕的开场对于阻碍它们获得成功会起到多么大的副作用，可拜仁仍旧公然无视刚刚所发生的一切，这样的行为使得这支球队获得了独特的成功。忘掉比分，好莱坞足球俱乐部会继续前行，创造属于它的机会，并找到赢得比赛的方法：越戏剧性越好。

截至2010年，拜仁在欧战赛事中总共出战过20次半决赛，9次获胜，11次落败。要想进入决赛，他们首先需要解决掉里昂。赛前，范加尔坦言："我本来是希望打波尔多的——小组赛被双杀后我只想复仇。我看了里昂对阵皇家马德里的比赛，他们的球队结构很好，这是一支难以被击败的球队。"

由于冰岛埃亚菲亚德拉火山爆发导致大量欧洲航班取消，因此里昂只能被迫走公路前往德国。与此同时，由于范加尔返回荷兰老家出席家庭成员的葬礼，所以拜仁助理教练安德雷斯·永克尔受托出席了新闻发布会，并带领全队进行了训练。这位47岁的助理教练清楚地知道自己的球队一天之后将会在安联球场面对怎样的挑战，他说："里昂是一支出色的球队，他们击败了利物浦、皇家马德里，而且还在国内连续几年夺冠。他们的防守侵略性十足，而且拥有许多擅长盘带的球员。"

虽然里贝里在上半场就被罚出场外，不过罗本在第69分钟轰入一记世界波，拜仁最终在安联球场以1∶0获胜，占得晋级的先机。里贝里染红发生在第37分钟，当时他与阿根廷前锋利桑德罗·洛佩兹的脚踝发生了严重的碰撞，因此他受到了直接停赛3场的处罚。里昂虽然人数占优，却没有取得任何建树，而且后来他们也减员到了10人，因为杰雷米·图拉朗在下半场开始阶段迅速地连得两张黄牌。范加尔事后表示："我认为今晚我们向全欧洲展示了自己究竟有多强大，我们在10打11时展现了这一点。我并不认为在里贝里染红的情况下我们还能以1∶0获胜，我们主宰了比赛。我认为我们在10打11的时候创造了更多的机会。当我们10打10的时候，我派遣马里奥·戈麦斯上场，为的就是迅速取得进球。我们创造了大量的机会，却只获得了一粒进球。不过这样也很好。"

这个属于阿扬·罗本的夜晚并没有因为他打入制胜球而结束。在第85分钟，他迫使里昂门将雨果·洛里斯舒展全身做出精彩扑救，可不久之后他就被替换下场。他看上去非常愤怒，在罗本下场时，全场6.6万名观众也感到迷惑不解。当路易斯·范加尔伸出手准备向他的明星进攻球员表达祝贺时，罗本直接无视了这一举动，而这遭到了他的教练的当众训斥。

赛后，范加尔解释道："3天之后我们就要对阵门兴格拉德巴赫了，我必须确保届时全体球员都能处于健康的状况之中。现在我们已经取得本场比赛的胜利了，而且没有丢球。我们要在罗本健康、奥利奇健康以及所有球员都保持健康的前提下前往格拉德巴赫。"奥利奇也在下半场被早早地换下，为的就是让他在赛季最后的冲刺中保持充沛的体力。

虽然范加尔给出的是一个似是而非的理由，不过他只向记者透露了一半的原因。如果要用一句话来概括范加尔的话，那就是他喜欢掌控一切。然而，范加尔的决定向全队传达了另一个清晰的信号：在他的治下，没有哪名球员能得到特惠待遇，他们必须尊重全队，教练和球迷才是处于首要地位的人。罗本被换下时，最根本的原因就是在范加尔手下，别说罗本，就算你可能是世界上最厉害的攻击型球员也不能凌驾于拜仁之上，他说："在我这儿，没有球员会得到踢90分钟的保证。他必须做好自己的工作，要是他没有做好自己的工作，那他就会被扫地出门。所有球员都必须明白这一点。"

阿扬·罗本觉得他正在踢出"我生命中最出色的足球"。《里昂日报》将他誉为"拜仁的梅西"，各家媒体都表示赞同。当然，罗本在2009—2010赛季创造的纪录足以比肩任何人：他在拜仁对阵里昂的比赛中跟主帅在边线旁上演了针锋相对的一幕，而在这件事发生之前，他已经在德甲15次首发的比赛中轰入14粒入球，德国杯2场比赛打入2球，6场欧冠也有4球进账。在过去19场比赛中，他打入了16球。对于一名边锋来说，这是一项令人瞩目的成绩。相比之下，他在效力切尔西期间出场103次攻入18球，而在皇家马德里效力的两个赛季中只打入12球。

罗本的进球还不是一般的普通进球。他在德国杯半决赛对阵沙尔克04时所进的那个球——他在中场拿球，贴着右边线向前冲刺并躲过两名防守球员的放铲，随后从边线附近开始内切，旋即兜出一道弧线，足球直挂球门上角入网——德国《图片报》用整整两页的篇幅报道了这一进球。他在对阵佛罗伦萨的比赛中奉献了一脚绝妙重炮，在对阵曼联时又踢出了技惊四座的凌空抽射，这两粒进球再次彰显了他的足球天赋。

6年前，罗本与何塞·穆里尼奥在同一个夏天加盟切尔西。对于切尔西来说，挖来荷兰人是一手妙招，然而罗本从来没有完全将他的潜力施展出来。他无法忍受反复无常的伤病，这让穆里尼奥感到很失望——在一些比赛中，他拒绝带伤上场。被卖到皇马后，他从来没有成功地用表现说服过伯纳乌，而且他也从来称不上是一位银河巨星。两个赛季后，他走到了属于自己的轨道上。最终，他来到了拜仁，个人累积转会费也达到了1亿欧元，而此时他才25岁：显然，有一些事情与他的天赋产生了冲突。罗本和路易斯·范加尔重逢了。

易怒的范加尔循序渐进地将这位骄横的得意门生收拾住了。与范加尔重逢后，罗本受益匪浅，当他还只有18岁时，这位教练就在荷兰U-21国家队中带过他。"从那以后，他没怎么变，可我的变化就大了。"罗本说道。他以前在切尔西和马德里踢球时的教练都一门心思地考虑着下一场比赛，却没有多少时间一对一地指导他们的球员，不过这不是范加尔的行事风格。曾经在荷兰青年队时，就是他说服罗本从中锋位置改打到边锋位置上去的。在对阵里昂的比赛中，范加尔在全场比赛还有5分钟就要结束时将他换了下去，当时罗本表现得非常蛮横不满，范加尔一把抓住了他，直直地盯着他的眼睛，提醒他谁才是掌权的人。罗本立即在荷兰电视台上为自己的行为道歉。罗本感觉到自己被保护着、被宠爱着、被需要着……

如果范加尔从心理上管教住了罗本的话，那么这名球员在生理方面也一定会取得巨大的进步。罗本改变了他的饮食，并寻求了迪克·范托恩的帮助，这是一位值得尊敬的荷兰理疗师，曾与约翰·克鲁伊夫有过合作。同时给予帮助的还有俱乐部队医汉斯·威廉·穆勒·沃尔法特，他们共同找出一种能够治愈罗本肌肉劳损的方法，并控制住了他那看似经常复发的伤势。荷兰和德国这两位医疗专家的关系最终完全破灭了，双方的分歧在于罗本的治疗费用上，而这与拜仁也有一定关系。有评论员争论称这件小事为一个赛季之后球队与教练的坠落种下了恶果。但是在那段皆大欢喜的日子里，他们的合作取得了丰硕的成果，而且穆里尼奥在决赛中面对的这个阿扬·罗本跟他以前在切尔西时见到的那个罗本已经不可同日而语了。罗本彻底释放的才华以及改变比赛走势的进球自然而然地引发了巴伐利亚以及其他各地球迷的遐想。在对阵里昂的次回合比赛中，即便拜仁已经3∶0领先，可罗本在看到雨果·洛里斯没收了他的两脚射门后依旧迫切地想要破门得分，而范加尔再次把他换了下来。这一次，罗本笑着与范加尔握手致意。之前那件事已经翻篇儿了。

同时，拜仁阵中另一位大牌的处境则稍有不同。弗兰克·里贝里——或者"法拉利贝里"，他在加拉塔萨雷取得巨大成功期间就是以这个绰号而闻名的。他身材矮小、身体结实、健步如飞，而且艰苦的童年使得他根本没有自负的心态。伴随他早年动荡不安生活的就是脸上那一道伤疤，当他才两岁大时，他父母的汽车遇到了严重的车祸，这场车祸将他的面颊和前额撕裂。在伊斯坦布尔，他们也会叫他"刀疤脸"。2007年，他以2500万欧元身价转投拜仁，这着实出人意料。一直有人开玩笑称，实际上里贝里自己也不知道他要去的那个地方在欧洲地图上的哪个位置，只知道在这个地方他将与卡尔·海因茨·鲁梅尼格及弗朗茨·贝肯鲍尔联系在一起。

当年4月之前，里贝里正经历着一个多灾多难的赛季，伤病、转会流言以及嫖宿雏妓的指控毁灭了他，拜仁指示球员们不要回答记者提出的与此事相关的问题。具有讽刺意味的是，能够忍受这项指控并从中获益的那支球队恰好就是拜仁。为了挽留阵中这位招牌球员，在4月初他生日那天，这家巴伐利亚俱乐部的主管赠予了他一支尊贵的钢笔，并告诉他说他将用这支笔签署一份新合约。

之前那个夏天，里贝里发表了一些和他的未来有关的言论，这些言论显得有点儿自相矛盾，这使得媒体给他贴上了"婊子"以及"狗屎先生"的标签。他的赛季首演又一再地被一系列让人不得安宁的伤病给耽误了，包括水疱、脚趾肿胀以及左膝肌腱炎，这为他赢得了"有病的里贝里"以及"法国病人"的绰号。里贝里坦承自己和范加尔之间关系冰冷，而且这两个人在涣然冰释之前保持了几周时间的冷战关系。关于里贝里有无嫖宿雏妓这一争论，范加尔在媒体面前选择站在里贝里这一边，他说："他只是作为一位目击证人被传唤了而已。"事实上，2014年1月，法国法院驳回了针对里贝里的全部指控，并宣布对其免于起诉。

里贝里和罗本有着截然不同的命运，一个疯狂，一个成功，这吸引了大多数人的关注。但是对于那些关注头条背后之事的人来说，还有一名球员也显得非常耀眼：巴斯蒂安·施魏因施泰格。当施魏因施泰格状态不好、传不出妙到毫巅的长传时，他就会用熟练且及时的铲断赢回球权。"你只需要看看施魏因施泰格就会明白为什么拜仁突然就可以涉足欧冠决赛了。"《南德意志报》如此写道。"拜仁上一次踢出这么成熟、这么有战术结构的比赛是什么时候？"可以肯定的是，德国国家队近年上升势头迅猛，范加尔功不可没。在拜仁的7年时间里，施魏因施泰格曾经踢的是右路或者攻击型中场。但是新赛季开始没过几周，这位荷兰教头就让他去扮演他最喜欢的防守型中场的角色。

施魏因施泰格在个人发展方面取得突飞猛进的进步，责任感也同时出现在他的心中，他很享受这种责任感。他有意识地让自己远离了青年偶像的身份，并坚持使用那些被抛弃的昵称，诸如"小猪"以及"巴斯蒂"。"我开始更多地关注起细节来，比如饮食和休息期，"他对《RAN杂志》的记者说道，"我更加爱护自己的身体了，并因此感受到了好处。"同时消逝的，还有他那每周换一次发型的日子，或者涂抹银色指甲油的日子（他打赌打输了）：施魏因施泰格成了一个严肃的男人。"我认为教练的理念很棒。"他带着一种典型的谦逊口吻说道。

对阵里昂时，范加尔当然找到了破解每一个战术谜题的完美答案，包括将施魏因施泰格推到中锋位置上顶了几分钟。"我认为他能很好地将球控制在脚下。"这位教练这样解释他那让人始料未及的策略。尤阿希姆·勒夫也被说服了，而他之前本想让施魏因施泰格继续在德国队的中场踢右路的位置。"他在拜仁的中场表现得既优秀又稳定,这就是我让他在世界杯也踢这个位置的原因。"这位国家队主帅如此说道。

"主席乌利·霍内斯公开表示拜仁想要赢得欧冠联赛的冠军。"前英格兰及阿森纳前锋托尼·伍德库克对BBC体育这样说道,"拜仁的优势在于他们拥有一群足球背景丰富的人——弗朗茨·贝肯鲍尔、乌利·霍内斯、盖德·穆勒以及卡尔·海因茨·鲁梅尼格——他们都曾在最高水平的比赛中踢过球,并且知道他们想要什么。他们真的想把拜仁的历史推向公众、推向欧洲、推向世界。他们想要获得成功,而且他们想要站在大树的顶端。"伍德库克是德国足球的老一辈见证者,他曾在1979年时就跟科隆签约过。他很早就意识到,拜仁要想实现那个目标,范加尔绝对是不二人选。"拜仁是一家欧洲顶级足球俱乐部,不管是场上还是场外,它都是我在职业足球领域中见过的最好的球队。而且你需要找一名一流的教练,这样才能应付一流的球员。他带着美誉来到这里,并且正在用自己的方式实现着目标。球员们能看出这一点,也能感受到这一点,而且球员们必须保持整齐划一的秩序。"

一周之后,拜仁就要远赴热尔兰球场去完成自己的工作了。在该赛季中,里昂只在这里输过一场欧冠的比赛,而且在6场比赛中狂入15球。然而,法国的球队最终却以0∶3落败。在后卫丹尼尔·范比滕看来,拜仁在该赛季中付出的辛苦努力终于获得了回报,他说:"这个比分很重要,或许分差还会再大一些,然而我们在付出了月复一月的努力之后终于可以收获胜利的果实了,这只不过是应得的报酬而已。今晚,我们成功地利用了漏洞,一旦我们打开了进球的账户,事情就会变得容易许多。我们曾在通往冠军的道路上出师不利,以前,伤病给我们带来的影响从来没有这么严重过,不过我们需要时间来适应新球员和新教练。这确实需要一定的时间,而我们跟路易斯·范加尔也是这么做的。球队发现了越来越多的东西,我们理解了他的指令和他的体系,而这最终得到了回报。我们在关键时刻赢得了许多比赛,而且充满信心,事物之间也自然而然地建立起了联系。我已经赢得过德甲冠军,但可以肯定的是我们正在向一个伟大的时刻靠近，我们来到了欧冠决赛的舞台上！"

在欧洲范围内，拜仁在范加尔的带领下成为一支崇尚进攻并且充满自信的球队。球队该赛季的成功建立在发挥出现有球员的极致水准的基础之上，这些球员在别的球队可能会在场上漫步，或者被认为达不到顶级球星的标准。拜仁最厉害的就是它的右翼，阿扬·罗本及菲利普·拉姆为球队提供了别处没有的优秀组合。激发出罗本的全部能量是范加尔的一大成就。他拥有无与伦比的速度、技术以及门前的冷静度，不过他在离开皇家马德里后可能速度有所下降。在范加尔治下这支拜仁阵中，他的能力被完全发掘了出来。范加尔在别处也有过类似的慧眼识英才的壮举。偶尔不稳定的马丁·德米凯利斯及丹尼尔·范比滕成为欧冠决赛中卫组合的首选。巴斯蒂安·施魏因施泰格在对阵里昂的比赛中表现得大气磅礴，他那脚步扎实的天赋在中场位置得到了完全的释放。当然，伊维卡·奥利奇在欧冠半决赛中用一个帽子戏法（左脚、右脚、头）实现了生涯新高。在范加尔手下，奥利奇看上去正在前锋位置上发挥着他的全部潜力。

自从尤文图斯在1996—1997赛季以6：2击败范加尔率领的阿贾克斯之后，4：0的总比分成为欧冠半决赛历年来的最大分差。悬殊的胜利折射出拜仁在两回合比赛中均占据着场上优势的事实，而且他对球队在整个系列赛中的处理方式感到很满意。虽然奥利奇拥有着足以占据头条的优异表现，但这位教练却坚持认为胜利应该属于所有球员，他说："我们踢出了一场伟大的比赛，我们在场上站位很好，而且如果我们一直这么踢下去的话，要想战胜我们将是一件很困难的事情。伊维卡·奥利奇打入3球，他还在球场的高位施加压力，这对我们的组织结构来说非常重要，我们可以倚仗他。他再次打入了3粒进球，但这是因为他是距离球门最近的球员。对此我感到很抱歉，不过这就是我思考问题的方式。球员们现在知道了，跟范加尔相处10个月是什么样的感觉，他们知道这并不容易，但是他们都很开心，而我也是如此。"法国因其红酒而闻名于世，不过范加尔当时毫不犹豫地举起一杯里奥哈红酒为他在拜仁取得的巨大成就而干杯，这是他最喜欢的红酒，原产自法国的邻居西班牙。

里昂的克劳德·普埃尔坦言，里昂输给了一支更为强劲的球队。虽然他们为了能够在系列赛第二回合的比赛开打前获得充足的休息而放弃了国内联赛，可范加尔对此却不屑一顾——他们根本就不是势均力敌的对手。"经过6天的休整，我们感到焕然一新，不过这还不够。拜仁给我留下了深刻的印象，我们还从来没有遇到过这样一支从该项赛事开打以来就一直保持着充沛体力的球队。他们控制住了足球，并迫使我们疲于奔跑。你只能祝贺他们的球队，他们在很多方面都做得很到位。他们的身体机能、他们的比赛质量、他们对球的控制……直到比赛的最后一分钟，他们仍旧精力集中，并且无比强壮。他们是一支完整的球队。他们身体强壮，而且从来不会丢掉自己的节奏。"

由于普埃尔的球队在第一回合比赛中0∶1落败，因此他只好让他的球员们踢一种4-2-3-1的攻击阵型。范加尔说他已经预料到里昂的改变方式了："我想里昂会用另一种方式踢球，我读了报纸。他们在慕尼黑踢得并不好，所以他们的教练自然会改善他的球队。我想他们会派遣一位10号球员（塞萨尔·德尔加多）。我的球员们被告知了此事。我们看到，球队在慕尼黑给他们施加了足够大的压力，而我们今天同样看到了这一点。在踢完与尤文图斯的比赛后，我们在冠军联赛当中一直表现出色。我们的防守严丝合缝，这不只是靠后卫球员来完成的。我一直认为球队能够杀入最终的决赛，他们出色地完成了自己的工作。我们真的踢得很棒。"范加尔如是评论道。

拜仁主席霍内斯也同意他的观点。通常，当教练和球员没能达到俱乐部设立的高标准时，他就会变成一位措辞激烈的批评家。但即便是他，也对范加尔的球队在对阵里昂时的表现赞誉有加："今天我们亲眼所见的足球近乎完美。我上一次看到拜仁在如此重要的比赛当中踢出这样的表现已经是很久很久以前的事了。我们已经找到了前进的正确道路，而它正引领着我们快速地向更高的平台迈进。"弗朗茨·贝肯鲍尔，拜仁有史以来最伟大的球员，声称这是来自范加尔的"一种大师级战术"。

第 17 章 范加尔 VS 穆里尼奥

这支球队甚至可以做到更好，我们还没有发挥出全部潜能。

——路易斯·范加尔

2010年5月22日，德国足球爱好者们的爱国热情再一次被点燃了。为了支持优良而古老的"我们VS他们"这一传统，他们暂时忘记了对各自俱乐部的忠诚——以此来为世界杯热身，毕竟三周以后大赛就会一触即发。通常来讲，在欧冠决赛来临之际，除拜仁球迷之外的德国球迷以及除国米球迷之外的意大利球迷都希望来自自己祖国的球队输球，这并不足为奇。虽然国家的荣誉可能也很重要，不过俱乐部忠诚感以及地域间仇恨度更加根深蒂固。比如，2005年欧冠决赛，AC米兰半场3：0领先，最终却在点球大战中输给了利物浦，之后国米的球迷兴高采烈地跑到大街上去庆祝了。

但是2010年的形势并没有那么明朗。欧冠决赛的意义已经超出了谁最终获胜的范畴：比赛结果还会影响到双方国家在下个赛季将有多少个名额参加该项赛事。每一赛季，欧洲每个国家参赛球队的数量是基于每家俱乐部获得的相关成就用复杂的数学公式计算出来的。欧足联决定各国联赛有多少支球队可以进入冠军联赛是建立在一种叫作"欧战积分"公式的基础之上的，该公式会根据每家联赛各支球队在欧战赛事中的表现给予一定的分数，并一次性统计最近5年的分数。分数最高的3个国家可以获得4个参赛名额，2009—2010赛季开始时这3个国家依次是英格兰、西班牙及意大利。接下来的3个国家是德国、法国及俄罗斯，他们将有3家俱乐部被允许参赛。意大利和德国之间的分差微乎其微，只要国米不获胜，钟摆就会倾向德国这一边，这也就意味着意甲将会减少至3个席位，而德甲则会获得4个席位。

值得意大利球迷思考的一件具有更浓讽刺意味的事是国米的首发名

单之中居然没有一位意大利人。实际上，意大利国家队的世界杯暂定名单中也没有任何一位国米球员的名字。国米这支球队主要是由南美球员构成的，并有少量的非洲球员作为零星的点缀。与此相反，德国人在拜仁阵中却扮演着不可或缺的角色。这给人增添了一种感觉，即德国足球认为自己很优秀。他们的上座率很高，而且国内冠军的争夺也很激烈，一直持续到倒数第二天才揭晓答案。

拜仁迈出了不同寻常的一步，他们呼吁全德国的球迷都在决赛中支持他们。这支来自巴伐利亚的球队在一封由球员和范加尔联名签署的公开信上请求全体球迷将俱乐部忠诚感放到一边，因为他们正试图赢下俱乐部历史上第五座欧冠奖杯，信中说："拜仁球迷以及以中立眼光看待我们的球迷应该成为'拜仁人'，这是我们所希望看到的。在伯纳乌球场，我们会奉献出自己所拥有的一切，为拜仁，但同时也是为了德国。如果获胜，我们将会为德甲重新争取到4个参赛席位。这是我们的梦想，和我们一起实现这个梦想吧！"球迷们的积极回应让范加尔感到精神振奋，他还说拜仁在德国的人气通常只局限在巴伐利亚的核心地带，不过由于球队踢出了他所要求的攻势足球，拜仁的人气也随之上升。

"我尝试着为球迷而踢球，你可以看看，拜仁的形象在今年有了巨大的转变，因为我们踢出了一种赏心悦目的风格。我很高兴整个国家都在支持着我们。届时将会有7万名拜仁球迷在慕尼黑安联球场通过大屏幕观战，这是令人难以置信的。所以我希望球队能为他们带来一点儿什么，从而让他们可以在派对上尽情狂欢。"

说到足球，荷兰人习惯将德国人看作他们的死敌。这样一种情绪偶尔会上升到国际比赛的层面上。2002年世界杯期间，笔者在古斯·希丁克位于瓦尔斯维尔德的老家与他的亲人一起观看了德国对阵韩国的半决赛，这种"负面的爱国主义"展现得淋漓尽致。荷兰的支持者全都支持希丁克麾下的韩国队，他们穿着橙色的T恤衫，上面印有韩国国旗、世界杯Logo以及这样一句话"Dies' mal brauchte man nur ein Holländer"（"这一次只需要一个荷兰人"），这句德国习语以一种大胆而自负的过去式语气暗示古斯·希丁克将凭一己之力击败德国队。这种不成熟的断言与比赛结果并不相符。

既然荷兰的俱乐部已经不再位列欧洲顶尖水平，那么荷兰人就将希望全部寄托在了荷兰球员以及荷兰教练身上，无论他们出现在何时何地，荷兰人都希望他们能为自己正名。2010年，路易斯·范加尔成为继鲁迪·卡瑞尔之后在德国最受欢迎的荷兰人，前者是著名的荷兰电视节目主持人，在20世纪七八十年代是德国电视台的台柱子。《图片报》撰文称荷兰人在幽默、魅力、诚实以及成功四项指标上得分颇高。这种对比让范加尔感到很高兴，他说："我认为将我和鲁迪·卡瑞尔放在一起做比较是一件极好的事，这是媒体在我人生中第一次以这样一种积极的方式接近我。这和荷兰以及西班牙那些媒体大相径庭。"在范加尔带领拜仁取得历史性胜利并杀进决赛的过程中，荷兰人民坚定地将自己变成了德国的盟友。对于俱乐部受到荷兰球迷的支持一事，范加尔评论道："我甚至收到过很多从荷兰发过来的电子邮件，他们告诉我说他们从来没有想过自己居然有一天会为德国的球队加油鼓劲。"

欧冠决赛后，欧足联主席米歇尔·普拉蒂尼评论说德国球迷完成了杰出的工作。他感谢国米和拜仁双方的球迷共同努力将这场欧冠决赛营造成了一场令人难以忘却的对决，他说："我为两家俱乐部的球迷感到高兴，他们制造了极好的氛围，赛前、赛中、赛后皆是如此。国米和拜仁球迷表现自己的方式有助于提升比赛的质量及其价值，而且他们所展现出来的公平竞赛精神以及相互尊重精神也配得上获得最大限度的褒奖。"

该赛季之初，亚历克斯·弗格森爵士曾给何塞·穆里尼奥发了一条和欧冠决赛有关的短信——"让我们5月份相约马德里吧。"范加尔亲手结束了这一切，不过他也学会给自己的对手发短信了，他说："半决赛结束后，我给何塞发了一条短信：'你还要跨越一道障碍，而我已经跨过去了。我会在马德里等着你的。'我即将要面对的这个男人是我的朋友，而且我也很羡慕他作为教练在欧洲范围内所做的一切，我很喜欢摆在我眼前的这个事实。对我来说，能在决赛中与何塞相逢是一件美好的事情，不过对媒体来讲，这同样美妙绝伦。你即将看到你能想象得到的最精彩的新闻发布会，因为我们两个都会出席。"

两位教练相互之间都很了解。1997年，范加尔接手巴塞罗那，并且希望能够在这里复制他执教阿贾克斯时取得的成就。在范加尔刚来球队时，积极进取的穆里尼奥原本打算离开诺坎普，但是这位荷兰人相当认可他的潜力，并让他留下来做了3年助手，在这段时期，他们赢得了2次西甲冠军和1次西班牙国王杯冠军。范加尔让这位年轻的助教接管了训练课，并代表他处理与加泰罗尼亚媒体之间的关系。穆里尼奥对他的前任老大赞誉有加，他说："范加尔对我来讲非常重要，我和他之间建立了坚固的友谊，因为他给了我自信。他将训练课上的完全控制权移交到了我的手中，因此我在与他共事的时候成了一名教练。"

穆里尼奥以前是一位翻译，1996—2000年间，他在博比·罗布森以及范加尔手下担任巴萨的助理教练，他说："我欠博比·罗布森一份人情，因为他给了我在巴塞罗那工作的机会。我也欠范加尔很多，因为他让我在那里继续待了3年。"在罗布森离开加泰罗尼亚俱乐部后，范加尔将这位满怀雄心壮志的葡萄牙人庇护在自己的羽翼之下。穆里尼奥当时有其他选择，但是荷兰人醍醐灌顶的几句话让他相信自己的未来就在诺坎普。穆里尼奥说："当我跟他（范加尔）讲我想回葡萄牙出任本菲卡的助理教练时，他说：'不，别去。'他让我告诉本菲卡的主席（2000年时），如果他想让你成为助理教练，那你就说不。如果他想让你成为主教练，那么我立刻就送你去机场。范加尔是一个充满自信的人，有时候对像我这样的年轻教练来说，这相当重要，他给了我在球场上指导球队的信心。在友谊赛中，在加泰罗尼亚杯上，他将教练的责任赋予了我。他告诉我：'我去看台了，你来掌管球队。'所以说，他在我的发展历程中起到了非常重要的作用。[①]"

---

① 新闻点——范加尔与穆里尼奥的关系。

西蒙·库珀在《足球抗敌》中写道："（巴塞罗那是）一种心理代理人，他们代理的是一种在他们身上不存在的心理状况。"当加泰罗尼亚人说巴塞罗那"不仅仅是一家俱乐部"时，穆里尼奥完全理解他们表达的是什么意思。他同样理解巴塞罗那对皇家马德里持有的那种狂热政治对立态度，后者是一家属于卡斯蒂利亚精英们的俱乐部，并怀有弗朗哥主义。在国米对巴塞罗那的半决赛开打前，他奚落了加泰罗尼亚人，称他们拼命地想要在马德里的伯纳乌球场夺得欧冠冠军，因为决赛将会在那里举行。"将加泰罗尼亚区旗挂在伯纳乌球场是一种妄想。"他说，"区别肯定是有的，梦想可比妄想纯洁多了。梦想与自尊心有关。国米的球员一定会对杀入决赛感到无比自豪，因为对他们而言，他们实现了梦想。可这并不是巴塞罗那的梦想，这纯属反马德里主义。我不是在批评谁，只不过是在讲述一个事实而已。"

据范加尔透露，巴塞罗那很高兴能够摆脱掉穆里尼奥，俱乐部上至主席下至所有人都轻蔑地将他称为"El Traductor"（翻译）。"有时我会想，我应该是俱乐部里面唯一信任何塞的人。"范加尔如此说道。他比博比·罗布森更加看重穆里尼奥，虽然罗布森能力全面，但要让他将这位葡萄牙人定义为一个与足球有关的人才却是一件超乎想象的事情。罗布森让他负责球队阵容的规划和准备，这些事穆里尼奥确实很擅长，他负责准备对手的资料和组织训练。但是直到范加尔到来以后，他才得到了与球员在球场上共事的机会。

范加尔来到巴塞罗那后，立刻掌管了和组织结构有关的全部事宜。然而，他将具体事务委托给了他的得力助手。很快，穆里尼奥就得到了与里瓦尔多、哈维、佩普·瓜迪奥拉、帕特里克·克鲁伊维特以及路易斯·菲戈近距离共事的机会。他在范加尔手底下待的最后一年里开始变得焦躁不安起来。穆里尼奥记得自己当时是"一个深陷痛苦之中的助教"，他在开车返回自己位于锡切斯的家中时会仔细考虑范加尔做出的一些决策，他对待自己导师的态度开始变得"苛刻并且过度批判"起来。在他身边的人看来，他想要自立门户的野心昭然若揭，而在范加尔被解雇以及俱乐部主席何塞普·路易斯·努涅斯离职后，他很轻易地就做出了离开巴塞罗那的决定。

"不止一些特定的细节，还有一件重要的事情，就是我清楚地记得我们一起共事的那段日子，"穆里尼奥后来回忆道，"我们两个住得很近——我家离他家仅有15米的距离——而且我们每天工作24小时，每周工作7天。我们关系很好，而且他给我留下了深刻的印象。我曾经像一头野兽那样疯狂地工作，我乐于这么做。我从他身上学到了很多东西，其中最重要的就是，如果你想要达到目的的话，那你就必须非常努力地工作。对此，我时刻铭记于心。"

他在自己的教练生涯中带领波尔图夺取过欧冠冠军，同时还率领切尔西获得过多项桂冠。在此之后，穆里尼奥于2008年夏天接过了国米的教鞭，而且人们都将他视为世界上薪水最高的教练，年薪高达950万欧元。他带领国米自1972年后重返欧冠决赛赛场，这让他在意大利受到了山呼海啸般的拥戴。在被问到和欧冠决赛以及他前任导师有关的问题时，他说："我几分钟前刚和范加尔聊过几句，但具体内容我无可奉告。赛前我们会紧紧拥抱，赛后也是如此。"

一则生动的头条这样写道："路易斯·范加尔最终将会让翻译何塞·穆里尼奥闭嘴。"杰森·考利在《伦敦标准晚报》中写道："穆里尼奥是一个荒谬至极、大摇大摆的利己主义者，但同时也是一位让人惊叹的教练：战略家、战术师、激励者。如果说世界足坛中还有谁能与他旗鼓相当的话，那个人绝对非他的老导师范加尔莫属。我隐约有一种感觉，如果说有人能阻止他的话，那么这个人一定就是范加尔。穆里尼奥曾经在这位酷爱记笔记的荷兰人手底下扮演着谦卑的角色，并谦逊地做着自己的工作，写下详尽的球员总结以及教练报告。与此同时，他也提炼出了他自己的大师计划。"这场决赛是他们作为教练的第一次过招：学生能否用自己的方式击败老师，看来是时候揭晓答案了。

两位教练都是非常传统的男人，他们都秉持着一种近乎福音派的信仰，即教练可以凭借其战术智慧成为球队的国王。相较于他的葡萄牙对手，范加尔一直都更加崇尚进攻，并且会在任何战术框架内最大限度地允许球员进行自由发挥。有人认为穆里尼奥的人事管理蕴含着更多的"情商"。不过，两人都倾向于使用一种强硬的自上而下的管理方法，这让一些德国媒体将这场决赛描述为"上帝对阵上帝之子"。"他是一名顶级教练，而拜仁则是一支顶级球队。"穆里尼奥在提及范加尔时如是说道，"拜仁是很多俱乐部的榜样，因为这支球队开局并不理想。范加尔当时处境艰难，但是俱乐部对他抱有信心，让他开展自己的工作，而现在，他出现在了欧冠决赛的赛场上。"

这场比赛还贯穿着其他一些引人入胜的故事，包括一系列个人恩怨。2009年夏天，巴西后卫卢西奥从安联球场转投梅阿查，范加尔在制定了球队需要遵照的踢球方式后便将他送到了穆里尼奥张开的怀抱之中。同时，两支球队都雇用了一位被皇家马德里抛弃的荷兰中场球员。韦斯利·斯内德和阿扬·罗本都被告知他们的实力不足以在皇马立足。然而，要不是他们的出色表现和关键进球的话，国米和拜仁都不可能打进决赛，具有讽刺意味的是，决赛将会在皇马的主场举行。罗本同样恨不得马上向他的前任主帅展示他的能量远远没有枯竭，实际上，自从葡萄牙人在执教切尔西时将他卖到皇家马德里之后，他一直在进步。罗本认为他和他的朋友韦斯利·斯内德都是被皇家马德里扫地出门的，他说："我认为我们是被赶出去的，我们离开时都没有对俱乐部抱有任何好感。韦斯利被邀请到了国米与何塞联手，而我则去了拜仁。我们无法相信我们正在重回位于马德里的更衣室的路上，这可是我们足球生涯中最重要的一个夜晚。这是一种巨大的成就感，我保证会坐到我过去在皇马更衣室中的老位置上。这就是一场梦，我无法在切尔西实现的事情，现在在来到拜仁的第一个赛季就已经实现了。"

穆里尼奥在某些方面和范加尔很像。两人都有一种漂泊的倾向，两人都在祖国之外的地方留下了自己的印迹，2010年决赛之前两人都曾获得过一次欧冠冠军，两人都在决赛中留下了华丽的战绩，而且两人都对自己深信不疑。接下来，他们的相同点就要属精神意志力以及战术天赋了。不过，他们也有很多明显的不同点。有一种说法或许过于简单化了：范加尔在整个执教生涯中完全致力攻势足球，而痴迷于防守则形象地刻画了穆里尼奥这些年所做的事情。不过，这种说法还是有迹可循的。在范加尔执教阿贾克斯的6年时间里，他的球队有5次在进球榜上独占鳌头，然而在丢球方面，他们就很少能够排到同样顶尖的位置上了。他在巴塞罗那执教的3年时间里，情况同样如此。截至2009—2010赛季冠军联赛决赛开打之前，拜仁进21球丢13球，国米打进15球，仅丢8球。他们俩足球哲学的不同之处，由此可见一斑。

穆里尼奥的波尔图、切尔西以及国米都曾以比别人丢球更少的方式赢得过冠军头衔，而且有时还少很多。穆里尼奥从来没有向谁保证过观赏性。内拉祖里们在诺坎普对阵巴塞罗那的次回合比赛中凭借出色的防守昂首挺进决赛，终场哨吹响后，穆里尼奥疯狂的庆祝引爆了全场，而这也引发了范加尔对此事的评论，他说："我不会做出穆里尼奥在诺坎普所做的那种事，我不会用一种挑衅的方式来表现自己的情感。他的分析很正确，即便以前（在巴塞罗那），你也能看出他确实很懂球。不过当时他还非常谦逊，看着他演变到现在这样也是一件很有趣的事，他逐渐变成了一个性情中人。他教导球员如何去获胜，我也是如此，不过我同时还选择展现一种美妙的足球。可以说，我的方式难度更大。"

舞台已经在马德里搭建完毕，这注定是一场永载史册的欧冠决赛：两支球队中必有一支会成为"三冠王"。目前，这样的壮举在欧洲足球的历史上只出现过5次：在同一个赛季中获得国内联赛冠军、国内杯赛冠军及欧冠联赛冠军。两支大英帝国的球队曾获得过这一殊荣，它们分别是凯尔特人以及曼联；两支荷兰球队分别是埃因霍温以及阿贾克斯；还有一支来自西班牙的球队，那就是巴塞罗那。它们都曾实现过这项丰功伟绩，而现在，一支来自意大利或者德国的球队将会加入这些杰出球队的行列。

决赛被称为一场融技术与战术为一体的战役，不过决定最终赛果的却是个人英雄。小将托马斯·穆勒取代马里奥·戈麦斯成为首发，却在下半场开局阶段错失两次扳平比分的好机会，第一次发生在中场休息刚结束后不久，塞萨尔倒地用腿挡出了穆勒的射门，随后他的凌空扫射又被守在门前的埃斯特班·坎比亚索头球解围。英格兰主裁霍华德·韦伯莫名其妙地漏判了麦孔在禁区内的手球。"只！想！问！你！是！怎！么！漏！判！那！个！点！球！的！"在接受《太阳报》采访时，范加尔做出了这样的反应。这个决定性的瞬间发生在第16分钟，当时阿扬·罗本的传中球明显碰到了巴西人的手臂。韦伯没有判罚点球，比赛当时仍然没有打破僵局，而国米最终却以2∶0获胜。范加尔认为如果"裁判惩罚了那个手球"的话，这就将成为属于拜仁的一天。

在赛前的一次妙趣横生的交流中，菲尼克斯太阳队的篮球巨星史蒂夫·纳什发了一条激怒穆里尼奥的推特："国米决赛首发11人：布特、雅辛、班克斯、佐夫、麦尔、托马舍夫斯基、苏比萨雷塔、舒梅切尔、克莱门斯、伊基塔、奇拉维特。"比赛结束后，范加尔虽然没有这么直白，但实际上还是同意了纳什的观点，他说："你绝对不能忘记的是我们选择了一种非常难以掌握的踢球风格，我认为这是最吸引观众的踢法。但我们就是做得不够好，并且一直没能踢出属于我们自己的比赛。在对阵像国米这样的球队时，如果你想踢出一场攻击性十足的比赛的话，你就必须拿出最好的表现。比赛的进程和我预想的情况高度吻合，我们主宰了比赛，而国米却一直在守株待兔，试图通过防守反击来重创我们。我们确实创造了不少的机会，但是如果你无法把握住这些机会的话，那么你就会输掉比赛。在一场艰苦的比赛中，你需要在正确的时间点上进球，而国米就是在正确的时间点上破门的。今天，我们没有拿出最好的表现。防守比进攻容易得多。"

"然而，国米配得上他们的胜利，对此请大家不要再有任何的怀疑。他们的表现非常棒，我要向他们表示祝贺，我同样还要祝贺何塞·穆里尼奥。我对球员们所做的一切感到无比自豪，这群家伙从这次经历中学到了很多。今天，一些小细节决定了比赛，而且我们非常想念弗兰克·里贝里的创造力。"里贝里在本场比赛结束后续签了一份为期5年的新合同，对俱乐部而言，这或许从一定程度上缓解了他们的痛苦。

拜仁并没有展现出他们能够达到的进攻水准，或者说他们应该达到的进攻水准。菲利普·拉姆承认他的球队在这场失利中因缺乏冒险精神而付出了代价："上半场我们有些过于恐惧了，我们在比赛中的表现并不像过去几周那么勇敢无惧。对我们来说，这是非常痛苦的。我们满怀决心，却并没有将它带到球场上。我们创造了大量的机会，却并没有抓住它们。我们陷入了深深的沮丧之中，你不可能每年都有机会踢上这样一场决赛。"队长马克·范博梅尔在面对失利时表现得更加冷静，他说："不是最好的球队获胜了，而是效率最高的球队获胜了。抓住那些稍纵即逝的机会是取胜的关键，这并不是在批评托马斯（穆勒），他这个赛季已经打入了很多进球。但是，类似的情况会决定重大比赛的走势。我们没有进球，他们却做到了——这就是差距。"

即便如此，范加尔依旧说他为自己的球队感到自豪，而且他也对以下事实感到骄傲：经过冠军联赛的洗礼，拜仁和巴塞罗那最终都拥有了最锋利的进攻本能。在本场决赛中，欧足联的统计员给出的数据显示国米只有34%的控球率。穆里尼奥耗费了很长的时间才赶到赛后新闻发布会的现场，因此大家没有时间请他据此做出回应。他在有限的时间里说道："范加尔在决赛前说国米是一支防守型的球队，从足球的意义上来说，这简直就是一种挑衅。但是我知道他想要什么，而我也想得到同样的东西——获胜。我们踢出了一场精彩的决赛，而且我们配得上这场胜利，不只因为这场比赛，而是因为我们一路杀进决赛的全过程。"美丽当然只存在于旁观者的眼中，至于国米的表现，葡萄牙人的看法跟大多数人的看法未必相同。穆里尼奥曾说过："这是一家拥有意大利文化的俱乐部，很荣幸能代表意大利足球"，他说得很准确，直到最后一分钟他换上马尔科·马特拉齐之后，场上才终于出现了一位意大利人。拜仁确实是被典型的意大利足球击败的，不管场上的人员来自何方。

欧洲足坛的最高奖项最终没能成为拜仁2010年冠军橱窗中的一部

分，但是乌利·霍内斯坚称他的球队有足够多的值得庆祝的东西，他说："国米只不过比我们更有经验罢了，而且我们只是欠缺一点儿冷静。国米是一支梦幻般的球队，他们还淘汰了巴塞罗那。他们只获得三次机会就打入两球，而我们却没能在最有可能进球的瞬间抓住最好的机会——这就是区别所在。显然，我感到非常失望和悲伤，因为在你进入决赛后你同时也希望能够取胜。不过，我们不能让这种失落的情绪持续太长的时间。我们踢出了一个梦幻般的赛季，而且我们在这场比赛开打前也说过了，没有什么东西可以抹杀我们已经取得的成就。因此，我们现在不能再表现出伤感了。我们的队伍前途无量，因为我们有很多青年才俊。2011年，决赛会在温布利举行，接下来的2012年决赛就会落户慕尼黑，所以说，我们有很多愿景和目标。闯入决赛是一个漫长的过程，其间一共有12场比赛，你有可能被运气眷顾，但也有可能度过悲伤的一天。我可以预见，我们明年会再次杀进决赛。"

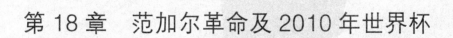

第 18 章　范加尔革命及 2010 年世界杯

德国队的前景看上去一片光明。

——巴斯蒂安·施魏因施泰格

在前拜仁球员保罗·布莱特纳看来，要是没有路易斯·范加尔执掌球队的话，他们根本不可能时隔9年重返欧冠决赛。拜仁夺得欧冠三连冠的第一年，布莱特纳是球队阵容中一员，那是1974年。"几个月之前，我再次成为一名忠实的拜仁球迷。我突然又开始享受起去球场看球的日子了。这一次不仅是为了看拜仁赢球，因为这是经常发生的事情，主要原因其实还是去享受美丽足球。我已经有5年或者10年的时间没有见过拜仁踢得这么出色了……我们现在如此成功的原因是球队在经历了8周、10周、12周的磨合之后终于开始明白（范加尔）到底打算干吗了。他的体系，跟赢球有关，跟控球有关，并要求球队在90分钟的时间里拿到60%~70%的控球率。我们的球队现在踢出了一种完全不同于以往的足球，而且跟德甲其他17支球队相比，我们也踢出了一种与众不同的足球。我们现在的踢法跟我在20世纪70年代的那支老拜仁截然不同。我们用另外一种方式在踢球，更像现在的巴塞罗那。我们崇尚进攻，观赏性十足，球队一直在寻求破门得分——这和20世纪70年代那支球队无法进行真实有效的对比——这是一种更加现代化的方式。现在的踢法更加困难，每名球员都必须学习一种新式风格，一种新的踢球方式，不过这需要时间。路易斯·范加尔需要时间来让全队相信，他对于足球的想法是正确的。没有他，他们就不可能出现在那里。"

如果你要追溯2010年世界杯期间那些成功球队的根源的话，所有的迹象都会指向一个人：路易斯·范加尔。虽说功劳当属尤阿希姆·勒夫、伯特·范马尔维克及文森特·德尔·博斯克，可这位拜仁主帅仍旧给3支四强球队留下了深深的烙印：德国、荷兰及西班牙。

范加尔在约翰·克鲁伊夫建立的基础上进行深化：永远不要把足球直接传到队友的脚下，而是应该把球传到离他1米远的地方，从而让足球一直保持运动状态。当第一个人将球传给第二个人时，第三个人必须已经到位并等待第二个人的传球。在加泰罗尼亚时，范加尔提拔了一些优秀的传球手，比如哈维和安德雷斯·伊涅斯塔，这两人现在也是西班牙中场雷打不动的主力。在决赛里代表西班牙出战的球员中，有7人来自巴塞罗那——普约尔、皮克、布斯克茨、哈维、伊涅斯塔、佩德罗以及法布雷加斯。诺坎普创立的青训项目对阵举世闻名的阿贾克斯体系，克鲁伊夫和范加尔都曾在后者的发展进程中提供过帮助，在荷兰的阵容里，有9人都出自该体系：斯特克伦博格、范德维尔、海廷加、德容、范德法特、斯内德、埃利亚、亨特拉尔以及巴贝尔。这些球员在他们的青年时期汲取了荷兰足球的意识形态：足球就是进行"三角"传递。巴塞罗那的孩子们一直都在踢4对4的足球，这种足球只允许触球两次，你只能通过传球和跑位才能在这样一种比赛中获胜。足球像象棋，不像摔跤。

　　2008年欧洲杯，德国杀进决赛，不过在决赛场上西班牙用传球将他们踢出场外。德国队主帅尤阿希姆·勒夫当即表示："我想要一支那样的球队。"一年之后，范加尔突然出现在拜仁主教练的位置上，并教会他的球员靠传球来踢比赛。拜仁，这家只要能获胜就从不会考虑用哪种方式获胜的俱乐部，也开始踢起了荷兰-西班牙式足球。范加尔让拜仁的巴斯蒂安·施魏因施泰格改打防守型中场的位置，并将托马斯·穆勒固定在首发11人之中。2010年世界杯，施魏因施泰格和穆勒成为德国队的主力。他们在慕尼黑的队友阿扬·罗本、马克·范博梅尔则成了荷兰队的主力。德国、荷兰及西班牙的足球相互杂交，几乎变得无法区分了。德国人传球精妙，好像是由荷兰人伪装而成。而荷兰人则坚决贯彻防守与反击，就像德国人过去所做的那样。西班牙踢得像2000年左右的荷兰一样。至于你是否能迅速地传球，经验和体格其实都是次要的：斯内德、哈维、伊涅斯塔和拉姆几个人都没超过1.73米，但是他们深谙传球要领。大量与世界杯有关的前瞻性报道关注的都是球星，然而他们真正应该关注的是传球文化。赛事结束之际，罗纳尔多、鲁尼及梅西都被人遗忘了，而范加尔，虽然他本人没有出席世界杯，可他的形象却巍然屹立。

阿根廷上一次在世界杯1/4决赛中被4：0羞辱时，天空乌云滚滚，季风吹来了瓢泼大雨。那场比赛发生在36年前，地点是盖尔森基兴。在克鲁伊夫的率领下，荷兰踢出了全攻全守的足球，那场比赛让观众对荷兰的胜利感到艳羡不已。2010年世界杯，"蓝白军团"在开普敦被另外一支倡导快速推进踢法的球队再次以4：0羞辱，不同的是这次并没有下雨。只不过，这次失利是拜年轻的德国队所赐，这支参加世界杯的德国队非常年轻，阵容平均年龄是自1934年以来最小的。德国队已经很久没踢出这么迅猛的攻势足球了，这支球队完成了蜕变，成为世界足坛中踢法最具观赏性的球队。

2010年7月2日，荷兰也正忙于激起大家对往事的回忆，他们在落后的情况下最终2：1逆转击败巴西。巴西在下半场的崩盘诱发了一系列自杀式的表演，而荷兰的反攻则让人们回想起由平淡无奇却又百折不挠的德国人创造的那些振奋人心的胜利。有趣的是，这场胜利也让荷兰人回想起了他们最害怕的梦魇，即1974年"迷失的决赛"，当时他们先拔头筹，最终却以1：2的比分输给了德国人。2010年世界杯让荷兰人感到既高兴又烦恼。"橙衣军团"一路高歌猛进让他们感到欢欣鼓舞，但让他们感到不满的是取得这一长串连胜的踢球风格，他们看到了德国人的球队，并意识到，德国人让他们回想起了曾经最好的自己。

德国-荷兰双边睦邻友好关系已经逐步取代了足球敌对关系，这种敌对关系始于1974年，并在20世纪80年代末90年代初达到顶峰。一种有趣的杂交授粉现象正在上演着。德国人正在教荷兰人如何获胜；荷兰人则正在教德国人如何运用空间意识踢球，如何踢出复杂的攻势足球。正是因为范加尔的存在，巴斯蒂安·施魏因施泰格才从一位碌碌无为的边锋被改造成为近乎完美的创造型防守中场，而这位球员也让德国队焕发了生机。范加尔还认可了托马斯·穆勒的潜力，并帮助他在该年度的世界杯上大放异彩，他最终还赢取了世界杯金靴。穆勒与韦斯利·斯内德、大卫·比利亚、迭戈·弗兰一样，都取得5粒进球，但是他同时还奉献了3次助攻，而其他人则只有1次。荷兰国家队阵中总共有8名球员（马克·范博梅尔、卡里迪·博拉鲁兹、埃德森·布拉费德、艾尔杰罗·埃利亚、尼格尔·德容、约里斯·马泰森、阿扬·罗本以及拉斐尔·范德法特）当时正在为或者曾经为德国的俱乐部踢球。相互钦佩一时间成为一种时髦。

2010年世界杯期间，有时你可能会觉得德国和荷兰将会师决赛，但因为西班牙的存在，这种情况并未发生。尤阿希姆·勒夫胆怯了吗？西班牙1∶0战胜德国后，这样一种疑问立刻浮现了出来。德国在本届赛事中一路横扫各路诸侯——塞尔维亚是为数不多的拦路石——在很多人看来，德国不仅会进入决赛，还会赢得冠军。它拥有夺冠的血统，拥有冠军级别的球员，拥有无与伦比的速度，拥有摧枯拉朽的力量；它拥有可以进球的前锋，拥有可以创造得分机会的中场，拥有可以阻止对手的后卫；他们还有勒夫的幸运蓝毛衣以及章鱼保罗的预言（在它预测西班牙夺冠之前，他们一直都深爱着它）。有一个事实也深受他们的喜爱，那就是他们的球队不仅在获胜，而且球队的发挥也特别精彩。

不过，勒夫让他们失望了。至于原因，纷繁复杂，一言以蔽之，在德班的摩西·马比哈达球场上，他派遣了一支志在防守、意欲阻止西班牙进球的球队，而不是尝试靠自己去取得进球。这是一个古怪的决定。德国队在头5场比赛中总共13次洞穿过对手的球网，而且仅丢2球。他们在2场淘汰赛中均打入4球获胜。1/4决赛中，阿根廷被这支德国队打得千疮百孔，这跟之前人们预想的结果恰好相反。如果德国在对阵西班牙时继续坚定不移地走这条道路的话，最后鹿死谁手还很难说。

世界杯开战前3个月，范加尔宣称他渴望继承尤阿希姆·勒夫的衣钵，成为一名国家队主帅，他说："我梦想着有朝一日能率领一支有夺冠实力的球队赢取世界杯，德国队便是其中之一。"一个荷兰人来执掌德国国家队，这看上去是一种不大会成功的尝试，不过他们2010年世界杯的阵容确实存在着深深的属于范加尔的印迹。边后卫拉姆是德国队中唯一的世界级的防守球员，即使不考虑他在俱乐部中取得的成就，他也是理所当然的正印之选。克洛泽和戈麦斯可能并没有经历一个满意的赛季，可他们还是搭上了前往世界杯的末班车，因为他们的实力没有任何问题。但是至于其余4名拜仁球员，要不是因为范加尔的话，他们根本就不会入选。赛季之初，布特在拜仁阵中只不过是第一门将米切尔·伦辛的替补，但是几场比赛结束后，范加尔决定将这位35岁的老门将设定为第一选择，而布特也用稳定的表现做出了回应。施魏因施泰格的提名或许根本毋庸置疑，不过，他同样从自己俱乐部教练投入的工作中受益匪浅。巴德斯图贝尔及穆勒在赛季开打之初并没有指望能得到多少上场时间。范加尔在夏天将两人提拔到成年队并让他们成为常规首发，这一大胆的决定被证明是明智之举。对勒夫而言，他们的成长是一件完美的事情：长久以来，他一直在为佩尔·默特萨克寻找一位值得信赖的中卫搭档，同时也在寻找一位像穆勒这种能和中场进行默契衔接的前锋，如果需要的话，他还能客串一个中场的位置。

　　荷兰国家队主帅伯特·范马尔维克承认他复制了他的荷兰同胞移植给巴塞罗那的踢球风格，他说："范加尔告诉巴塞罗那的球员，如果他们不全身心地投入到工作中的话，他们就得不到上场的机会。佩普·瓜迪奥拉采取了那样一种风格，你看看他们今天是如何踢球的吧。我研究了他们，并尝试让我的球队像巴塞罗那那样去防守。"自从伯特·范马尔维克2年前被任命为荷兰国家队主帅之后，范博梅尔一直都知道他会得到国家队的征召——而且不只是因为这位新任国家队主帅是他的岳父。他在拜仁履行着相同的职责，指示并组织他的年轻队友们，确保他们遵守纪律和保持队形，同时他还做着属于自己的那份看似简单的工作：造越位陷阱、铲球、传球。即使是在吉奥瓦尼·范布隆克霍斯特还佩戴着队长袖标之时，范博梅尔也已经成为实质上的队长了，只不过没有正式的名分而已。

由于有大量的拜仁球员入选德国国家队，这给拜仁备战新赛季带来了些许的麻烦——这是一件无法让范加尔完全高兴得起来的事情，特别是因为他的球队将在2010—2011赛季的揭幕战中面对2009年的德甲冠军沃尔夫斯堡。"沃尔夫斯堡是争冠球队之一，但是他们参加世界杯的球员并没有我们多，这对我们来说是一个劣势。"范加尔说道。拜仁的荷兰双星阿扬·罗本及马克·范博梅尔是一路杀入决赛的那支高效荷兰队阵中的成员，而这也限制了范加尔的季前准备。范加尔总共要应对满满11位因世界杯而"缺勤"的人员。与之相反的是，沃尔夫斯堡只失去了阿尔内·弗雷德里希。拜仁主帅成了他自己获得成功的受害者。

第 19 章　再见……

范加尔在拜仁的任期居然会以这样一种方式结束，对此我感到失望。他为俱乐部做了很多。

——弗朗茨·贝肯鲍尔

很多教练都去过拜仁，并赢得了冠军。但没有多少人会像范加尔那样做出一副顽固的派头，自从他2009年转投拜仁以来就一直以这种形象示人。大胜对拜仁来讲已经屡见不鲜，但是用21世纪这种踢球风格来获胜倒是头一次见。由于拜仁取得了成功，负面影响也随之而来：2010年世界杯前夕，拜仁阵中的球员获得了各大国家队主帅的关注。像托马斯·穆勒及霍尔德·巴德斯图贝尔这样的年轻球员无法保持稳定的状态或许也是可以理解的。当然了，拜仁显然经常会在奇数年中举步维艰——重大赛事结束之后的那些赛季。

　　在经历了一个成功的赛季之后，路易斯·范加尔执教拜仁的第二个赛季出现了不可思议的颓势，球队在赛季大部分时间里都徘徊在积分榜中游。第七轮联赛开打前，球队已经跌到了岌岌可危的第十二位，球队执行委员会的成员几乎每天都会进行强有力的战斗总动员。然而，这位教练却保持着淡定。"拜仁现在没有危机。"范加尔在德国电视二台一档名为《体育工作室》的节目中强调道，他还说他事先就警告过拜仁，球队可能会在赛季初期遇到一些麻烦。范加尔满怀他那特有的自信，他不会在现有合同期内撒手离开拜仁，而且他刚刚才与球队续约至2012年7月。虽然他依旧对再次执教一支国家队感兴趣，不过成功仍然是他的首要驱动力，他说："我想要赢得一些东西。如果没有来自一个合适的足球国度的邀请的话，我就不会这么做。而且，如果俱乐部愿意的话，我可能会继续留在拜仁慕尼黑。"

　　至于拜仁为何开局慢热，最初的诊断结果就是由世界杯后遗症以及短暂的季前准备造成的，阵容里一度只剩下15位健康的球员可供范加尔调遣。10月末前夕，在对阵弗莱堡的比赛中，他只好派出另外一套临时拼凑起来的阵容出战，他说："目前，我这么做已经有一段时间了，在某个时点，它就会开始奏效。常言道：熟能生巧。"边锋阿扬·罗本及弗兰克·里贝里都遭受了长期的伤病，而队长马克·范博梅尔、后卫迭戈·孔滕托以及布雷诺，同时还有中场球员大卫·阿拉巴也将继续缺阵。前锋米罗斯拉夫·克洛泽才刚刚伤愈，第二天立刻又因伤重返伤病名单之中。克洛泽的大腿伤势在训练中恶化，此后他只能在更长的时间里充当旁观者的角色。"对阵弗莱堡时，克洛泽真的非常想进入替补名单中。他参加了训练，可效果并不好，因为训练加重了他的大腿伤势，因此他至少会缺席两周。显然，我们步子迈得太快了。我犯了一个错误，这是我第一次听从球员的话。考虑到他已经到了32岁的年龄，你就会认为这位球员应该会更加了解他自己，但是球员其实总是想着上场比赛。"

罗本的伤情引人注目，并且矛盾重重。这位边锋在赛季上半程的全部比赛中都因伤缺阵，而且在他回归之前，拜仁实际上已经将联赛冠军拱手让给了多特蒙德。为了备战世界杯，荷兰队与匈牙利队踢了一场友谊赛。比赛中，罗本在完成了一次脚后跟触球后紧紧地抱住了自己的腿。迪克·范托恩是一位神奇的医生，他在世界杯开战前火速介入，向罗本和荷兰足协提供帮助。一般来讲，腿筋伤势的康复期需要4~6周时间，但是罗本在6月初就回归了，看样子范托恩只用了5天时间就解决了问题。这位78岁的老人简直是个英雄，因为他用时极短。直到罗本返回拜仁之前，事实确实如此，可在此之后，这家德国的俱乐部就声称这位来自荷兰的医生毁掉了罗本的腿筋。罗本不敢相信自己竟然在赛季开始就遭受了如此严重的伤病困扰，而拜仁队医穆勒·沃尔法特却请他务必相信这一事实。"我认为这是一个冷笑话，我感觉很好啊！我已经准备好去训练了，并拿着球鞋直直地站着。可后来我就被震惊了，完全是目瞪口呆。"罗本需要继续康复5个月。

拜仁正凭借一套被冠以"范加尔的残兵"称号的临时阵容备战另

一场欧冠比赛，就在这时，俱乐部公开向荷兰足协发难，并威胁称如果他们无法因罗本的受伤而得到一些补偿的话，他们就会将此事上告至法庭。"我们想要知道双方在月底之前是否能达成共识，"拜仁主席卡尔·海因茨·鲁梅尼格说道，"如果不行的话，这就会演变成一个法律问题。而如果最终要通过审判来解决此事的话，它就会产生跟博斯曼类似的影响。在竞技层面上，我们已经处于劣势，我们将在上赛季最佳球员缺席5个月的前提下参加各项赛事。"

经过几个月的争论，鲁梅尼格最终宣布："荷兰足协主席亨克·凯斯勒已就粗言相待穆勒·沃尔法特医生一事明确地进行了道歉。"拜仁同意与荷兰队在2012年5月22日踢一场友谊赛，用于补偿这家德国俱乐部因关键球员长期缺阵所蒙受的损失。"我们很高兴能解决此次争端，这对足球大家庭来说是一件好事，因为我们找出了一种既公平又满意的解决方案。"荷兰足协CEO伯特·范奥斯蒂文说，"我们双方都认定彼此无法通过普通对话达成协议，所以最好的方法就是解决双方的分歧，并找出一种双方都能接受的解决方案。我们最终做到了，我们对结果感到满意，而且我们也非常期待即将在慕尼黑上演的那场精彩绝伦的友谊赛。"

回到欧冠联赛中，范加尔目睹他的球队将胜利拱手让给罗马，从半场2∶0领先到全场2∶3落败。"我们踢出了一个伟大的上半场，并一度主宰了比赛，然而在那之后我们让罗马在下半场重新找回了比赛的感觉，这种事情简直让人难以置信。（罗马主教练）拉涅利将他的阵型从4-4-2转换成4-3-3，可这并不是问题所在。问题在于我们丢掉了太多的球权，因此给了罗马过多的机会。我们又一次把胜利抛给了别人，就像对阵门兴格拉德巴赫以及勒沃库森时一样，现在我们必须找出一种方法来阻止类似的事情再次发生。"在下半场被对手戏剧性地逆转，从某种程度上来说，已经成为拜仁这个多灾多难的赛季的标志。比赛计划看起来制订得毫无问题，直到球队在防守端遭到来自对方锋线的狂轰滥炸。通常，拜仁羸弱的防线都经受不住这种压力，最终只能缴械投降。

即便如此，范加尔对拜仁的前景依旧保持乐观，他说："虽然各种伤情令人担忧，可是本赛季到目前为止，这支四面楚歌的队伍已经非常出色地完成了既定目标。我们赢得了德国超级杯，我们在冠军联赛中也排名小组第一，而且我们仍有机会赢取德国杯，我们甚至依旧有机会争夺德甲冠军。现在我们所面临的唯一麻烦就是多特蒙德持续表现抢眼。我认为我们本赛季踢出的足球比上赛季更出色，我们的情况只会变得越来越好，甚至连阿扬·罗本也将再次从他的伤病中恢复过来。"

拜仁名誉主席弗朗茨·贝肯鲍尔并不赞同范加尔对现实的乐观看法，他说："他们犯了一些只会在幼儿园里才会犯的错误，他们这样的表现根本不足以争夺联赛冠军。"紧随其后的批评声来自拜仁体育主管克里斯蒂安·内林格尔，他告诫拜仁球迷"没必要再去想着冠军的事儿了"。前拜仁门将奥利弗·卡恩让范加尔别把俱乐部的警告当作耳边风，他说："你们都知道，范加尔是一个并不简单的人物。当一切进展顺利时，很多事情都是可以接受的，但是如果事情的进展受阻的话，那么某些行为举止就无法再被容忍了。而运气也正在与范加尔渐行渐远。我们不该忘记，拜仁一直以来都由成功的大牌教练执教——范加尔他并不是唯一的大牌。如果一家俱乐部在董事会和教练之间产生了冲突的话，就会产生事与愿违的效果。"

同样令范加尔感到心烦意乱的是他跟个别球员之间的糟糕关系。伤愈归队后，弗兰克·里贝里依旧与他纷争不断，而范加尔在对阵罗马的比赛结束后所做的评论表明他跟里贝里的关系正在进一步恶化。有人问范加尔他们两人之间的关系现在怎么样了，范加尔讽刺地回应道："我们在酒店里聊过天，并且一见钟情。"范加尔因此遭到了克里斯蒂安·内林格尔的训斥，他说："他有时会挑起事端，而你不应该总是将他的话当真。不过现在他并没有给我们留下最好的印象，我们必须致力改变这种状况。"

里贝里在对阵翁特哈兴的友谊赛中伤愈复出，可这只让范加尔对他的工作效率提出了批评："他一点儿也不努力，也没有彰显任何决心，这真让人感到惭愧。他们之中没有人有多努力，尤其是里贝里。他根本没有在场上制造一点儿混乱。"在媒体上读到自己教练的评价后，里贝里不为所动，他说："如果他当面跟我说这些话，情况可能会更好。我不能说自己和他之间有一种特殊的关系。我做我的工作，他做他的工作。我做到了自己力所能及的事，想尽一切办法来恢复健康，但是当教练一直说你坏话时、当他不断将你往下拽时，事情就变得困难起来了。我需要他的帮助、他的信任。我希望和他保持更多的联系，这样一来就会出现更多的相互欣赏。我必须能够与他展开对话，与他和睦共处。如果我无法那样做的话，那么我在球场上也不会有所建树。"

4个月之后，范加尔将会在赛季结束后离队的消息得到官方证实，之后里贝里立刻在拜仁6：0吊打汉堡的比赛中展现了帮助他挤进世界最高效边锋行列的全部技能。在和《法国足球》进行的一次坦诚对话中，这位神秘莫测的球员解释说他在范加尔手下踢球时一点儿也不快乐。"我会在场上感受到更多的乐趣（范加尔不在场的情况下）。"里贝里如是说。范加尔将于夏天从拜仁教练岗位上离职的消息得到了确认，在被问到这一消息是否刺激到了全队时，法国球星回应道："我想是的。"

范加尔回避了多方打来的要求在夏季补强球队的电话，包括球迷、前球队球员、媒体权威人士，甚至还包括拜仁董事会。他更倾向于跟球员们在一起工作，并提升他们的比赛水准，进而将他们的球风塑造成他所希望的那样。年轻门将托马斯·克拉夫特得到了他的支持，而在赛季开始阶段，迭戈·孔滕托曾被誉为"治愈左后卫顽疾"的解决方案。不过，最显著的信任还是投向了奥地利新星大卫·阿拉巴身上，在此之前，他因为受伤几乎就没怎么上过场。范加尔评论说："我们不需要萨米·赫迪拉，我们有大卫·阿拉巴。"但这并不是范加尔唯一失算的预言。由于范加尔在巴塞罗那时吃到了轮换的苦头，于是他决定用一套固定阵容取而代之。然而，缺乏健康以及缺乏实力强劲的后卫就意味着一连串的事情正在后面等待着他。

范加尔预测像托尼·克罗斯、布雷诺以及霍尔德·巴德斯图贝尔这样的球员会在该年度取得巨大的进步。巴德斯图贝尔，"不是左后卫而是中卫"，成了一名出勤率最高的中卫，有趣的是，紧随其后的就是阿纳托利·季莫什丘克——这位教练从来没有跟这名球员翻过脸。与之相反的是布雷诺，他遭受了伤病，并在输给沙尔克04的比赛中被劳尔残忍地完爆。与此同时，克罗斯在被租借到勒沃库森的日子里也无法找回状态，不过他在那里用几粒惊天轰雷般的远射照亮了整个德甲。徒增困惑的是，他曾出任过场上多个位置，包括作为两名控制型中场的其中一员。

赛季中另一个低落的时刻就是马克·范博梅尔以戏剧性的方式离开了俱乐部，而且他还透露说他甚至没能和自己的教练说一声再见。"我们握了握手，仅此而已。"范博梅尔在谈到跟范加尔道别的场景时这样说道。虽然范博梅尔在球队中扮演着重要的角色，但他仍旧被允许在冬歇期转会至AC米兰。据传，范加尔打算将球队队长的出场顺序排到托尼·克罗斯以及1月新援路易斯·古斯塔沃之后，但是鲁梅尼格坦言拜仁高层并不情愿看到范博梅尔的离开。与此同时，范博梅尔也毫不掩饰地说范加尔才是他离开拜仁的真正原因："所有人都知道这是怎么回事，我并不认为我需要去批评教练。事实上我根本不想离开，但这是一个竞技层面的决定。我跟俱乐部之间没有任何问题。"在他离开之际，范博梅尔感谢了拜仁的所有人，从草坪维护工人到主席——但他跟范加尔一句话也没说。

虽然范博梅尔离开了，但是拜仁看上去一直在进步。1月底，当拜仁在客场以3∶1的比分擒下云达不来梅后，各界对范加尔都赞誉有加。"这归功于全队，我们现在仍处于冠军联赛中，而那就是我们想要的。我们再次打入3球，简直令人难以置信。"事实上，拜仁已经在连续6场比赛中狂入24球，各项赛事的赛季总进球数攀升至74粒——比任何一家德甲俱乐部都多。这3分同样见证了拜仁攀升至积分榜第三的位置，这是他们整个赛季以来第一次进入到欧冠资格区。因此，鲁梅尼格再一次维护了这位饱受争议的教练："他正是我们想要的。我们无法责备他，我们信任他。他是一个不可能一直保持风趣的家伙，也不好相处。他极度诚实率直的性格会引发一些摩擦，但他是一位优秀的足球老师与教练。"

跟往常一样，并不是所有人都同意这个观点。前拜仁前锋卢卡·托尼告诉德国《体育画报》杂志说范加尔曾向拜仁的超级球星们证明过自己是一个真正的男人，敢于放弃任何一名球员——以及放弃他的裤子，当时在现场的球员包括荷兰人阿扬·罗本、德国的菲利普·拉姆及巴斯蒂安·施魏因施泰格。"以前我从来没有见过像他这样的人，"他回忆说，"我记得他有一次另辟蹊径地让大家明白了他根本不害怕弃用任何所谓大牌，他是一名疯狂的教练，根本不知道该如何对待自己的球员。像他和菲利克斯·马加特之类的家伙是来自另外一代人的教练，他们根本无法有效应对当代球员的表现方式。现代球员想要跟他们的教练展开交流，但你跟范加尔是不可能这么做的，所有的事都是按照他想要的方式在进行着。"拜仁做客科隆的比赛中，这件事仍旧没有被人遗忘。比赛中，科隆球迷多次呼吁范加尔脱掉他的裤子。拜仁挥霍掉了2：0的优势，最终2：3落败。德国各大报纸的头条这样写道："范加尔又输掉了他的裤子。"

几周以后，拜仁又吃了另一场败仗，这一次他们被德甲领头羊多特蒙德以3：1的比分击溃，范加尔的球队在本场比赛中形同梦游。多特蒙德的构建趋于完美，拜仁的中场完全被压制了。努里·沙欣奉献了一场出色的比赛，他让对面与他相同号码的巴斯蒂安·施魏因施泰格整场都游离于场外，而马塞尔·施梅尔策、斯文·本德以及凯文·格罗斯克罗伊茨的三人组合让拜仁的飞翼阿扬·罗本成了一个多余的人。这场比赛跟去年欧冠决赛输给国米那场比赛极为相似。面对多特蒙德后场准确的位置转移，拜仁惊人的控球率（64%）显得毫无意义。《南德意志报》的体育编辑克劳斯·霍伊岑贝因精辟地总结道："拜仁就像漂浮在一片黄黑海洋之中的朽木。"将失利归罪于个体所犯的错误是不正确的，可范加尔恰恰就这么做了，他认为："像（多特蒙德主帅尤尔根）克洛普所呈现出来的那种整体型体系考虑到了球员会犯错的事实，并且包含了补救的措施。范加尔那种纯粹的进攻模式英勇无惧，富有吸引力，但同时也非常危险，有时还很天真，因为它并没有对对手的实力给予足够的关注。"这场胜利是如此具有说服力，如此具有决定性，以至于拜仁的官员们和球员们已经提前10周开始列队祝贺客队夺冠了。

痛苦一点点地积累。在他们的下一场比赛中，拜仁20年来首次在德国杯上主场落败，1球小负半决赛对手沙尔克04。"球队无比失望，因为我们今天错过了一次进入决赛的机会。如果拜仁既没有获得联赛冠军也没有获得杯赛冠军，那这个赛季就算得上是一个可悲的赛季。"这援引自拜仁队长菲利普·拉姆在俱乐部官网上所说的话。上个赛季获得联赛和杯赛"双冠王"的拜仁，现在已经在杯赛中被淘汰出局，而在联赛还剩10场的情况下落后多特蒙德16分。虽然内林格尔声称范加尔的帅位目前并不在探讨的范畴之内，可范加尔他自己却十分明白目前的状况，因为要求"范加尔滚出"的标语已经出现在了安联球场中。"我知道，当你输掉两场重要的比赛之后，那种问题就会被问到，世道本来就是这样的。我只会继续自己的工作，并尽自己最大的可能，剩下的就交给董事会来决定吧。"

下一场联赛对阵汉诺威96，一场失利，甚至是一场平局，都可能会让拜仁参加下赛季欧冠联赛这一最低期望成为泡影。一种让人感到陌生的冷静口吻，一种几乎称得上是辞职请愿的口吻，出现在了这位向来气派、自信的教练口中："我知道一家顶级俱乐部是如何处理这些事的，解雇罢了。我并没有经常被解雇，我会在我的那些俱乐部里待上很长一段时间，因此我很自豪也很开心能为拜仁工作。如果我们获胜，那么我们就会排名第三，而且依然能够达成我们的目标，世界也会再次对我们刮目相看。如果没有获胜，我只有对这儿的同事们说声抱歉，因为不管怎么说，我在这里的生涯就要到头了。"看起来范加尔对自己可能丢掉工作的前景并不感到担心，他还声称"一直接到其他俱乐部打来的电话"。而且他还忍不住诉诸他最喜欢的修辞手法，以第三人称的形式谈论自己："炒掉范加尔可不是一件容易的事情。谁来接替他？这个问题很难找到答案。"

不可思议的事情发生了：拜仁1：3负于汉诺威96，拜仁10多年以来首次遭遇三连败。范加尔所说的"我们全都感到非常失望"或许是一种轻描淡写的托词。"我们今天踢球的方式绝对处于本赛季的最低点，"鲁梅尼格之后如此说道，"我饱受其苦——对此我绝不保密。我们当前处在一个对拜仁来说情况堪忧的位置，我们需要先好好睡一晚再考虑如何取得进步。"这场失利使得他们跌到了积分榜第五的位置。面对这样一种运营状况，拜仁队内没有哪名管理者值得原谅，尤其是范加尔。"如果欧冠资格岌岌可危的话，我就会紧张起来。我们必须付诸行动，而不是靠嘴来解决问题。"这是俱乐部主席霍内斯在走出球场时唯一能说出口的话。欧洲顶级俱乐部之间竞争的参赛资格是至关重要的，而且这还不仅仅是出于财政方面的考虑。慕尼黑的安联球场是指定的决赛场地，比赛将于2012年5月打响，因此董事会绝对不能接受拜仁无法参赛的事实。在被问到这是否是他职业生涯里最困难的时期时，范加尔说："不，在巴塞罗那的第二段时光才是最困难的。"

赛季刚开始时，范加尔的账户中有大量的信用贷款。3月之前，金库看样子已经空空如也了，而媒体也明白了最终的结局。"上个赛季，拜仁和路易斯·范加尔就好比在天堂举办了一场婚礼一般，可是现在你能感受到，离婚的日子马上就要到来了。"德甲评论员保罗·查普曼告诉《德国之声》说，"上赛季，他肆意摆弄着球队，可他将一切都带上了正轨。本赛季，他实在太固执，完全按自己的方式来做事，然而很多事情其实都做错了。"《法兰克福汇报》总结了他的罪责："范加尔犯了教条主义的错误，他从来没有一个B计划……既然有关拜仁本赛季劣势（世界杯带来的疲劳、阿扬·罗本的受伤）的解释已经不再有效，他自然就成了批评的焦点。他为什么拒绝在夏季引进防守球员？为什么场上位置转换一成不变？为什么他对演练定位球防守不感兴趣？"场上位置转换尤其彰显了范加尔的不确定性：在前几周的时间里，范加尔将球员在场上挪来挪去，就好像在摆弄棋盘上的兵卒一般，数位球员都在自己不擅长的位置上踢球，古斯塔沃并不是唯一在同一场比赛里踢过三个不同位置的球员。

批评者表示，三大因素致使拜仁的比赛很容易被对手摸透：范加尔不情愿演练防守、他对边锋阿扬·罗本和弗兰克·里贝里的依赖、他对控球的执着。没有"罗贝里"在场时，拜仁的进攻就会变得"迟钝、无力以及可以预见"，有一位批评者这样说道。多特蒙德、沙尔克04以及汉诺威96帮忙曝光了拜仁那条羸弱防线的弱点，在范加尔治下，这条防线经常洗牌重组，而且在防守定位球时也是不堪一击。尽管丹尼尔·范比滕和马丁·德米凯利斯拥有健壮的身躯以及野蛮的力量，可是他们两人却缺乏球商。面对较弱的对手时，这两人或许还能压倒对方前锋，但是当他们首发迎战诡计多端的教练以及聪明机敏的前锋时，他们的短板就会被无情地暴露出来。

与汉诺威96的比赛结束后第二天，拜仁董事会召开紧急会议，主要议题和路易斯·范加尔的未来有关。拜仁主席乌利·霍内斯、执行主席卡尔·海因茨·鲁梅尼格、首席财务官卡尔·霍普夫纳以及体育主管克里斯蒂安·内林格尔进行了长达5个半小时的会议，尝试着找出能解决俱乐部目前所遭遇难题的方案。所有短期和长期的方法都被讨论了，但也都被抛弃了，因为要么不切实际，要么不符合需求。他们能提出的最好办法就是那句经典的"Keep calm and carry on"。第二天，球队宣布范加尔将会留任到本赛季结束之时。"他肯定犯了错，"拜仁标志性人物弗朗茨·贝肯鲍尔说道，"但他同时也展现出他是一名伟大的教练。跟任何紧急解决方案相比，我更倾向于他。"俱乐部不愿就地炒掉球队主帅，因为跟国米的欧冠比赛即将来临，然而大多数德国评论家好像都认定范加尔留任的唯一原因就是俱乐部无法在短期内找到一位新主帅。拜仁网站的官方声明称范加尔的合同已经终止了，理由是"与俱乐部的战略方向意见相左"，但是"战略方向"到底是什么，至今仍是一个谜。多年以来，人们都认为拜仁缺乏一种特点。范加尔成功地给他们带来了一个特点，可他现在被无情地抛弃了，而且只是因为意见不合。

巴斯蒂安·施魏因施泰格作为球员的代表发言，他说："我们所有人都想在剩下几周的时间里获得成功，从而给（范加尔）一个体面的送别。上个赛季，我们的踢球方式为我们赢得了很多奖项，他配得上这一切。我们最近没能取得满意的结果，这让人感到难过，而我们现在必须加倍努力，因为我们需要抢分。我认为这很遗憾（他的离队），因为我觉得他很适合拜仁。我们会尽自己最大的努力去赢得周六比赛的胜利，没有人想踢欧罗巴联赛。"巴德斯图贝尔暗示正是范加尔的决定才使得他能从拜仁二队晋升到一队，他说："我欠范加尔很多东西。没有他的话，我就不可能进国家队。"尽管如此，巴德斯图贝尔还是声称这位教练没能和球员之间建立密切的联系，他还表示范加尔之所以会在安联球场走到尽头，从一定程度上来说就是因为他的首发11人永远变幻莫测。"他没有激励过我们，也不会鼓舞我们的信心。如果你改变过多，那么结果只会是徒劳无益，也不会增进互信，尤其是在防守端。"

拜仁的连败纪录终止了，他们在下一场比赛中6：0战胜汉堡。即便如此，依旧有大约100名愤怒的拜仁球迷与大约300名警察在赛后发生了冲突。支持者们吟唱着"执行委员会滚出！"以及"我们要见执行委员会！"，而警察仅仅为了预防暴乱就制止了他们的行为。此次事件余波平息后，以鲁梅尼格为首的俱乐部执行委员会与一群球迷代表举行了会晤，聆听他们所关心的事情。

拿下汉堡让范加尔精神大振，这是可以理解的，因为他们接下来就将迎来下一场比赛：欧冠16强主场迎战卫冕冠军国际米兰。俱乐部正处于完美的状态之中，他们将为去年决赛失利而复仇：在意大利进行的第一回合比赛中，凭借马里奥·戈麦斯在比赛尾声的绝杀入球，拜仁以1：0的比分全身而退。范加尔经常批评戈麦斯，说他缺乏终结能力，不过这位说话温柔的西班牙移民后裔最终从一定程度上回报了拜仁给予他的信任。这位教练坚称他对戈麦斯的批评被德国媒体曲解了，他说："这件事存在着误会。我一直以来都尽可能地选择最好的队伍出战。请相信我，马里奥本赛季的表现比上赛季好得多。"赛季初期，当利物浦表达了租借戈麦斯的兴趣后，鲁梅尼格驳回了范加尔的决定，从而让这位前锋留在了慕尼黑。"我永远信任他，"主席霍内斯赞成道，"我们等了很长的时间才终于看到他为拜仁奉献出这种水平的表现，考虑让他离队是毫无意义的一件事。"

然而，另一粒在比赛行将结束之际打入的进球，帮助国际米兰在第二回合的比赛中3：2险胜对手，这使得卫冕冠军凭借客场进球优势昂首挺进1/4决赛。这对拜仁来讲是很难接受的一件事，因为球队曾一度以3：1的总比分领先，而且还浪费了两次足以扼杀悬念的破门良机。范加尔再次对球队发飙了："我们本赛季已经有四五次将到手的胜利拱手相让了，而今天我们又这么做了。"后来，国米在1/4决赛中输给了沙尔克04，这就像继续往拜仁的伤口上撒盐一般，德甲排名第十的球队，竟然以5：2的总比分碾压了国米。

对范加尔的批评之声纷至沓来。克拉克·威特尼为Goal.com写了一篇严厉指责范加尔管理方式的文章，标题为《现在就滚，路易斯·范加尔——你已无法给拜仁带来更多的伤害》。文章写道："要完成总分3：1的逆转难于上青天，尤其是在比赛开打以后，而且还是在最后30分钟的时间里。从拜仁的角度来看，本次输球是多年难遇的失败，而且这场失败是完全可以避免的。任何一支具有国际水准的球队都应该有能力在自己的主场守住1：0的领先优势，历史早已证明了这一点。但是在周二，路易斯·范加尔成了欧冠历史上第二位首回合客场赢球却最终惨遭淘汰的教练……"

"出现这种结果归根结底还是因为范加尔过于自我，这样一种性格使得他两次被赶出巴塞罗那，也毁了他的重返阿贾克斯之路。去年的决赛已经暴露了明显的缺陷，然而他却拒绝在夏季和1月份引入新的中卫……他在训练中一如既往地无视防守，因此，他的球队在防守中施展的技巧仅比位于低级别联赛积分榜中游的球队好一点点。范加尔选择性地忽视了他这支球队的最大短板。而在周二这一天，他的拜仁得到了应有的惩罚。"

路易斯·范加尔在拜仁的任期戛然而止，而且名誉扫地。虽然高层的原计划是让他在赛季结束后卸任，然而客场1∶1闷平纽伦堡的比赛给他在这里的命运盖棺论定。赛后，拜仁董事会举行了另一场紧急会议，大家一致决定立刻撤换掉他。俱乐部官网发出的声明称做出这项决定完全是为了维护"俱乐部整体的利益"。声明还补充说这场平局意味着球队又滑落到了德甲第四的位置，"这加大了俱乐部无法实现赛季最低目标的风险，即获得欧洲冠军联赛的参赛资格。"为了实现这一目标，拜仁需要攀升至第二以便获得直接晋级的名额，或者以第三的名次结束赛季，从而能够进入到欧冠资格赛中。鲁梅尼格说，对于做出解雇范加尔的这个决定，拜仁已经考虑好几周了："我们确实采纳了一个短期的决定，但是结果并不能让人感到满意——我必须把这件事理顺——用几周的时间。在最后一天，俱乐部有责任做出一切，从而保证我们能够排到第三的位置。至于这个决定，我们确实别无选择。"安德雷斯·永克尔被任命为临时主帅，直到赛季结束为止。

范加尔其中一项富有争议的举动就是拿下老门将汉斯-约尔格·布特并起用年轻门将托马斯·克拉夫特，正是这一行为使得他的雇主疏远了他。克拉夫特的失误导致纽伦堡打入扳平比分的进球——自从他被提拔起来后，这已经不是第一次了。这位年轻门将在解围时，或许并未意识到他的教练的工作以及他自己的位置都已经命悬一线。他没能成功解围，纽伦堡趁机破门，拜仁的高层们认为他们已经彻底受够了。霍内斯称范加尔对拜仁门将位置做出的决策就是导致他离职的原因："崩盘始于在门线上做出用托马斯·克拉夫特顶替汉斯-约尔格的这个决定，这导致了整条后防线都不得安宁。董事会一次又一次地建议路易斯·范加尔不要这么做，可他依旧我行我素。他没有从这件事上汲取任何教训。成功是一回事，乐趣是另一回事，但是俱乐部已经有很长时间没有体会到乐趣了，我们（董事会）没有，球员也没有。而且球员支持他的说法也是子虚乌有。现在问题已经摆在了面前，其实这本来是完全没有必要的，可是它们已经将俱乐部撕得粉碎。路易斯·范加尔应该思考一下他到底做了些什么。"

弗朗茨·贝肯鲍尔是一个说话更加和气的人，他的评价显得温和一些："范加尔的离队是不可避免的。不幸的是，虽然我们之前明确表示他将在夏季离任，可我们现在已经无法继续让他执教到赛季结束了。事情本来是可以按照我们所有人的意愿发展的。当你做出和你的教练说再见的决定后，你就应该立刻与其分手。范加尔在拜仁的任期居然会以这样一种方式结束，对此我感到失望。他为俱乐部做了很多。他带领拜仁赢得了'双冠王'，而且也杀入了欧冠决赛。他将托马斯·穆勒以及巴德斯图贝尔这些年轻球员培养成了他们现在的样子。"

从表面上看，用范加尔的前任助教安德雷斯·永克尔顶替他带队完成赛季最后5场比赛并没有什么意义。但是这样做是非常有必要的，它为球队在门线上重新起用布特扫清了障碍，而且避免了罗本所描述的"恐怖情景"的出现——在下赛季中征战欧罗巴联赛。对慕尼黑来说，不幸的是罗本能够给球队提供的帮助有限，他在对阵纽伦堡的比赛中因羞辱裁判而吃到了一张红牌，他说："我当时确实疯了。我对球队以及我们的表现感到失望，我本来应该让自己和队友一起走回更衣室的，而不是在场上被裁判罚下去。这样做并不能给球迷和小朋友们树立榜样，我会承担全部责任。"

作为德国足坛最成功的球队，它到底是哪里做错了，才走到如此可怕的地步？对于这个赛季出现的螺旋式下滑，到底有多大程度应该归罪于那些超出范加尔控制范围的因素？而又有哪些是他可以避免的？拜仁在战役刚打响时制造了灾难般的开局，而且球队显然需要在边路注入一些天赋和信念。上个赛季，阿扬·罗本及弗兰克·里贝里在边路联袂打入现象级一般的30球，此外还有总共18次的助攻。在这些进球之中，罗本打入23球，这使得这位前皇家马德里球员被评选为德国年度最佳球员，他仅仅是第四位获此殊荣的非德国籍球员。2010—2011赛季则完全不同了，罗本和里贝里双双在战役的上半程中因伤缺阵。9场比赛过后，拜仁仅仅打入8粒联赛入球——总进球数在整个德甲排名垫底。

随后，两人伤愈归队，球队的表现也大幅提升，这并不让人感到意外。2月中旬，罗本与里贝里联袂出战帮助拜仁在安联球场4：0击败霍芬海姆，拜仁也因此攀升至德甲第三的位置，此役罗本也上演了梅开二度的好戏。"罗贝里"将霍芬海姆撕得粉碎，而范加尔也坚称这对组合就是拜仁要找的答案，就像梅西之于阿根廷以及哈维之于西班牙一般。

"有罗本和里贝里在场时，我们就会创造力十足，"他透露道，"他们对拜仁的重要性是人们难以想象的，就像梅西、哈维之于巴塞罗那或者罗纳尔多、（梅苏特）厄齐尔之于皇家马德里。为了让两人双双伤愈并同时出场比赛，我们整整等了6个月。"这场"等待"当然属于困境的一部分。即便如此，这两人的技术以及花哨的动作却并不足以维系拜仁向上攀登的脚步，因为其他地方的裂痕又显现了出来。新出现的问题跟范加尔激励球员的能力有关。只提两个人吧，菲利普·拉姆及巴斯蒂安·施魏因施泰格，他们俩在整个赛季中都远远没有达到自己的最佳状态。

有一些人声称自从范加尔和俱乐部主席霍内斯之间产生了裂痕之后，他离开安联球场就成了板上钉钉的事情。赛季初，在经历了失望的开局后不久，"拜仁先生"就针对范加尔发表了一通措辞激烈的讲话，他说这位教练听不进去任何建议。这位俱乐部主席直言不讳地指出这位教练很难沟通，而且还唱着"独角戏"——或许他在描绘中选择了奇怪的词汇，这可是一位在短期内带领俱乐部获得巨大成就的战术大师，而且他当时还正尝试着将这支人员不整的队伍带回正轨。范加尔回应说："我的主席居然会那样说我，对此我感到失望，非常失望。我一直认为交流是我的强项之一。"虽然官方已经声明这场争端得到了解决，但是有传闻称这两人的关系一直没能破冰。

有关拜仁防守缺陷的问题已经说了很多，好像每名后卫都表现不佳。马克·范博梅尔在1月份转会米兰后，拜仁的后场看上去更加不堪一击。这位防守型中场离开俱乐部之后的6场比赛，拜仁总共让对手打进11粒入球。在丢球方面，这支球队排在联赛中游的位置。范博梅尔或许不会成为所有人都喜欢的球员，但是他确实有能力为任何一条防线提供一道颇受欢迎的屏障，这一点是没有人会怀疑的。俱乐部球迷呼吁找到一位足以胜任的替代者，但最终并未如愿：安德烈斯·奥特尔不具备范博梅尔那样的实力，而花大价钱买来的路易斯·古斯塔沃却发现自己被安排在了左后卫的位置上，而非他原本踢的防守型中场的位置。

范加尔决定不去补强关键区域，这让人感到费解。拜仁的风格尤其依赖于它的边锋，而当他们错过赛季大部分比赛时，慕尼黑找不到适当的替代者。而范加尔呢，他本来也可以使用一位顶级后卫。钱根本不是问题，那范加尔为何不要求他的老板们放松银根呢？部分原因是他忠实于两位由他带到俱乐部中的球员：埃德森·布拉费德及达尼耶尔·普拉尼奇。然而，两人都没能回报范加尔的信任。布拉费德在秋季跟教练发生了争吵，随后就被送去了霍芬海姆，而普拉尼奇充其量也就是处于平均水平上。

范加尔决定不涉足转会市场的另一个原因就是上个赛季所呈现出来的一个趋势让他自我感觉良好：他很乐意拿年轻球员来冒险。随着拜仁争夺德甲冠军的希望在1月份就已经变得渺茫起来，范加尔决定从中期角度进行规划，即让老将马克·范博梅尔和马丁·德米凯利斯离队。他在门将位置上扶正托马斯·克拉夫特，并让汉斯-约尔格·布特回到板凳席也是这项策略中的一部分。尤其是在2011—2012赛季冠军联赛开打之前，这种方式看起来可以算作一项合理的战略，因为它向年轻球员开放了更多的上场时间。可是局势却急转直下，最终产生了事与愿违的可怕后果。两个由年轻人犯下的错误注定了慕尼黑无法在对阵汉诺威96那场生死攸关的比赛中完成自我救赎——21岁的后卫拿到一张红牌，22岁的门将做出了一次拙劣的扑救。这些被选中的年轻选手，跟上个赛季表现突出的穆勒及巴德斯图贝尔形成了鲜明的对比。

根据德国媒体的报道，范加尔对待老将的方式使得包括里贝里、罗本在内的诸多关键球员开始反抗起他来。在慕尼黑，没人会再从中期的角度进行考虑了。球队现在只能集中全部能量获取欧冠参赛资格，而不是像拜仁巨头们希望的那样备战欧冠联赛，因为欧冠的战役将会在他们自己的球场中落下帷幕。

　　早前，范加尔告知媒体说他打算在离开拜仁之后远离足球一年的时间，他说："我计划从夏天开始给自己放一年的假。我不能继续在这儿工作了，这让人沮丧，但是我的离去或许对俱乐部更为有利。我之所以来拜仁是因为它是一家顶级俱乐部。我热爱这里的文化、这里的球迷，他们也爱我。这就是我对自己不能继续待在这里感到难过的原因。"第一回合比赛，球队在意大利1∶0战胜国米，范加尔手握着本赛季重塑尊严的最后一次机会，他说："我想要满怀骄傲地离开俱乐部。我希望我能从前门走出去，因为我们现在正在谈论的事关乎我的荣誉。"对范加尔来说，不太幸运的是，他的愿望并没有实现。

第 20 章　阿贾克斯二重奏——约翰·克鲁伊夫与路易斯·范加尔

这座小镇不够大，容不下我们俩。

——燥山姆在《兔八哥续集》中这样对兔八哥说道。

耻辱性地结束了在拜仁的任期之后，路易斯·范加尔说他已经准备好休假了。这赋闲的一年会定期地被媒体的报道所打乱，报道说有些俱乐部接触过他，并迫切地想要和他签约，这些事至少让范加尔的家庭变得不安起来。有报道称尤文图斯、莫斯科斯巴达克、维特斯、费耶诺德、汉堡以及皇家马洛卡都已经询问过他的意向，而且阿根廷国家队新任主帅候选人名单中也出现了范加尔的名字。然而，看样子范加尔对赋闲在家的日子感到非常满意，也享受着作为旁观者的生活。后来在2011年9月，他自由的生活被一件有趣的事情给打破了，此次事件牵涉到范加尔长久以来的对手——约翰·克鲁伊夫。

克鲁伊夫是那支无敌阿贾克斯的象征，大约一年以前，他在自己成长的这家俱乐部中开启了一个转折点。2010年9月，他在《荷兰电讯报》的专栏里尖锐地抨击了阿贾克斯当前的形势。球队在对阵强大的皇家马德里以及弱小的威廉二世的比赛中均表现得没精打采，在此之后，克鲁伊夫在这样一则头条下表达了自己的失望之情——《这不再是阿贾克斯》："这支阿贾克斯比里纳斯·米歇尔斯1965年入主时的那支球队还差。灾难无处不在——财政、培训、球探、买人以及足球。"他认为任人唯亲正在俱乐部中大行其道，并建议阿贾克斯高层必须全部退出以后，球队才会变得更好。这支负债高达2270万欧元的球队，急需一个新的开始。

救世主回来了。克鲁伊夫被邀请到一个讨论组中，目的是为球队的转变提出一些想法。克鲁伊夫从来不是一个羞于表达自己观点的人，尤其是和他足球母队有关的事情。所以，当权者与其让他在外面作为旁观者发声，还不如让他在四面树立着隔音墙的会议室里安全地讲话。克鲁伊夫和他的同僚弗兰克·德波尔及丹尼斯·博格坎普提出了一项计划，计划包括和俱乐部人事聘用以及解雇相关的事宜。举例说，他们认为技术总监丹尼·布林德应该走人。事实上，他的这个岗位都应该被撤掉。董事会成员乌里·科罗内尔对这种新式管理风格表达了自己的不满："高压手段"以及"独裁"是他给这种方式取的较为友善的绰号，因为克鲁伊夫试图让整个董事会都按照他的方式来看待问题。董事会营造的阻力干扰了克鲁伊夫，于是他要求董事会就地解散，而它也确实被推翻了。

主教练马丁·约尔被弗兰克·德波尔取代，之后他带领阿贾克斯自2004年以来首次问鼎荷甲冠军。一队的情况得到好转之后，克鲁伊夫就将主要的关注点投到了曾经极具传奇色彩的青训营之中。他引入了一种新的发展模式，由维姆·琼克及丹尼斯·博格坎普予以执行，这两人都被任命为夏季青训营的主管。克鲁伊夫在监事会中占得一席之地，其他成员包括埃德加·戴维斯、保罗·罗默、马里安·奥尔弗斯以及主席史蒂文·坦恩·哈韦，这样做的意义在于制造一种平衡的混搭：两位前俱乐部球员、一位媒体专家、一位体育律师以及一位管理顾问。首席行政官里克·范登博格被解雇了。就在克鲁伊夫着手招募一位新的主管以便监督他的计划的执行情况时，一系列问题发生了。

古斯·希丁克被吹捧为一个潜在的候选人，但是他概括性地表明了自己宁愿远离阿姆斯特丹竞技场这个巨坑的原因："我看到了俱乐部的组织模型，阿贾克斯所拥有的委员会、理事会以及顾问团的数量让我感到震惊。我每周都会跟一帮老朋友参加一些体育活动，他们都跟这家俱乐部有关，在他们身上，我目睹了同样的模式。他们从来不同意别人的意见；事情总是在不同的情景、猜疑以及古老纷争之中运行。他们称这个职位是一个巨大的挑战，但是我已经65岁了，我想在自己剩余的日子里享受宁静的生活。"

球场上，阿贾克斯一直受益于阿姆斯特丹特有的那种"目空一切"的态度。这种雷打不动的自信帮助阿贾克斯成为世界上成功的球队之一，而且也成为荷兰国内支持率最高的球队。然而在球场外，这种傲慢的直言直语可能招致祸患。有一大批前阿贾克斯球员以及球员的经纪人，都不只满足于对着摆在面前的麦克风发表观点。从某种程度上说，约翰·克鲁伊夫和路易斯·范加尔就是那种吓唬别人"不要在回答问题时说不"的模范式人物。

克鲁伊夫建议让前球队边锋林球立来出任这个角色。林球立看上去是个没多大希望的候选人，克鲁伊夫在董事会中的同人们很快就指出了其中的原因——他缺乏管理经验，而且已经有20多年没有从事足球行业了。林球立之所以受到克鲁伊夫的特别关注，部分原因是这位前国家队边锋有着跟他相同的严肃处事做派。林球立出名的原因之一就是他是少数几个敢于反抗克鲁伊夫的人。他在维基百科页面上的"生活琐事"部分就包含着这样一小段经典事例："当克鲁伊夫不断地评论着他的台球技术时，据说林当时回应道：'如果你再不闭嘴，这根球杆就会被塞进你的屁眼里！'"随着候选人的遴选工作继续开展，全部5名董事好像都同意将马尔科·范巴斯滕列为可行的候选者，但是对他的任命最终还是流产了，因为克鲁伊夫坚持要设立一些附加条件，其中就包括设立由林球立和马尔滕·方丹共同组成的顾问委员会，而这限制了范巴斯滕的自由。谈判是不可能的。克鲁伊夫执迷不悟，他说："如果我想要任命一个顾问委员会的话，我就一定会那么做。"

阿贾克斯董事会等待着克鲁伊夫的下一个建议，但这永远都没有出现。

阿贾克斯自从7月起就没有了首席执行官，这个状况延续到11月之前——对于一家在阿姆斯特丹证券交易所上市的企业来说，这是极为罕见的。监事会必须采取行动了。他们提出来的那个名字是从阿贾克斯自己的帽子里蹦出来的：路易斯·范加尔。他当时没有工作，而且也不惧怕这项挑战。

在被邀请去担任总经理之前不久，范加尔还曾被阿尔克马尔邀请去观看他们客场挑战阿贾克斯的比赛。在竞技场中，许多人都与这位前阿贾克斯英雄促膝长谈，他说："雇员、会员委员会中的成员、名誉会员……他们全都谈到了目前的混乱与动荡，并说现在是时候让我回来帮助俱乐部了。克鲁伊夫当时是阿贾克斯监事会成员，其实我完全不知道当时正在发生着什么，但我仍旧说自己已经准备好跟监事会展开对话了。董事会也告诉了我同样的事情：球队现在的工作没有管理、没有沟通、没有组织，也没有合作。我告诉监事会说，只要一提到范加尔这个名字，克鲁伊夫绝对会用尽一切手段来阻止这件事情的发生。"

为了任命范加尔，阿贾克斯高层决定召开一次没有克鲁伊夫在场的董事会议。其他成员都知道他绝对不会同意对范加尔的任命，而且还会立刻把这个提议泄露给他的朋友亚普·德赫罗特，此人乃《荷兰电讯报》的体育编辑，克鲁伊夫相信他可以动员自己的拥趸拒绝接受这项提议。恰好当克鲁伊夫在巴塞罗那为自己的女儿香塔尔庆生时，会议召开了。范加尔的名字根本没有提上议程，上面只有过往那些无关痛痒的议题："寻找新的主管"，从新一届监事会第一次聚首开始，这就一直是会议上的讨论点。阿贾克斯董事会在克鲁伊夫不知情的前提下聘用了范加尔——这个诡计最终导致阿贾克斯高层主要领导人之间爆发了令人作呕的争吵。

为了缓解克鲁伊夫与其他4名监事会成员之间的紧张关系，一个"和解委员会"于10月30日应运而生。科耶·莫利纳尔是该委员会的成员之一，他认为任命范加尔的行为就好比从克鲁伊夫背后砍了他一斧头一般。莫利纳尔费了很多功夫来帮助争吵的与会者们缓和紧张的局势。有传言说董事会已经准备好彻底平息克鲁伊夫的反对声了，而他却迅速澄清了此事："我们很高兴克鲁伊夫能待在阿贾克斯。坊间流传着一些故事，说我们已经要求他离开监事会，然后成为一名顾问，这是不真实的。约翰他自己会决定或指出他想要做什么。"

阿贾克斯董事会主席坦恩·哈韦坚持认为一切行动都要为俱乐部的最大利益考虑，他说："阿贾克斯不能再容忍球队以这种方式运行下去了，这里从来没为克鲁伊夫创造过任何特殊的位置。他是一个非凡的人，但同时也是董事会成员。我们给了约翰机会，4个月，不能再长了。在这段时间里，克鲁伊夫只提议过一个候选人：林球立。我们并不认为他是一个合适的候选人。我们在阿贾克斯遭遇了危机，因此必须要采取一些措施。在这种情况下，这件事就只和'路易斯·范加尔进驻'有关，而和'克鲁伊夫滚出'没有多少关联。此时此刻，对阿贾克斯而言，范加尔比克鲁伊夫更加重要。"

而克鲁伊夫呢，说得委婉一点儿，是不太高兴。"我不知道应该说些什么。首先，我不知道任何事，任何事，真的。我认为自己正走在正确的道路上，可是这事件突然就发生了。从法律上讲，他们全都知道它是如何运作的，不过很显然，这糟糕透顶。一直到周二下午，我都还在阿姆斯特丹，在那之后我才回到巴塞罗那。非常凑巧的是，第二天董事会就召开了会议。显然，我不可能待在那里。大股东现在必须为将来会发生什么做出决策，而那位大股东就是阿贾克斯自己。我也很想知道所有的教练都是怎么想的。事实很清楚，很多人都被欺骗了，包括我在内。"他认为对范加尔的任命不符合他的改革议程。"有一项计划在3月份就递交给了俱乐部，而且我们得到了执行这项计划的许可，可现在它又被搁置了，这是不可接受的。现在的教练是前阿贾克斯球员，由他来带领阿贾克斯，这应该成为一个新时代的起点。"

埃德加·戴维斯是努力将范加尔带回阿贾克斯的带头人之一。不出所料，他遭到了克鲁伊夫的猛烈抨击。维姆·琼克正在辅导这位前球队中场如何做一名青训教练，而且他采用的是一种忠于克鲁伊夫的风格。"所以说，戴维斯想要根据我的原则来学习如何做一名教练，而且还得到了琼克的帮助，但同时他又签下了另外一位我不支持的技术主管。戴维斯应该有头脑一点儿！这只和阿贾克斯有关，跟范加尔无关，跟我也无关。这种运作方式对俱乐部不利。戴维斯背着我接触了他，他们全都知道，除了我！这对你来说意味着什么？"维姆·琼克很快做出反应，他给戴维斯发了一封电子邮件，内容是阿贾克斯青训营已经不再欢迎他了。一位青训教练告知一位董事会成员不要再去球队的青训营？换作全世界其他任何一个地方，这种事可能都会让人皱眉，可是在荷兰就不会，在阿贾克斯就不会。

　　就在克鲁伊夫和他的监事会同人们吵得不亦乐乎的时候，路易斯和特鲁斯却正在亚洲度假。范加尔的评论只有寥寥数语，他说："正在阿贾克斯发生的一切对俱乐部来说糟糕至极。这种情况的发生，只会让人深深地感到遗憾。只要克鲁伊夫还在那里，我就绝不可能成为总经理，那是不可能的。至少在我看来是这样的。在他看来，或许同样如此。"主席坦恩·哈韦向持怀疑态度的人保证道："路易斯当即表示他不想成为比赛的一部分。好吧，我们4个人都向他做出了这个保证。他还表示，只有在他开出的条件都得到认可的前提下他才会接受这个职位。他并没有要求一些奇怪和过分的事情，他只想要稳固而明确的领导权。我们对他感到很满意。路易斯是一位俱乐部偶像——一位愿意为创建阿贾克斯美好未来而全心全意工作的男人。我认为路易斯很爱阿贾克斯，他能将事情摆平，能按他的喜好扭转乾坤，而且也能让阿贾克斯实现伟大复兴。"

　　尽管如此，一些喜爱足球的荷兰人也陷入了两难境地——"教练，没问题，但是要履行一个管理职能呢？"范加尔以前的经纪人罗布·科亨对监事会使出的诡计感到不满，但同时又完全支持这项任命。事实上，他早在一年以前就已经给阿贾克斯写过一封信，建议他们让范加尔担任总经理一职，而让科·阿德里安塞出任技术总监。"后来，他跟拜仁慕尼黑签约了。但最终走到今天这一步也真的挺不错，足球世界就是这么瞬息万变，只是完成这件事的方式有些不妥。无论如何，他们都应该提前通知约翰·克鲁伊夫的，即使他不同意对范加尔的任命。他们本来应该诚实待人，他们这样做只会带来更多的麻烦。我认为总经理一职非常适合他，他是一只足球动物，完全诚实可靠，并且坦率直言。我希望他能让俱乐部恢复名誉。"科亨非常了解克鲁伊夫，而且与范加尔之间也建立了亲密的关系。"他们真的很像，而且他们拥有相同的视野。这场旷日持久的争端实在让人唏嘘不已，我真的希望能将他们重新带回到餐桌旁。"

阿贾克斯会员委员会要求吵闹不休的监事会成员全部下台，从而停止这场苦涩的争端，克鲁伊夫也包括在内。这个由24人组成的委员会决定不支持任何一方，他们说委员会已经对双方丧失了信心，双方开展任何进一步的合作都是不可能的了。"当前的董事会不能再存续下去了，因此我们做出了这个决定。"会员委员会主席小罗布·比恩说道，"现在我们会选择一个由三人组成的临时董事会，他们将会在12月12日举行的股东大会上为俱乐部投票，在那之后，我们会组建一个会员委员会，由它来任命一个新的监事会。但是最近这个董事会当中的5个人都不能回到新一届董事会中担任监事。"克鲁伊夫同意了，并说如果其他董事会成员辞职的话，他也会这么做。但是他们没有。"董事会将继续代表阿贾克斯和股东们履行它的职责。"他们在一份书面声明中这样宣布道。

荷兰媒体喜欢此事，报纸行业一时间洛阳纸贵，人们都愿意多花两分钱来看这出莎士比亚悲剧。斯贾克·斯沃特，亦称"阿贾克斯先生"，他说："昨天我还不相信此事，但现在它对我来说已经不再是笑话了。但是别问我，路易斯·范加尔应该给出一些解释。"记者雨果·博尔斯特说话从不害羞，此君长期处于范加尔的黑名单上，他提出："范加尔就是个混蛋，但确实是一个有能力的混蛋。对阿贾克斯来说，他是一个完美的人选。坦恩·哈韦算得上是一个全能人士，完成了四门专业的学习，并且获得了柔道黑带。"独角戏喜剧演员、政治家、记者、退役球员、体育分析家、专栏作家以及会议室心理学家都提出了自己的见解。形势已经严峻到即便是阿贾克斯的企业赞助商也要采取行动的地步了。阿迪达斯以及球衣赞助商全球保险集团都锁定了一份高达数百万欧元的长期赞助合约，但是这场混战使得两家公司都必须站出来说话了。"我们对俱乐部的动荡局面感到不满，而且我们非常关心我们的投资。"阿迪达斯发言人肯恩·阿尔茨坦承道。全球保险集团也表达了类似的情绪，发言人扬·德里森坦言："这是我们始料未及的，我们高度关注此事。"与之相反的是，投资者了解到了范加尔即将归家的消息。这则新闻公布后，在一分钟的时间里，阿贾克斯的股价就上涨了3.9%，涨至每股6.65欧元。交易量更是高出平常的4倍——平时每天的平均交易量为470股每分钟，而现在则达到了2000股每分钟。

双方阵营中的权威人士和理论家都将这场僵局描述为一种哲学冲突问题：克鲁伊夫不想和爱记笔记的范加尔在一起工作，因为后者在建设阿贾克斯以及培养俱乐部年轻球员时不愿参照任何人的技术蓝图。克鲁伊夫说："范加尔对足球有着深刻的见解，但他的观点与我不同。他想凝聚一支常胜之师，并且在贯彻他的战术时采用一种军国主义的方式。我却不是这样的。我希望每名球员都能自己思考，并且在球场上审时度势地做出最佳选择。作为一名教练，他想要控制一切。我认为他能带领我们的一队获得成功，可是我们还想要更多的东西。我们需要让俱乐部获得成功，包括青年队在内。而那意味着个体培育，并且还不能使用约束他们的战术。如果范加尔入主阿贾克斯，那我就不会在这里待太长时间。我们对生活中的每件事都抱有不同的看法。我很抱歉，如果这是他们想要的，那我就走。"

专家学者也参与到了"援救"行动中。格罗宁根高等专业大学的艺术理论与历史专业教授西丽·英格尔斯玛在《人民报》上撰文表示，范加尔与克鲁伊夫二人意识形态的"婚礼"不会孕育出任何后代。"克鲁伊夫对足球的看法记录在一篇发表于2011年3月的报道中，题为《朝着有组织的混乱前进：走在成功的路上》，大意为从长远出发，为球队带来稳定、持久和进步。在我看来，新任总经理和这一点有密切的联系是合乎逻辑的。范加尔不是一个想到什么就是什么的人，在评估比赛体系时，他表现得比其他个体更加稳重。"在这位艺术历史学家看来，克鲁伊夫的直觉法与范加尔更加专制、更加有结构性的管理风格针锋相对，克鲁伊夫对范加尔及科·阿德里安塞治下的阿贾克斯青训项目的评价也佐证了这一点，克鲁伊夫说："我根本不反对电脑，但是你在评估一名球员时，应该用心地凭直觉去判断。根据阿贾克斯现在使用的评判标准，我将通不过测试。在我15岁时，我用左脚只能勉强将球踢出15米远，而用右脚的话可能会有20米。我那时还罚不了角球，此外，我的身体也很瘦弱，速度相对来说也比较慢。我的两项特质是出众的技术及洞察力，而这两样东西你是无法用电脑来衡量的。"

新任主帅弗兰克·德波尔机智地选择了置身于争端之外。他认为双方在足球意识形态上的分歧较小，甚至不如各种评论员希望茫然的观众所相信的程度。"不管发生什么，我都会留下来。我的未来在阿贾克斯，我将在这儿为阿贾克斯鞠躬尽瘁。我不会卷入这场争端之中，我尊重他们俩，而且我也希望他们能在一起工作。我确信他们是可以做到的，因为我知道他们看待足球的观点非常相似。"他还被人逼问心里更偏向于谁，是将他带到阿贾克斯的那个人，还是率领他夺得欧冠冠军的那个人？德波尔巧妙地回答道："不要问我这个问题，这就好比在问我更喜欢自己的哪一个孩子一样。"

造成范加尔与克鲁伊夫相互仇视的准确原因是什么，至今仍不得而知。它或许就像克鲁伊夫所说的那样简单："我们之间有着糟糕的化学反应。"——这场冲突更多是因为性格不同，而非观点不同；更多是因为个性不同，而非管理风格不同。这是一场旷日持久的争端，显然已经达到了不可调和的地步，并且伴随着千奇百怪的争吵。比如，1989年，克鲁伊夫招待大家共享圣诞晚宴。范加尔是被邀请的客人之一，而且他一直很享受那个夜晚，直到电话响起。这是打给范加尔的，打电话的是他的家人，他们带来了一条悲伤的消息——他的姐姐去世了。范加尔匆匆地离开了克鲁伊夫的住所，回到了家人的身旁。根据范加尔的自传对这件事的描述，克鲁伊夫曾责备他没有礼貌，在还没有好好感谢他的圣诞晚宴之前就离开了。克鲁伊夫驳斥了这种说法："无稽之谈。如果范加尔真的这么说过，那他一定得了阿尔茨海默病。我是当真的，如果有人把我当成那种人的话，那他一定丧失了理智……或许他已经三观尽失。"

两人初次相遇时还都在阿贾克斯踢球。两人都是话痨，具有强烈的支配欲，并且骄傲自大。当你为阿贾克斯踢球时，你需要变成这个样子，尤其是当你想要成为进攻组织核心时，你就绝对需要这么做。克鲁伊夫是阿贾克斯的枢纽，而小他4岁的范加尔则是他的替代者，他等待着时机，一旦这位大师离队，他将马上填补空缺。范加尔的技术和视野在青训体系中给人留下了深刻的印象，但他太慢了，以至于无法达到顶级水准。20世纪80年代末期，克鲁伊夫已经作为教练率领阿贾克斯获得了欧洲优胜者杯的冠军，而且他即将在巴塞罗那开启一个辉煌的时代。与此同时，范加尔却仍旧在阿尔克马尔助理教练的位置上寻找着自己的立足之地。当克鲁伊夫离开阿贾克斯时，球迷们都很崇拜他。当阿贾克斯主帅本哈克"回家"去到皇马后，阿贾克斯将这位年轻而自信的范加尔推上了前台。这是范加尔第二次继承克鲁伊夫的衣钵，他希望能好好把握这段时光。在他的率领下，阿贾克斯这只丑小鸭重新掌握了欧洲的皇权。在赢得了国内冠军、欧洲联盟杯以及后来的欧洲冠军杯后，他急切地告诉媒体说："路易斯·范加尔是阿贾克斯历史上最成功的主帅。"毫无疑问的是，约翰·克鲁伊夫并不同意这样一种说法。

范加尔率领阿贾克斯获得了成功，而克鲁伊夫也在同一时期率领巴塞罗那获得了成功。双方都没能鼓起勇气向对方所取得的成就献上溢美之词或者祝贺之语，这是让人们感到遗憾的，同时也是不出人们所料的。恰恰相反的是，当克鲁伊夫在20世纪90年代中期被问到除了巴塞罗那之外还有哪家俱乐部踢出了美妙的足球时，他并没有提到阿贾克斯——相反，他提到了帕尔马和欧塞尔。前几个赛季，这两支球队在欧战赛事中均淘汰过阿贾克斯。有趣的相似之处继续在他们的生涯中延续，克鲁伊夫在巴塞罗那的任期结束后，博比·罗布森又执教了一年，之后他就被范加尔取代了。克鲁伊夫是巴塞罗那历史上执教时间最长的教练。由于拿下了11座奖杯，他也因此成为俱乐部历史上最成功的教练，直到他一手提拔起来的佩普·瓜迪奥拉接过球队的教鞭为止。然而克鲁伊夫在执教的最后两个赛季中，没能获得任何一座奖杯，不仅如此，他还和主席何塞普·路易斯·努涅斯爆发了争吵，后者毫不客气地解雇了他。愤怒的他发誓说再也不当教练了，然而仅仅13年之后，这条誓言便画上了休止符，他又一度执教了加泰罗尼亚队一段时间。佩普·瓜迪奥拉的执教方法就是建立在范加尔给巴塞罗那灌输的足球原则之上的。但是克鲁伊夫永远不会原谅范加尔夺走了他认为本应属于他的工作，并因此抨击他的对手所采取的管理球队的方式。

在范加尔被任命为技术总监之后，克鲁伊夫——连同其余10位阿贾克斯教练一道，起诉了Ajax NV（这家上市公司的名字）以及他的4位监事会同人。荷兰哈勒姆当地法庭举行了本案的聆讯，参加者包括支持克鲁伊夫的青训教练维姆·琼克、马克·奥维马斯及雅普·斯塔姆。董事会成员史蒂文·坦恩·哈韦、马里安·奥尔弗斯、保罗·罗默及埃德加·戴维斯声称批不批准对范加尔的任命不取决于克鲁伊夫同不同意。他们坚称即便克鲁伊夫不同意，范加尔也会得到大多数人的投票，而这也正是他们需要的结果。2011年12月，法院驳回了克鲁伊夫的诉讼，并批准了对范加尔的任命，不过随后又推迟了任命，为的是评估阿贾克斯股东监事会的信心。Ajax NV以及4位监事会成员对该判决提出上诉，不过法院在2012年2月同样驳回了他们的诉讼。法院的判决书中是这样说的："该项与人事管理、人事批准有关的任命无效，因为原告在履行通知程序时存在着重大疏漏。"整个监事会集体辞职。坦恩·哈韦及罗默于4月13日卸任，很快，监事会成员戴维斯、奥尔弗斯及克鲁伊夫就加入了他们的行列。克鲁伊夫继续以顾问身份参与阿贾克斯的日常工作。

这次事件最终的结果是路易斯·范加尔没能去到阿贾克斯。尘埃落定后，他向《Elf足球》杂志透露了自己的看法："在这场围绕阿贾克斯的争吵中，我最反感的就是没有人站出来对坦恩·哈韦及斯图尔肯布姆（临时总经理，代行职责直至范加尔与拜仁解除合约为止）所受到的威胁表示反对。我没有从《电讯报》那里听说过任何消息，也没有从克鲁伊夫那里听到过什么，更不用说从阿贾克斯董事会那里听到什么了。然而与此同时，他们自己的主席和经理却受到了威胁，这很不好。这家俱乐部急需一种组织结构，而这需要强硬的人物。克鲁伊夫经常谈论14个人，但是这其中有一些人每周只会在球场上待几个小时。阿贾克斯是一个拥有超过300位专职雇员的组织，这远远大于14位教练。我注意到的另一件事就是那些贯彻克鲁伊夫想法的人都曾在约翰·克鲁伊夫大学（一所附属于阿姆斯特丹应用科技大学的体育学院）学习过。我们一直都有听到说俱乐部应该由那些退役球员来把控局势，因为他们更加聪明、更加睿智。但是见诸报端的所有消息都是由来自约翰·克鲁伊夫大学的人发布出去的。这里面应该有一些猫腻吧，难道不是吗？"

"人们说阿贾克斯现在遵循的是'克鲁伊夫路线'，这简直是胡说八道！这里既没有'克鲁伊夫路线'，也没有'范加尔路线'。这里只有一条阿贾克斯路线，而且它至少已经存在25年了。我对此做出过贡献，就像克鲁伊夫一样，区别就在于我在这里待的时间更长。我在阿贾克斯担任了9年的教练，克鲁伊夫并没有奉献那么长的时间。现在人们经常挂在嘴边的个体天才培养方案是我2004年在阿贾克斯写的一份报告中探讨过的。和当一名总经理相比，我更愿意做一位教练，但是我意识到阿贾克斯当时急缺一名经理。此外，我以前也当过经理，也为组织带去了需要的结构。克鲁伊夫现在在阿贾克斯，而我并没有什么特别的意愿来跟他共同开展一些工作。这不是我的想法，我只是被问到了而已。我没有说那扇大门永远地关闭了。之前我还在阿贾克斯时，我曾有一次冲动地说过：'我永远不会回来，除非在我被剥夺掉技术总监一职时没有给予举手之劳的人全部离队。'现在，这里的一切都取决于亨尼·亨里希（阿贾克斯执行委员会主席）、克鲁伊夫以及他们的同党。我希望他们获得诸多成功，让我们拭目以待吧。"

第 21 章　重返荷兰国家队

范加尔是最好的。

——约翰·克鲁伊夫

作为2010年南非世界杯中屈居西班牙之下获得亚军的球队，荷兰队在来到波兰和乌克兰之后立刻成为夺冠热门球队之一。有超过1万名球迷随队前往球队位于克拉科夫以及哈尔科夫的基地，他们给当地社会带来了一定的影响力，将"橙衣军团"的氛围传递到了所到之处。遗憾的是，球场上的进展却并不顺利。他们虽然在对阵丹麦的比赛中轰出28脚射门，可是球队却莫名其妙地以0∶1的比分首战告负。在第二场比赛中，德国队成功地利用了荷兰队缺乏团结的弱点。球队的锋线、中场、后防看上去是脱节的，好像相互排斥一般，结果一败涂地。荷兰并没有从包括德国、丹麦以及葡萄牙在内的B组突围，三战皆墨，小组垫底。

荷兰队结束了该项赛事的征程后，主帅伯特·范马尔维克当即确认了自己辞职的决定。国家队尴尬的土崩瓦解促使低地人民进行深刻反思。无论谁来接任范马尔维克，他的首要任务都是将球队捏合成一个整体，并且不给过度的个人雄心提供生存的空间——这看上去已经达成了全民共识。球队在哈尔科夫遭受的戏剧性毁灭表明这位新教练需要意识到球员愿意将国家利益放在个人荣誉之上比一切都重要。换句话说，这就需要这名教练能够令人肃然起敬，即使是所谓"四大天王"也能服从他的命令——拉斐尔·范德法特、罗宾·范佩西、阿扬·罗本及克拉斯–扬·亨特拉尔。

最终的候选人名单包括了一些耳熟能详的名字：弗兰克·里杰卡尔德、约翰·克鲁伊夫、路易斯·范加尔以及罗纳德·科曼。考虑到构建整体型球队这一目标，路易斯·范加尔最终胜出的那天，很多人都感到不可思议，而且还有一个不容忽视的因素就是他第一次执教国家队时结局相当凄惨。自从2011年4月被拜仁解雇后，范加尔一直处于无业状态。在这段执教间歇期中，他抽出时间游览了中国，他在这个国家里所看到的东西给他留下了深刻的印象。为了修复功能失调的臀部，他还接受了5次手术。虽然遇到了这个问题，可这位61岁的教练脂肪含量依旧相当少，并且保持了健硕的体型。不管怎么说，他的健康状况完全允许他执教国家队。他需要让一切恢复如初，并向世人证明他那倒霉的国家队主帅第一段任期只不过是他管理简历上一次不幸的闪失罢了。对球队而言，他们需要在2012年欧洲杯后重整旗鼓。换句话说，双方可谓一拍即合。

KNVB（荷兰足协）主席伯特·范奥斯蒂文坚信范加尔是适合这份工作的人选，他说："我们对彼此之间的合作感到非常满意。首先，我们当时要找的是一位经验丰富的教练，而且他在个人和职业层面上都要相当出色才行。范加尔在全国以及国际上都取得了可靠的工作业绩，而且我们知道他是一位富有奉献精神的教练，并且饱含激情。我们要找的是一个有水平的人，拥有广阔的视野以及创新的观念。如果你想要停留在世界之巅的话，你就需要这些素质。范加尔是第一个与我们展开对话的人。其次，我们要找的那位教练同时需要善于人治，并以掌权著称，而且他的个性以及训练方式也要负有盛名才行。如果你想要成功地参与竞争的话，你永远需要具备这些因素。最后，我们要找的这个人必须知晓内情，而且迫切地想要迎接这次挑战。我们很快就对球队未来以及基本假设达成了共识，我坚信我们正在朝着一个美好而成功的时期前进。"

2012年8月，范加尔成为荷兰国家队主教练。这位新任国家队主帅说："我以前跟荷兰足协有过合作，而现在我又被邀请了回来，这是我过去一直在等待的挑战。"众所周知，范加尔是一个喜欢卷土重来的孩子，一个笃信能够重返荷兰国家队的人。他重新回到了国家队主帅的位置上，就像他曾经在阿贾克斯、巴塞罗那以及阿尔克马尔所做的那样。

"我重回过我所有的老东家，只有拜仁是个例外，我想如果这也能发生的话，那感觉就太棒了。"媒体见面会在荷兰足协位于泽斯特的新闻厅中举行，会上，范加尔戴上他的眼镜，拾起一张便笺，说道："当然，我确实作了一首诗，我知道你们都在等它。不过遗憾的是，荷兰足协并不是一位像阿贾克斯那样容易相处的雇主。这很遗憾，但是确实没有人允许我朗读任何一首诗。"至于国家队该怎么踢球，他脑海里已经有了一个清晰的概念。"在我说出来之前，我会先跟球员们进行商讨。我不会（公开）谈论已经过去的欧洲杯，我不会站在远处进行评判。至于哪里出错了，我已经有了一些想法，不过同样地，我希望听听来自球员们的声音，随后我们会迅速地专注于未来。荷兰足协希望我们杀入半决赛，这是一项艰巨的任务，但是我们必须心存高远。这不会容易，因为2012年欧洲杯时我们在第一阶段就被淘汰出局，而且还是在阿根廷和巴西都没有参赛的前提下。"

与范加尔一道加入的还有一位阿贾克斯老臣——丹尼·布林德。他更愿意在国家队中辅佐范加尔，而不愿在没有范加尔的阿贾克斯做临时技术总监。范加尔在《足球教练》中解释了选择布林德的原因："我在给员工安排职位时会考虑荷兰足协赋予我的任务是什么，目前有三项：以知名的荷兰学院派原则为基础，踢出世人看得明白的荷兰足球；球队必须包括青年球员；荷兰人能够再次认同'橙衣军团'。如此一来，你最终选择丹尼·布林德就是顺理成章的事了。作为一名顶级球员，作为阿贾克斯队长，他已经赢得了一位球员能够赢得的全部荣誉。他做过青训教练、助理教练、主教练以及技术总监。重要的是，我们拥有共同的足球理念。这是一位助手需要具备的素质，因为如果不是这样的话，双方有时就会陷入一种紧张关系。你必须能够共同参与到对话之中，将一种理念传输给球员。但同时也很重要的是，我们经常会在细节方面出现意见不合的情况，而且我一直都需要这样一种反对意见。'好好先生'是没有用处的。每名教练员都应该能感觉到他们可以在自己的专业知识以及有效争论的基础上发表不同的意见，只要他认为这些意见在允许的框架和理念范围之内就行。"

除了布林德之外，范加尔还得到了帕特里克·克鲁伊维特的协助。

"我非常了解帕特里克，1994年，他就是在我执教阿贾克斯时完成了在队中的首秀。他还在巴塞罗那为我踢过球，还有我第一次担任荷兰国家队主帅时。我仍旧对帕特里克感到满意，当前这一代的国家队球员都看过他踢球，而且他也能为他们说话，这就是克鲁伊维特能够在我们的教练组中当一名助教的原因。在大多数时间中，他都会将我们的观念传达给球员们。在这一方面，我们完全倚仗帕特里克。这同样是一个有意识的选择，因为它与荷兰足协要求实现队伍年轻化的任务有关。"范加尔还选择了一些曾经与他有过合作的人员：理疗师霍斯·范迪克以及"电脑专家"马克思·雷克斯，后者主要负责录像分析。罗纳德·斯贝尔波斯主管球探工作，协助他的是埃德沃德·梅特嘉德；汉斯·约里茨马留任球队领队一职，而基斯·扬斯马则留任首席新闻官。

让一支遭受重创的球队恢复生机本身就是一项艰难的任务，然而更具挑战性的是，范加尔同时还需要应付好一些艰苦的比赛，因为备战的时间极短。媒体的兴致很浓：将近100位记者出席了范加尔的首场新闻发布会，与之相比，范马尔维克所召开的发布会平均到场人数仅为30人。范加尔接管荷兰队之后的首场比赛就是面对比利时，比赛在人山人海的布鲁塞尔博杜安国王体育场举行。全体比利时人民都认为这场对阵"diknekken"（来自北边的"肥脖子"）的比赛是年度最佳比赛。球场的门票早在几个月以前就已售罄，就好像这是一场具有决定性意义的世界杯预选赛一样。

范加尔的标志立刻就显现了出来。这位教练明确表示在他看来没有人能够确保一个主力位置，而且他才是那个发号施令的人，他说："在荷兰国家队里，你不会再持有一张tienrittenkaart（一张"10次票"，这是一种在荷兰各式交通工具中得到广泛应用的次票）了。你的每一次表现都会得到评估，而我就是最终做决定的那个人。我们会通过10场（预选赛）比赛给予评价。所以，无论球队何时比赛，我都会尽量选取最好的11人上阵。"然而，范加尔的开局并不符合他的预期，他的球队被复兴的比利时4：2轻松击败。"虽然我们上半场在控球方面做得很糟糕，不过我们还是创造了6次机会。下半场我们开局不错，球队在比赛中很好地执行了计划。那次（尼格尔·德容的）个人犯规至关重要，因为我们正掌控着比赛。我们不仅被扳平比分，还让比利时在比赛中重回正轨。你不可能通过这种方式赢球，我们在最后半个小时的时间里犯了太多的错误。随后，一切都戛然而止了。下半场刚开始时，我看到球员们踢出了我想要看到的那种踢球方式。我们当时派上了许多经验不足的孩子，这是否很奇怪呢？（防线上派出的人员是里卡多·范赖恩、尼克·维埃格维尔、斯特凡·德弗里伊以及马丁斯·因迪）对，或许是这样的。我既看到了好的一面，也看到了坏的一面，据此我可以做出一些事情来。我没有太多的时间了，因为三周以后我们就将踢与土耳其的比赛。那是一场真正的较量，之后我们就必须得做出选择。"

选人时，一个关键的标准就是球员的健康状况。身体活力是最低要求，但是范加尔还想要更多的东西，他说："当我谈到健康时，我不仅指身体健康，心理健康至少得处于同等重要的水平上，一心想着其他事情的球员达不到这项标准。在我第一次带国家队时，我偶尔会选一些球员来让他们加强信心。当你作为一名俱乐部教练时，你可以这么做，但是当你是国家队教练时，这样做就不行。带领荷兰队时，具有决定性质的是每一次比赛的结果，而且你要是想在这种水平上达到目标的话，就必须要求每名球员的身体都100%地适合参加比赛。对球队来说，没有哪名球员是不可或缺的，除非你的名字叫作梅西。然而我们并没有那种级别的球员，不管有些球员可能会多么天赋异禀。或许他们当中有一个人会在某一天达到梅西的水平，但那不是我们现在需要考虑的情况。这就是你在国家队报到时必须处于最好状态的原因。在国家队里，我们不会在备战时期为那些正在从伤病中恢复过来的球员预留时间和空间，我们不能只是因为他们迫切地想要加入这个团队就为他们打开绿灯。"

范加尔意识到很多球员都缺乏比赛节奏和比赛状态。因此，他决定不再依靠一些老将来为球队效力：拉斐尔·范德法特、尼格尔·德容、格雷戈里·范德维尔以及伊布拉西姆·阿费莱。这4个人在国际比赛中共计出场240次，他们在季前赛中都上演了各种转会闹剧，因此没踢几场球。"他们都不合适，转会去一家新俱乐部并不是一件小事。"范加尔如是评价道。在对阵土耳其的比赛开打前两天，荷兰队在训练课上发现了一架无线电控制的直升机"嗡嗡"地盘旋在阿姆斯特丹竞技场上空，它是来拍摄路易斯·范加尔将会在即将到来的比赛中使用哪种招数的，这多少有些厚颜无耻。最后，它消失在了球场顶棚之外，这看起来给这场离奇的事件画上了圆满的句号。这位教练冷冷地说："我们只需要处理好这件事，不要让它影响到我们。我们迫切希望关起门来训练，但是那台摄像机企图挖掘出首发名单，这样一来他们就能在报纸上刊登出来——随后土耳其的教练也会知道。我在执教巴塞罗那时，他们曾在附近的公寓中拍摄我们的训练课——他们不应该这么做，但我也不会因此而失眠。"

对阵土耳其的比赛在阿姆斯特丹举行，对训练营之外的人来说，首发11人到底是谁仍旧是一个谜，但是很多身处训练营之中的人早就知道了自己的角色。"我是一个会解释一切的教练。我认为球员们能够集中精力是非常重要的，所以对他们来说，早一点儿知道会更好。如果土耳其队事先知晓了首发，那就让他们知道吧。荷兰足协给我的明确任务就是踢一种'荷兰学院派'的足球，而且球队必须具备这种能力。"范加尔说与罗宾·范佩西相比，他更愿意在对阵土耳其的比赛中派遣克拉斯-扬·亨特拉尔上场扮演一个中锋的角色，不过他还补充了下面这句警告，"一场比赛之后这可能就会发生改变，因为球队比11个亨特拉尔更重要，也比11个范佩西更重要。（球员们之间的）竞争是非常重要的。当一支球队已经一成不变时，你就失去了这方面的东西。"

路易斯·范加尔忠实于这一愿景。他忽视了名声，只挑选那些在他看来处于最好状态的球员。马尔滕·斯特克伦博格、约里斯·马泰森以及克拉斯-扬·亨特拉尔必须心甘情愿地坐板凳。在门将位置上，范加尔出人意料地更加青睐蒂姆·克鲁尔，他与新人达利尔·扬马特、埃弗顿的约翰·海廷加以及经验欠缺的布鲁诺·马丁斯·因迪、杰特罗·威廉姆斯一道组成了后防线。韦斯利·斯内德发现自己重回中场位置，与他搭档的是凯文·斯特罗曼以及后起之秀约尔迪·克拉西。前锋线由阿扬·罗本、卢西亚诺·纳尔辛格以及罗宾·范佩西构成，而一场比赛过后，范佩西就失宠了，亨特拉尔随即取而代之。范加尔明白他正带着这帮未经大赛检验的天才们走在冒险的道路上，但他同时也强调国家队已经遭遇了四连败，原因就是过于依赖原本那套值得信赖的阵容。

范加尔的勇气得到了回报，荷兰2∶0击败了土耳其。即便如此，这位主教练依旧对一些年轻球员的表现感到不满。克拉西及扬马特受到了点名批评，而马丁斯·因迪及威廉姆斯则仅因在下半场取得明显改善就逃过了一劫。"扬马特不再是扬马特，克拉西能提供更多向前的支援，但是他没有。正因如此，我才在中场休息时将他们两人换了下来。在上半场时，我同样对马丁斯·因迪及威廉姆斯感到不满，不过他们在下半场取得了相当大的进步。对于处在他们这个年龄段的人来说，这着实给人留下了深刻的印象，而且这也说明了很多跟他们有关的东西。"范加尔对结果感到满意，和他第一次带队打预选赛时相比，这已经是一个明显的进步了。"当时我们在竞技场中开局不利，被爱尔兰2∶2逼平。现在，我们旗开得胜，这很美妙。我们赢得了第一场比赛，这很重要，否则的话你就会立刻被别人落下一段距离。我认为公众都很享受这个结果，你能从他们的反应中看出这一点。我们的机会比土耳其多得多。"说实话，对阵中所有混迹于荷兰联赛之中的年轻球员来说，真正产生重要影响的人是阿扬·罗本、罗宾·范佩西及韦斯利·斯内德。尤其是范佩西，他轰出一脚美妙的射门为球队首开纪录，而且还在前场贡献了很多精彩的无球跑动。

维姆·范哈内亨在《共同日报》的专栏中写道："一提到国家队，我多数时间还是感到乐观的。我无比享受在对阵土耳其的比赛中所看到的一切。首先，我们取得了满意的结果。你不能频繁地将注意力放在记分牌上，不过我认为，在预选赛的开局阶段，这是一种很好的保证。赢得一场胜利后，这位教练将得到一段时间进行休整，以便更加深入地开展他所建立的课程。你知道现实是怎样的：如果球队失利，所有职业批评家就会同时开炮，尤其是当范加尔需要背黑锅的时候。那些有偿在电视节目中分析足球的人并不十分信任范加尔，有时这会让人感到有点儿恶心，但是他们采取的方式本身就是这样的。在对阵土耳其的比赛中，我看到了华丽风格的回归，而这是我们去年夏天丢失的东西。除了2：0的比分之外，这是这个夜晚最大的成就。事情又开始变得有趣起来，屈辱已经灰飞烟灭。这没有批评伯特·范马尔维克教练的意思，毕竟他曾带领'橙衣军团'取得过一些成就。不过我们需要另一个人带来一点儿震撼的东西，你完全可以相信范加尔绝对可以做到这一点，就像我们已经看到的那样。"

　　这位主帅对球队下一场比赛的结果感到更加满意，他们在布达佩斯4：1战胜匈牙利。"这是一场国际比赛，4：1是一个梦幻般的结果。下半场，匈牙利用一种非常杂乱无章的方式在踢球，可是我们本应更好地利用这一点的，我们在对阵土耳其时也没有做到这一点。虽然我们这一次取得了更多的进球，可我们还是错失了过多的机会。我的换人效果很棒，如果我可以这么说的话。"斯特克伦博格在布达佩斯给人留下了深刻的印象——在范加尔看来，他完成了一项了不起的成就，范加尔说："那个孩子必须处理好实实在在的失望之情。不过当克鲁尔无法上场后，我立刻就告诉斯特克伦博格说他会出现在门线位置上。他和马泰森一道，都将自己表现得像个顶级运动员一样。事实本应如此，不过遗憾的是它无法总是如此。"

　　球队再一次拥有了至少7位出产自荷甲的球员，这是令人瞩目的。只有马尔滕·斯特克伦博格（AS罗马）、罗恩·弗拉尔（阿斯顿维拉）、韦斯利·斯内德（国际米兰）以及罗宾·范佩西（曼联）在荷兰之外的地方淘金。范加尔说："荷甲的战术水准很高，而且技术也不差。在当前这个时代里，最重要的就是团队精神，你给予球员们的信心会起到决定性作用。这全部跟经验有关，你在16岁或者18岁时也可以拥有。我在西多夫只有16岁时就让他首发出场了，伊涅斯塔是17岁，而哈维则是18岁。作为一名俱乐部教练，你在冒这种风险时会更加容易。但是对于一位国家队主帅而言，这就困难得多了。这就是一场冒险，当局势变得不利时，我就会被砍掉脑袋。两场比赛拿到6分，进6球丢1球，这是一张优秀的成绩单。"

焕然一新的惊喜洋溢在国家队中，荷兰足协主席伯特·范奥斯蒂文对此感到相当满意。他说："我看到了所有人都看到的东西：我们重新拥有了一支踢球时充满了乐趣的球队。和所有人一样，我也非常好奇地想要看到这段新的开局最终会演变成什么样的结局。我们要居安思危，不过，除了比赛结果之外，另一个让我感到满意的地方就是我看到球队充满活力。我们的工作正在取得进步，而且我们得到了路易斯·范加尔的鼎力相助，他是一个懂得如何调教年轻球员的人。这位足协的教练有他自己的选人政策，而这种方式会一直保留下去。荷兰足协不能说这种话：'约翰可以为国家队效力，而杰克则不行。'在备战这次预选赛时，以及在与范加尔的谈判中，我们确实谈到了球队的目标以及球队的踢球风格。足协方面，我们希望看到荷兰学院派足球的回归。在这个基础上，教练可以选择任何他想要的球员。我们对事情当前进展的方式感到满意，看看球迷、媒体以及社交网络的回应吧。"

在备战对阵德国队的友谊赛时，气氛一如既往地紧张，由于荷兰的邻居对"郁金香将军"过于感兴趣，荷兰足协只好为到访的媒体举办了一场特殊的新闻发布会。德国人发现，范加尔在很多方面都是荷兰人的化身，然而荷兰人却认为他散发着某种德国人的特质。荷兰足球历史学家马蒂·威尔卡曼曾经诙谐地叫他"路德维格·冯加尔"。范加尔很高兴地指出他留下的"遗产"依旧可以在德国看到，不止拜仁，同时还有德国国家队。所谓4-2-3-1理念仍在延续，他说："他们仍然在我的体系中踢球，其他德国俱乐部同样采纳了这种体系，比如沙尔克04以及多特蒙德。德国国家队在勒夫的带领下也开始用这种方式踢球，这就是他的成就。他们踢出了观赏性十足的足球，你在谈论其他国家时就不能这么说。"最终双方在比赛中互交白卷。

板凳席不仅是范加尔指导球队的地方，同时也是他有力的武器之一。2013年2月，在对阵意大利的友谊赛中，范加尔为了鼓励竞争，竟然一口气派上了10位自2012年欧洲杯开战以来就从来没有首发出场过的球员首发登场，只有罗宾·范佩西将他的位置保住了。范加尔这么做是为了展示一种雄心：将阵容中值得倚仗的球员扩充到30位。一条新的金科玉律被建立起来，所有球员每周末都必须在他们各自的联赛中尽自己最大的努力，他们只有这样才能得到被国家队征召的机会。球队几乎使用了一套史无前例的年轻化阵容，可他们差一点儿就爆冷了。在经历了前几场比赛失败的首发试验后，荷兰队似乎能在本场比赛中击败意大利。然而，意大利人在伤停补时阶段成功扳平比分——1∶1。

　　国家队长途跋涉至印度尼西亚，并在雅加达踢了一场友谊赛，而4天之后他们又在北京和中国队打了一场比赛。范加尔说：“我们当然是去那里赚钱的，但我们去那里的另一个原因是届时在巴西的比赛也是在类似的环境中进行的。亚洲会很热，阳光充足并且空气潮湿，就像世界杯期间的巴西一样。我们想要了解球员们在这些条件下是如何相互呼应的。所有人都想去，队里几乎没有谁曾经去过印度尼西亚，所以对这些孩子来说，这也会成为一种新的体验。同时我们还有一个目的，就是推动荷兰足球的发展，尤其是业余体育以及青年体育。由于经济不景气，现在我们这儿的赞助商比以前少了。通过这种方式，我们找到了一种合适的平衡。”

　　这场比赛是荷兰第一次与曾经的殖民地印度尼西亚过招。1938年，荷兰国家队以9∶2的悬殊比分击败过荷属东印度群岛。当前这支荷兰队一抵达雅加达就受到了英雄般的拥戴，粉丝们举起一件件衬衫，上面印有范佩西和罗本的名字，而且他们还希望能够和路易斯·范加尔合影。有超过8万人的庞大球迷团体目睹了荷兰队切菜砍瓜般地击败印度尼西亚队，比分是令人信服的3∶0。罗宾·范佩西首次成为“橙衣军团”的队长。“教练在周一时问我是否愿意担任队长一职，我说我想，因为这对我而言是一个莫大的荣幸。这绝不是一场容易的比赛，这里的空气不太充裕，而且外面实在太热了。我们用自己的方式在踢球，并着眼于未来。总而言之，我们干得很漂亮。"范佩西如是说道。

荷兰队从来没有远离过宫廷大戏，和老将韦斯利·斯内德有关的事情就像坐过山车一样，似乎成了一道全国性的景观。对一名攻击型中场而言，1.71米远远算不上是威武雄壮的身材，不过他用自己过硬的技术弥补了身体上的劣势。他轻盈机敏，强在控球，而且他技艺超群，这扩大了他传球的范围。此外，他还拥有一种通过任意球破门的神秘能力。即便如此，可范加尔仍不妥协，他还解释了这位29岁的前队长没能入选对阵葡萄牙的友谊赛大名单的原因："任何事都不是水到渠成的，即便对斯内德而言也是这样。他没能入选球队的原因是，首先，他必须全身心地恢复健康。其次，他必须专注于找回状态，在此之后我就会拿他跟我手中的其他人做比较。他并没有从我的雷达屏幕上消失，但是他必须得证明自己。"

站在他的角度来看，这位已经为国家队出场93次的球员曾"希望"从他的教练那里"得到尽可能多一点儿的信任"。斯内德说不管他有没有入选，他都希望能够亲自从范加尔口中听到结果。范加尔对这一评论并不感冒，他说："我跟他在土耳其、霍德鲁（荷兰国家队训练基地）、印度尼西亚以及中国都谈过。如果他还不明白的话，那这条路就算是封死了。他本来不应该将那句话捅给媒体的，因为有经验的球员都知道你那样做的后果是什么。我不喜欢这样，现在，我必须随时对这种情况做出回应，这很不好。球员们必须在他们的俱乐部里讨论他们的俱乐部，在荷兰国家队中讨论荷兰国家队，这是我们的规矩。如果你没能保持健康，那你最好忘掉一切。韦斯利正走在回归的道路上，但是要想完全恢复健康你就需要7周的时间。当我们控球时，他会表现得非常犀利，不过要是我们丢掉球权的话可能会更好。"然而，这位教练的大门依旧是敞开的，他说："你无法忽视一个身体健康、状态良好的斯内德。"

在一个宁静温和的夏夜，荷兰眼看着就要在法罗击败葡萄牙了，他们总共与对手交锋12次，这即将成为第二场胜利。他们上一次击败葡萄牙还是在1991年。凯文·斯特罗曼早早先拔头筹，在比赛的大部分时间里，荷兰都努力地想要守住1∶0的优势，然而他们最终短路了，克里斯蒂亚诺·罗纳尔多在第87分钟为葡萄牙扳平了比分。赛后，范加尔说："如果你没有输给德国、意大利以及葡萄牙的话，就说明你还做得不错。话虽这么说，可我发现本场比赛是这几场比赛之中踢得最差的。中场休息回来后，我们在控球方面的表现很糟糕。我们拿不住球，而且你能看出有些孩子已经疲惫不堪了。或许我们在去年对阵比利时的比赛中表现得更好（2∶4输球）。"阿扬·罗本认同范加尔大部分的评价，他说："这是一场真正的检验。我们当然正在取得进步，我们必须这么做，因为我们将会在世界杯上遇到跟葡萄牙处于同一水准的对手。"

路易斯·范加尔认为他正行驶在正确的航道上，去追寻他梦寐以求的结果：一套由健康球员组成的完整阵容，球员们能够在人员不断变动的前提下相互共存，不过阵型始终需要保持一致。至于诸如马尔滕·斯特克伦博格、格雷戈里·范德维尔、约里斯·马泰森及约翰·海廷加这些老将最终能否在球队阵容中获得一席之地，只有时间才能告诉你一切。不过尼格尔·德容又得到了一次机会，他需要证明自己就是那种急需的控制型中场，或者按范加尔的说法就是"6号球员"："我们得看看我们该怎么踢，一种类型的6号跟另一种类型的6号有显著的区别。这一切和个人的能力无关，只和球员的风格有关。等到有机会对阵一种独特风格的对手时，我们再来看看我们需要什么吧。"

2013年9月，荷兰队奔赴爱沙尼亚踢了一场匪夷所思的预选赛。范加尔至今仍记得荷兰与爱沙尼亚在2001年时所奉献的那场难忘的预选赛。"我们当时赢了。"（4∶2）——然而，这位教练很高兴地看到当时泛黄的窟窿菜地现在已经被换成了平整光滑的绿草坪。荷兰的训练营中出现了一位贵宾——亚里·利特马宁，这位前阿贾克斯球星现在定居在爱沙尼亚。范加尔在向拉斐尔·范德法特、韦斯利·斯内德及亚当·马赫尔解释一名攻击型中场应该如何在范式球队中运转时，他仍旧将这位勤奋的芬兰中场视为他心目中"最理想的10号"。这场比赛最终以平局收场，而范加尔对荷兰队的表现并不满意，他说："如果你跟爱沙尼亚打成2：2，你不可能感到满意。尤其是你在开场几分钟就1：0领先，而且还创造了那么多机会的前提下。"

范加尔曾以他"整个人的原则"为依据，预测说康斯坦丁·瓦西里耶夫将会是重点盯防的对象。赛前几天，这个爱沙尼亚人刚刚成为一位骄傲的父亲，他得到了一个宝贝女儿。事实证明范加尔是对的：女儿的降临极大地鼓舞了这位精力充沛的中场球员，他在比赛中梅开二度，使得荷兰队在下半场大部分时间里都处在落后的局面中。"我们一直在努力地奔跑，试图追上对手。我们将密室中所有的东西都搬了出来。我们仍然可以生成一种精神，这是一项成就。我换人完全是为了进攻，最终，我们在后防线上只留下了3名球员。他们确实付出了所有，我很失望，但并不生气。"伤停补时阶段，队长罗宾·范佩西为荷兰挽回了颜面，他制造了一粒点球并顺利地将其转化为进球。这是荷兰队8年以来首次无法在世界杯预选赛上取胜。14连胜结束后，荷兰队失去了超越德国队的16连胜并创造新的世界纪录的机会。

由于罗马尼亚主场0：2负于土耳其，荷兰2：0战胜安道尔后提前两轮以小组头名的身份取得进军巴西的资格。赛后，路易斯·范加尔满脸堆笑，他说："我们出色地完成了工作，并锁定了一个世界杯的席位。我们需要回头看看过去，欧洲杯结束后，我拾起了球队的教鞭，并用年轻球员打造了一支全新的队伍。当然了，这一直都很困难，原因就是之前欧洲杯的征程太过苦涩，这意味着我需要应对许多失望的球员。你创造了20多个净胜球，并且成为欧洲区第一支晋级的球队，这说明你确实做得很出色。"

荷兰足协主席伯特·范奥斯蒂文同样感到满意，他说："我祝贺了所有人，主帅、员工和球员都让荷兰足协引以为傲。我收到了很多欧洲足坛人士发来的短信。我们球队的表现很完美，每个人都是这么认为的。我甚至嗅到了一股醋意，因为我们已经可以开始为世界杯做准备了，这给了你更多的时间。另一方面，很多事务已经被列入到计划之中。我们在里约有一处训练营，同时还有一位理疗师和一位气象专家正在那里紧锣密鼓地推进着一些必要的安排。"

范加尔怀着进军世界杯的激动心情宣布了最后两场预选赛的大名单，对手分别是匈牙利和土耳其，当时他戴着一条闪闪发光的领带，上面还贴满了巴西国旗。"我是从维萨的主席那里得到这条领带的。我在他的公司中为肌肉互促基金会讲了一堂课，而且他认为这可能会帮助我更好地向媒体朋友们讲明白：荷兰队成为第一支进军世界杯的球队，这个成就有多么了不起。我也认为这是一个非常好的想法。"虽然参赛资格已经确定，但是在阿姆斯特丹竞技场迎战匈牙利的比赛中，现场仍旧座无虚席。对荷兰人来说，这是一个难忘的夜晚，他们8∶1狂胜对手。脚趾伤势差一点儿让罗宾·范佩西错过比赛，但是他坚持出战，并凭借一个帽子戏法夺得了荷兰历史最佳射手的地位。他代表国家队出战80次，共计打入41球，这超越了帕特里克·克鲁伊维特的纪录，而且他在追平前辈纪录时还跑到边线旁与这位助教忘我地拥抱庆祝。球队的表现让球迷们感到狂喜不已，而范加尔也非常开心，他说："我见证过许多伟大的瞬间，但是最让我感到陶醉的就是所有人都做好了在90分钟里给对手施压的准备，对此我深感自豪。球队的努力和信念是无可比拟的，从比赛一开始就逼迫对手，并且还能在之后的时间里维持这种局面，应该说这是一个困难的过程，而我们之前也从来没有做到过。主场迎战罗马尼亚时，我们最多保持了75分钟。但是现在——90分钟。这就是你在进军巴西的过程中取得进步的方式。"在这个属于范佩西的破纪录之夜中，范加尔有话要说："这是一项伟大的成就，但归根结底还是团队帮助他在竞争中脱颖而出的。"

即便是约翰·克鲁伊夫也对荷兰队的踢球方式赞赏有加。赛前，克鲁伊夫批评荷兰各家俱乐部出现了一种长时间倒球却不向前施压的趋势。范加尔团队的人员表明这位国家队主帅也同意这一点。他撤下了斯特凡·德弗里伊及布鲁诺·马丁斯·因迪，转而派遣更有进攻头脑的中卫球员杰弗里·布鲁马及罗恩·弗拉尔上阵，他们可以迅速地将球传给无人看守的中场或者前锋球员。范加尔说："我认为约翰能看出来，足球一直在向前场传递。我们总是能找到斯特罗曼、范佩西或者范德法特。"

范加尔曾宣称荷甲的质量已经可以和意甲平起平坐了，维姆·范哈内亨不久前还表示范加尔说这话时一定是"脑子抽了"，但他现在热情洋溢地表扬了对阵匈牙利的这场比赛，他说："当我们没必要表现的时候，我们通常都不在最佳状态。结果，这场对阵匈牙利的比赛就展现在了我们面前。这简直就是一场梦幻般的比赛！对此我们应该给予赞赏：路易斯·范加尔坚定不移地用他的方式在工作，并一直朝着这样一种表现在努力。他迅速地处理好了因晋级世界杯而产生的激动之情，并给他的球队施加了新的压力。这位教练只挑选了3名位置固定的关键球员——范佩西、罗本及斯特罗曼。其余所有人必须不断地为一个首发位置而努力奋斗。范加尔的这个方法在对阵匈牙利的比赛中显示出了成效，所以我要向他致敬。他将这份工作完成得很好，因为要让一群已经确保了世界杯决赛圈席位的球员继续保持拼搏的精神是非常困难的。这场8：1是一个强有力的说明——无论是从球队方面来看，还是从个人方面来看。"

2013年最后一场预选赛的对手是土耳其，范加尔至少在阵中做出了5处人员调整。土耳其必须全力以赴，因为他们知道只有获胜才能确保小组第二的位置，从而获得晋级附加赛的资格。德克·库伊特曾于2012年从利物浦转投位于伊斯坦布尔的费内巴切俱乐部，他以内部人士的视角展望了这场即将到来的比赛。"他们将会举国关注这场比赛，他们会用尽一切办法打入附加赛。空气中会弥漫一些仇恨，但是我认为这对我们全队来说将会成为一种非常有用的经历。"他还预计赛前的那个夜晚，球队下榻的酒店周围除了没有安静，什么都有，他说："我并不认为他们会让我们睡个安稳觉。"即便距离开球还有好几个小时，可此时苏库鲁萨拉科格鲁球场的气氛就已经非常热烈了。不过阿扬·罗本仅用了8分钟就让土耳其人制造的喧嚣平息了下来。他在右路主罚的任意球划出一道美妙的弧线，足球直奔远角而去并洞穿了对方门将沃尔坎·德米雷尔的十指关。中场休息回来后，荷兰人立刻彻底粉碎了土耳其人仅剩的一丝念想，德克·库伊特将球传给韦斯利·斯内德，后者将比分改写为2：0。两位"来自土耳其的荷兰人"（斯内德是一位为加拉塔萨雷效力的球员）并没有庆祝这粒进球，他们只是低着头默默地往回走，这表现出了一种尊敬，土耳其的球迷和媒体都非常赞赏他们这一行为。

荷兰队最终在10场预选赛中豪取28分，狂入34球，仅失5球。对于一支在一年前还处于支离破碎状态之中的球队来说，这样的结果相当优秀。虽然已经取得晋级的资格，但是他们仍旧怀着必胜的信念踢完了两场收官战，而且对阵的球队也已经失去了一切。当荷兰队无欲无求时，他们很少会拿出这种表现，这就是路易斯·范加尔的成就。

接下来的两场比赛将会在不同的时间点开打，而且对手也都是欧洲以外的球队，范加尔将利用这两场友谊赛来模拟他的球队可能会在巴西遭遇到的一些状况。对阵日本队的比赛在下午1：15开球，范加尔解释说："我听说荷甲的教练们抱怨下午早场的比赛，他们说这无法给他们提供足够的时间来让球员们热好身。我们可以通过这种方式积攒一些经验，一切都要按照世界杯的要求来准备。"

罗宾·范佩西将不会在这场比赛中登场：在经历了一个疲惫不堪的1/4赛季后，这位声名显赫的球队队长留在了位于英格兰的家中休养。范加尔解释说："周日对阵阿森纳的比赛结束后，范佩西给我打来电话，经双方协商，最后我们共同决定让他好好休息一下。这个家伙一直在球场上厮杀，正因如此，他真的已经走到了劳损的边缘。即使接下来的比赛是一场重要的预选赛，我认为他也不会得到征召；他现在最需要的就是休息。我手下这群孩子将会适应前锋线的不同组合，让我们拭目以待他们将会如何应对这项挑战吧。"

范加尔的赛前新闻发布会吸引来了大批日本记者以及更多的摄影

师。显然，他认为这些恭敬的亚洲新闻界代表让他感到更加舒适，不像那些来自欧洲的各种笨蛋记者。范加尔称赞了一位日本记者，因为后者指出荷兰在中卫位置上储备了许多天才球员，他说："我完全赞同你的话。或许你可以跟你的一些荷兰同行聊一聊这个话题，他们有不同的观点。"不过他随即又告诫道："最重要的是他们能够执行我们的想法。经验并不总能说明太多的东西，你可能已经30岁并参加过两次世界杯了，但是你也许一直都在做一些错事，你不可能在这么晚的时期忘却这一切。从这方面来看，一个18岁的孩子可能拥有更多我们一直在寻找的那种类型的经验。"比赛最终以2∶2的平局收场，这让范加尔颇为不悦，他说："让我印象最深的就是下半场，我们将日本队重新带回到比赛中来。当你带着2∶0的领先优势结束上半场后，你就知道中场休息结束后你可以用同样一种方式来踢球。可是后来你却帮助日本队重新坐回到马鞍上，而且此后他们再也没有下来……日本人能够坚持90分钟，可我们只能在对阵匈牙利的比赛中给对手持续施压90分钟。为什么我的球员们本赛季老是无法保持健康呢？我不知道，但是我必须得依赖于那些俱乐部的教练们。在世界杯的备战期中，我可能会拥有3~4周的时间，我不知道这到底够不够。"

荷兰队继续为世界杯做着准备工作，他们接下来在阿姆斯特丹竞技场与哥伦比亚队踢了一场友谊赛。将在世界杯结束后接替范加尔作为国家队主帅的古斯·希丁克也现场观看了这场比赛，他大力称赞了球队。"我喜爱这样的比赛，这是我想要看到的，大家全力以赴。'橙衣军团'展现出了一种真实的生存信念。"双方最终0∶0互交白卷，比赛中，杰雷曼·伦斯被蒙蔽了双眼，因而做出了一次愚蠢的犯规动作并被红牌罚出场外。"它让你想要知道我到底还需要多少这种时刻才会接受教训。"这位上当的前锋如是坦言道。然而，范加尔却为0∶0的比分感到自豪，而且还相当满意，他说："11人应战时，我们已经是更好的一方了，而以10人应战时我们仍旧在竞争中不落下风。我看到了一场伟大的比赛，这或许是我治下表现最好的一场球。我们努力拼搏，力争在比赛中保持专注。这是一场顶级比赛。伦斯的那张红牌是不公平的，那最多是一张黄牌。话虽这么说，可伦斯本应控制好自己的，这也是你职业中的一部分。另一个哥伦比亚的家伙企图将范德法特踢出场外，这些事情在一场真正的比赛中都是有可能发生的。我很高兴能够遇到这样一个对手，我为全队感到自豪，我会去小酌一杯以示庆祝。"

对范加尔焕然一新的表现的称赞同样还来自一个意想不到的地方。约翰·克鲁伊夫认为路易斯·范加尔就是最适合当前这支国家队的人。好吧，对此他并没有说太多的话。在克鲁伊夫大学的14周年庆典上，他作为贵宾参加了一个名为"Yes-no"的游戏，就像广受欢迎的荷兰电视节目《巴伦德与范多普》一样。在被问到范加尔是否是最适合荷兰队的主教练时，克鲁伊夫的回答是："Yes。"

第 22 章　范加尔 2.0

"我通常都不会想起范加尔这个人，直到有一天，一本书躺在了我的桌子上：《路易斯·范加尔——这个男人以及他的方法》。范加尔不会对这300页跟他相关的信息感到开心，他一直都想仔细审查诸如此类的出版物，但是作者马尔滕·梅耶尔并没有干涉范加尔，他已经写了两本跟古斯·希丁克有关的书，以及一本关于迪克·艾德沃卡特的书。他的书凸显了范加尔迷人的智慧。在读这本书时，你会情不自禁地再次被这个男人吸引住。我很喜欢阅读有关范加尔的书籍，而且我已经完全准备好迎接他的东山再起了。"

——《足球国际》编辑，约翰·德克森

"我很惊讶。"这是马尔科·范巴斯滕在听说路易斯·范加尔第二次成为荷兰国家队主帅时的反应。"但是我认为选择他是正确的，因为他是一位经验丰富的教练，我现在很好奇他将如何执掌这支球队。"2004—2008年，荷兰国家队的主帅是范巴斯滕，范加尔在此期间多次批评过这位同行中的晚辈。荷兰职业教练联盟（CBV）并不赞赏他的这一行为。这家组织谴责范加尔不应做出这些公开评论，作为回击，后者取消了自己在组织中的会员资格。

　　曾经也入选过最终候选人名单的罗纳德·科曼表达了类似的情绪。这位曾经在阿贾克斯经常与范加尔争论的费耶诺德主帅对在线体育杂志《NU-体育》说："我觉得荷兰足协的选择出乎人们的预料，我没有当选，其他教练也是如此。他是第六选择，我相信这一点。请给这句话加上'玩笑'二字，否则的话，这句话明天绝对会被人断章取义的。"不出所料的是，约翰·克鲁伊夫并没有对范加尔的任命表现出过度的关心。"我不能逃避影响，荷兰足协主席范奥斯蒂文很快就做出了这个决定，这对荷兰足球来说是至关重要的。这个决定是好还是坏，现在只能听天由命了。事情本不应该以这种方式发展的。希望范加尔能好好利用这次机会，并以一种富含体育道德的方式来算清总账。同时我也希望他能将我们曾经所拥有的荷兰足球精神给带回来，也就是说，踢出一种英勇无惧的创新足球。如果他做不到的话，我就不会展望未来，也不会关心范加尔。"

　　更多热情洋溢的支持之声从其他地方传来。路德·古利特、罗纳德及弗兰克·德波尔兄弟都通过推特表达了他们的欣喜之情，并预祝这位新任荷兰队主帅取得好运。"范加尔是我们最好的选择。"这是埃因霍温主帅迪克·艾德沃卡特对此事的回应。"他们简直不能再做出一个更好的决定了，那个人几乎已经赢得了一切。哪个奖项没有刻上过他的名字呢？他的履历表明他在所有地方都经受住了考验，没有任何例外。"国家队球迷联盟也对这一任命感到喜出望外。虽然范加尔第一次执教球队的结局比较苦涩，可是这家组织的成员们依旧保留了对那段时期的美好回忆。董事会成员西奥·波夫解释道："到目前为止，他是唯一参与到我们的活动之中的国家队主教练。当然了，球迷会支持任何一位主帅，这是原则问题。不过，范加尔确实在球迷之中颇受欢迎。"

在接受这份工作时，范加尔故意没有去请教前任主帅，他说："我想创造一种没有偏见的开端，球员与教练员之间的化学反应取决于在某一特定时点出现的那些人。我本人跟伯特·范马尔维克有许多不同之处，而且我手底下的教练员们几乎都是初来乍到的。"他想要倾听来自球员们的看法。他率领国家队完成了第一堂训练课后就在位于诺德韦克的胡斯特杜因酒店安排了一场会议，这里是荷兰国家队的定点集散地，过去和现在皆是如此。"会议室很美，里面还生有柴火，"范加尔解释道，"我已经让他们调整了照明设备，球员们的椅子也是按照半圆形来放置的，这样一来所有人都能面对面地进行交流。"

这种"圆桌骑士会议"出现在诺德韦克已经不是什么新鲜事儿了。1998年，当时管理球队的主帅是古斯·希丁克，时任领队汉斯·约里茨马为荷兰队的成员们制定了一份行为准则。像吉奥瓦尼·范布隆克霍斯特、菲利普·科库以及弗兰克·德波尔这样的球员都曾被要求在这份文件上签名。这份文件充斥着各种与踢球风格、与媒体互动以及与酒店表现等行为有关的规章制度。对一些人而言，这可能看上去做得有些过头了，但是在经历了灾难性的1996年欧洲杯之后，它开始变得不可或缺起来。

在笔者所著的《古斯·希丁克——一名超级教练的写照》一书中，笔者记录过这样一段话："在经历了1996年那个暴风骤雨般的夏季之后，希丁克面向国家队成员出台了一份类似于'十诫'的神圣契约。这套行为准则在后来被称为《诺德韦克宣言》。球员们为了敦促自己服从规定，开始从形式上致力达成全队的共同目标，就算他们在这条道路上可能会做出一些个人牺牲也在所不辞。这是一份保险，用于防范球队在另一项重大赛事中再次因利己主义和不团结而出现崩盘的局面。"

范加尔在开始备战2014年预选赛战役时明智地借鉴了描写希丁克的这本书。有13位球员参加了球队的炉边谈话，这位教练对谈话的实际内容守口如瓶。"显然，欧洲杯之后有一大堆悬而未决的问题摆在我们面前，而且这其中有很多都已经被公之于众了。每个人都能读到、能看到，也能听到球员们之间的关系是怎样恶化的。我在开启会谈时援引了2010年一档电视广播节目的影像资料，该节目总结了1996年欧锦赛时球队在古斯·希丁克手下所做的所有错事，以及他之后是如何带领球队在1998年世界杯中拿出梦幻般的表现的。一些新规和明确协定在复兴阶段发挥了重要的作用，它们都和如何与大家进行互动交流有关。有趣的是，帕特里克·克鲁伊维特出现在了当年那个项目之中，而他这次又在屋子里和我们坐到了一起。随后我们展示了那届成功的南非世界杯的片段，以及2012年欧洲杯开赛前对韦斯利·斯内德的一段采访。他当时说实力如此强劲的荷兰队只要拿不到冠军就不会满足，然后我就问：'那么，事情的发展怎么可能会出现天差地别的状况呢？'这场谈话最终持续了两个小时，不过我是不会透露更多信息的。"

在讨论会即将结束之际，范加尔面向球员们发表了他自己的宣言："那很自然地就跟会议开始时探讨的内容联系起来了，也就是和1996年、1998年有关的文件。当然，我事先已经跟其他教练员们讨论过这些规则了。他们已经添加了一些内容，同时也删去了另一些内容。最终，我们提出了一个每名教练员都大致表示同意的版本。这些规则还得到了视觉图像的支持。比如，我们在探讨是否同意使用头戴式耳机时就受到了YouTube上一段视频的启发——'体育天才们的头戴式耳机'（比利时有线电视足球频道制），这段视频嘲笑了使用头戴式耳机的顶级运动员们。我们的打算是让大家相互监督，并纠正任何一个不遵守协议的人，不管他是一名球员还是一位教练员。"

范加尔在第二次成为国家队主帅后，"悠闲而老练"似乎变成了一个对他行为举止的潜在描述。也许他真的变了，难道这是因为他在结束了第一段令人难忘的国家队主帅任期后又经历了133场国际比赛吗？一些身兼业余心理学家的媒体权威人士立即给出的结论是不是这样的。记者威尔弗雷德·格内在他《体育世界》的专栏里告诉读者说："在泽斯特举行的那场荒谬的新闻发布会（在荷兰足协总部中）上，他对大家说了再见——在这场新闻发布会上，所有人都被指责应该为'橙衣军团'的失败（没能进入世界杯决赛圈）负责，除了范加尔他自己。为了现在这一刻，他已经等待了11年。11年后的今天，仍然没有任何迹象可以表明他认为自己也应该对此事负责。一切都没有改变，什么教训都没学到，巴西和我们之间依旧是长路漫漫。我们再次拥有了一位仰慕他的技术员工。路易斯·范加尔只把那些不愿批评他管理风格的人聚拢在自己身边，这是他的特色。我们再一次从那些人嘴里听到说范加尔在日常生活中是一个好人。为什么我们从来没有在公众场合看出这一点呢？"

一条稍微显得更加慎重的评价从德国传来，拉斐尔·布施曼在《明镜周刊》中写道："'我并没有改变。'（范加尔）在对阵德国国家队之前这样说道。在这一点上，这位年满61岁的人仍旧忠实于自己：范加尔只会通过自己的眼睛来看待世界。因此，这位曾经赢取过冠军联赛的教头在最近几周与德国足球的权贵们产生纠纷并不是一件让人感到惊讶的事情。矛盾最深的当属拜仁主席乌利·霍内斯。对于这样一位说话直来直去的教练来说，跟霍内斯共事几乎是不可能的，即使是德国国家队主帅尤阿希姆·勒夫也遭到过他的炮轰：'伟大的教练必须同时能赢得冠军，而勒夫现在还没取得过什么桂冠。'你从范加尔所做的评论来判断他这个人就再明白不过了：不，他实际上并没有改变，他现在情绪很好只是因为荷兰队现在踢得很好。"

范加尔声称他在拜仁时为俱乐部2012年以及2013年的成功奠定了

基础。"我开创了这套体系，尤普·海因克斯采用了它，而佩普·瓜迪奥拉也追随了范加尔的哲学。"不出所料，乌利·霍内斯嘲讽了范加尔对拜仁最近这段历史的评述，他说："只有路易斯·范加尔才会这么想。上帝创世之前，范加尔就已经存在了。如果你从这样一种角度来看待问题的话，你就无法真正地了解世界是怎样运转的。范加尔为我们清扫了他的前任尤尔根·克林斯曼留下的不良遗产。他这样做，从某种程度上来说确实为拜仁慕尼黑现阶段的发展提供了帮助。我们现在取得了成功，但是他在揽功时不能超过这个范畴，而且也不能将任命瓜迪奥拉的功劳揽在自己头上。鉴于他这样的表现，世界上几乎没有人会认为他是一个讨人喜欢的人，即使他是一位曾经取得过成功的教练。就拿一件曾经发生在阿贾克斯的事来举例吧：把自己任命为主管，并于4周之后现身法庭，这种事只会发生在范加尔身上。"然而，范加尔所说的话并没有霍内斯想象的那般离谱。在22年的教练生涯中，范加尔已经率领几支球队赢下了不可思议的19座冠军奖杯。不过，他在足球领域中的一些成就并没有立刻显现出来，比如他对瓜迪奥拉的影响，以及对后者于2008—2012年期间建立的那支巴塞罗那的影响。在吉列姆·巴拉格所著的《佩普·瓜迪奥拉——胜利的另一种道路》一书中，范加尔与约翰·克鲁伊夫一道，被尊崇为瓜迪奥拉治下那支巅峰巴萨的奠基人。瓜迪奥拉亲身感受了这两位伟大的荷兰足球建筑师是如何运用他们自己的哲学，并最终将这支来自加泰罗尼亚的俱乐部推到前所未有的高度上的。克鲁伊夫发起了整项进程，率队踢出了一种可以用来定义巴塞罗那的足球风格，而瓜迪奥拉后来成为把这种风格发挥到极致的人。范加尔在1997—2000年执教巴萨，这三年时光就像一根神奇的管道，连接了克鲁伊夫的艺术初衷以及瓜迪奥拉的赢球风格。范加尔在克鲁伊夫所留"遗产"的基础上构建了巴塞罗那，但是他怀揣着一种对他不利的决心，那就是别人永远不要质疑他的方法。他所做的并不一定是错的，但是对巴塞罗那而言这就是错的，这一点在瓜迪奥拉接管球队并适应范加尔一贯的方法时变得越发明朗起来。瓜迪奥拉并没有让自己远离范加尔的风格，不过他巧妙地采用了一种因地制宜的方式，这让他获得了巨大的成功，瓜迪奥拉后来转投范加尔的老东家拜仁也是可以预见的。瓜迪奥拉已经在慕尼黑大展宏图，而在他之前，范加尔和海因克斯已经通过辛勤耕耘为他的一展身手打下了坚实的基础。

2012年11月，巴塞罗那在客场4：0战胜莱万特后到达了一个重要的里程碑。丹尼·阿尔维斯因伤被哈维·埃尔南德斯替换下场后，巴塞罗那场上的所有人都出产于自家的青训体系。比赛结束时，哈维特地表扬了路易斯·范加尔，他说："当他还在巴塞罗那时，他一直在说俱乐部应该致力只用自己培育的球员来构建一支球队。现在，我们实现了这一目标。这是一项出人意料的超凡成就，范加尔为此奠定了基础。我希望借这个机会对此向他表示感谢。"

从某个方面来说，路易斯·范加尔可以被看作一个海报男孩儿，原因是他具备一种老式学校的、无所不能的、据老师所知最好的管理风格。在这样一个开明的时代中，这些方式会受到惩罚，即使它们有时仍会奏效。可是，真正的问题可能就在于范加尔并不适合当代教练这种魅力十足、能言善辩的行事风格，而这种风格正是媒体所喜欢的类型。他已经过时了，此外，他的政治立场也并不正确。

专栏作家舒尔德·莫苏用一种讽刺的口吻在《共同日报》中指出了这一点：

"如果有人认为我们的国家队主帅仅仅是一个出人意料的人、一个有趣的人、一个为足球世界增光添彩的人的话，那他绝对已经过时了。表扬范加尔是因为他的勇气、他的原创性以及他在足球方面的独到见解——这是一种非常复古的东西，始于20世纪90年代。有很多人都认为路易斯·范加尔总是在自讨苦吃，可以说他们抓住了重点。范加尔缺乏一些至关重要的社交技巧，这是确切无疑的，或者你也可以说他缺乏一种见风使舵的性格。这显然让他有资格成为那种被贴上'疯子'的标签的人，这种标签表示的是一个愿意放弃一切的人。对于像范加尔这种性格高度复杂的人来说，'疯子'看上去像是一种简便速记法，也是一条实用的总结。此外，还有一种更具说服力的说法。不久前的一天，足球专家约翰·德克森在国家电视台上说路易斯·范加尔不仅是一个'疯子'，而且还是一个'危险的疯子'。他是通过观察这位国家队主帅诸如开口说话等方式得出这一结论的。德克森直言不讳地公开发表了这一言论，根本就没有任何讽刺的意味在里面。我已经在不同时期给范加尔贴上过各式各样的标签，不过'危险的'一词从来没有出现在这些标签当中。"

莫苏的同事伯特·内德霍夫在《足球国际》中撰写了有关"范加尔的不同面孔"的文章："和其他人一样，我也有过一些采访范加尔的独特经历。我们的第一次互动发生在20世纪80年代初期，当时他还在阿姆斯特丹的唐博斯克学校当体育老师。我们约好了在学校里进行一次采访。完全出乎我所料的是，当我问完第一个问题后，范加尔做出的回应是立刻反问了我一个问题，他还采用这种方式回复了我所提出的其他所有问题。因此，我们这次会面没能成为一次采访，而是成了一场辩论。我并没有因此而感到恼火，因为我曾听说过一个很好的故事，在这个故事中，范加尔被描述成一个总是在制造攻击性言论的人。让我感到吃惊的是，在我们谈话时有很多他的学生路过我们身边，他们都对自己的老师表示出了一种尊重，这其中不乏一些来自阿贾克斯极端球迷组织'F-side'的青年。即使在那时，范加尔也算得上是一位真正的领袖，一个让他的学生们无比敬畏的人。"

"2005年，我尝试着将电视剧《没有足球的生命》中的教练刻画成这个男人的形象。几乎所有跟范加尔关系紧密的人都说他是一个热心肠而且容易接近的人，他真正会对那些与他直接共事的人所遭受的痛苦表示怜悯。路易斯愿意支持我的调查，而且在这一过程中他还说了许多出人意料的话语。比如，在回答我的问题'最近一次号啕大哭是什么时候？'时，他说：'1994年，当我妻子过世的时候。'你当时可以明显看出范加尔的情绪变得激动起来，而这也彰显了他人性中光辉的一面。结果，他变得更加讨人喜爱了。他为什么不能在电视或广播的访谈上表现得更弱势一点儿呢？这会给所有热爱足球的人展示一个更好的形象——一个纯粹的人，而不是一个总是跟记者作对的教练。"也许范加尔已经默默地将这条充满善意的建议装进了自己的心中。

在这场足球盛宴开始之前，路易斯·范加尔就宣布说他会在2014年世界杯结束后立刻卸任主帅一职。"我在拾起国家队的教鞭时就怀着一颗雄心，那就是杀入一次世界杯或者一次欧洲杯。我以前从来没有做到过，而我现在正在尽一切努力来保证自己可以完成这一目标。在那之后，我就会离开。我必须得不断地从其他教练那里借来球员，可我并不喜欢这么做。我憧憬的是能够每天和我的球员们待在一起，并且跟他们在球场上共事。"范加尔认为预选赛是为了能够在巴西这个全球大舞台上登台亮相所必须做出的牺牲，伯特·范奥斯蒂文对此并不感到奇怪，他说："如果你稍微了解一点儿路易斯·范加尔的话，那么你就会明白，对他来说，无法掌管一支球队是一件困难的事情，因为他并不喜欢依赖他人。但是，我们主要还是得从字里行间来判断正在发生着什么。范加尔正在为世界杯打造一支全新的荷兰队，他成功地拿到了9胜1平的战绩，并顺利取得参赛资格。他无法总是好好地跟媒体相处，这有时会给荷兰足协以及我们的形象带来不利的影响。另一方面，有些人经常会通过添油加醋的方式来夸大事实。"范加尔坦承自己会郑重考虑是否在世界杯结束之后解甲归田，他说："除非有一家诱惑力十足的英超俱乐部表达他们的兴趣，那样的话我就会和我的妻子特鲁斯好好考虑一下。"

另一位荷兰记者威廉·维瑟尔斯在《人民报》中提出了反对意见："这是一条来自刚刚成立的'范加尔必须留下来'委员会的消息。只要范加尔掌舵，我们就可以再次相信2014年的世界杯上必将闪耀振奋人心的橙色基调。他是一位出类拔萃的团队工作者，虽然这个世界充满了各种罗纳尔多以及各种兹拉坦，可足球依旧是一项团队运动。范加尔积极乐观，他让球员们变得更好，他会挑选并尝试起用一些新球员，他相信年轻球员，他不是一个玩世不恭的人，他用一种有组织的方式在工作，他永远都称不上是一个了无生趣的人，而且他现在甚至还能处理好一些批评的声音。他依旧会生气，但不会像过往那样暴跳如雷。他是有些自满，可谁又会在乎呢？"

"这同样让事情变得更加有趣了。当他的球员们为菲律宾遭受台风袭击的遇难者们捐款5万欧元后，他由衷地感到自豪。他是一个顾家的男人，当他看到他挑选的新球员的女友为该球员生出小孩儿后，他会发自内心地感到高兴。而且，那名球员（帕特里克·范安霍尔特）第二天返回训练场后便满心欢喜地驰骋翱翔起来。在这种时刻，范加尔的眼睛会变得闪闪发光。我们还完全没有过够拥有范加尔的日子。是的，也许你已经受够了，可是委员会没有。请原谅他的那些怪癖吧，毕竟我们都有缺点。没有人能像范加尔那样带领我们前进，这就是范加尔必须留下来的原因，直到2016年。'范加尔必须留下来'委员会感谢您的关注，本文到此为止。"然而，委员会的愿望最终还是落空了：官方宣布古斯·希丁克将会在世界杯结束后接过路易斯·范加尔手中的教鞭。

2014年3月，灾难降临了。凯文·斯特罗曼在意甲联赛中代表罗马出战争冠对手那不勒斯时伤到了膝盖，这使得他整个赛季全部报销。面对中场关键球员的流失，范加尔决定将阵容转换成5-3-2。"不过要是我们对结果感到不满的话，我们随时都可以重回4-3-3，这种可能性在每场比赛中都会一直存在。"他之后还安慰了他这位心灰意懒的同胞。这种变阵的行为就像在荷兰归正会的教堂中诅咒他人一样令人难以接受，因为荷兰足球的教义规定：球队必须得有边锋投入到进攻之中。荷兰的球迷们不喜欢看着他们的球队死守城池并等待反击的机会，对意大利人和比利时人来说这可能还不错，但是这并不适合足球场上真正的男人。"在那些不喜欢范加尔的人看来，这就是一种不忠，是一种对'荷兰学院派'原则的背叛。"国内有媒体这样报道。范加尔不为所动，他说："我开始这么做是考虑到了这群球员的能力，而且我是一位喜欢获胜的教练。我们现在拥有了使用这套体系的最佳时机，我被任命为主帅就是为了去获得胜利的。我必须将这支球队的潜能最大化地激发出来，对我来说，这才是最重要的，其他都无关紧要。我会决定使用哪种阵型，没有哪位主管会对我说你应该怎么踢。荷兰足协给我下达的任务是进入前四，然后我就试着朝那个目标努力了。我挑选出了一支最有可能让我获得成功的球队，也采用了一套最有可能让我获得成功的体系。"

荷兰队迁入了曾被济科的弗拉门戈队使用过的著名训练基地，唯一有明显变化的迹象就是那扇木门被漆成了橙色。训练营位于里约热内卢高档的哈维亚区，这里充满了一种宽松的良好幽默气氛。罗宾·范佩西很喜欢和其他队友的小孩儿们踢即兴的球赛，他们都会穿着荷兰队的训练服，而他们的母亲则会在场边观战。他说："我们的家人居然能够被允许进入酒店，我感到非常惊讶。和西班牙比赛开始4小时之前，我还在水池里和我的儿子做游戏。我觉得这很特别，我不认为自己曾经经历过这种事。范加尔不仅是一位顶级教练，他在社交领域同样出色。"范加尔解释说："我的原则就是顾全大局。任何个人、每位球员，他的头脑以及他的心智都发挥着重要的作用，而心智又会受到他周围环境的影响。于是，我允许太太团可以在周四和今天早上到酒店里去给球员们送温暖，这样一来球员们也会精神大振。起初，我们本打算给球员们播放一些视频片段并以此来激励他们，不过现在这个方法更加有效。"

由于心情大好，活力四射的双人组合罗宾·范佩西及阿扬·罗本联袂攻破西班牙那条后防线，要知道，这条防线在2010年的夺冠之路中仅仅丢掉了两球。荷兰队在小组赛第一场比赛中以5∶1的比分重创西班牙，范佩西和罗本双双梅开二度，并将64年以来最惨痛的失利亲手送给了西班牙。起初，荷兰队以0∶1落后，不过范佩西用一粒技惊四座的进球扳平比分，此球也为世界杯树立了进球的标杆。戴利·布林德的斜传给范佩西鱼跃龙门般的头球创造了平台，此球可谓一座丰碑，它彰显了运动能力、意识以及时机把握能力。这位教练和这位队长在边线上击掌相庆以分享喜悦，这同时也意味着他们对球队的部署感到满意。这是一次2010年南非世界杯决赛的重演，当时那支夺冠的西班牙队从2008年开始就已经统治了世界足坛，对范加尔的球队而言，这个结果着实让人瞠目结舌。

那晚，"橙衣军团"的整条防线加起来总共只有88次国际比赛出场经历，而西班牙后卫塞尔吉奥·拉莫斯一个人就有116次。由此可以理解，球迷和媒体在本届赛事开打之前对球队的期望并不高。"可我们并不这么想，"球队队长范佩西自信地说道，"当然了，我也没想到我们居然可以打进5粒入球。不过，我们确实知道我们应该怎样去打击他们。这简直令人难以置信，不过范加尔几乎总能预测对比赛的进程。他的预测十次有九次都是对的，真的——几乎所有的事情他都在比赛开始之前说过，这简直无与伦比。这场比赛刚开始时，我们就看出他是正确的了，这也是我们为什么在一球落后之后也没有出现恐慌。当然了，在某一个时点，一切都有可能发生，就像我那个扳平比分的进球一样。不过你也得不断努力才能让这些事情发生。中场休息时，他做了这样一场让人难以忘怀的演讲。我们完全知道如果双方打平时我们应该做什么，如果落后或领先时又分别应该怎么做。我们知道我们的目标是什么。"赛前，范加尔在新水源球场的地下室中拥抱了哈维、伊涅斯塔以及皮克——这是整个计划中的一部分吗？难道是范加尔削弱对手决心的计谋？不——那完全是发自内心的。不过这确实彰显出这位教练在走进球场时的心情有多么舒畅。

接踵而至的欣喜之情让他们好像忘记了自己甚至还没有进入第二轮的事实。下一个对手是澳大利亚，这是一个荷兰从来没有击败过的国家。范加尔决定继续使用在对阵西班牙时得到有效运转的5-3-2体系，不过他在中场休息时又变回了4-3-3。澳大利亚在上半场主导了比赛，他必须做出一些改变来帮助他的球员们掌控局势。对方前锋蒂姆·卡希尔拙劣的犯规导致后卫马丁斯·因迪因疑似脑震荡被送到医院中，而这个动作也让澳大利亚人得到了一张黄牌，他将因停赛而无法出战小组赛最后一场比赛。"我将阵型转换成了4-3-3，因为这可以让我们在前场施加更多的压力，我希望这样做能帮助我们在比赛中重回正轨。最终，这些都发生了。"范加尔说道，"我想要给予我的球员们更多信心。他们早已习惯了跟3名前锋一起踢球，这就是我要派上孟菲斯·德佩的原因。我原本是想在中场休息时这么做的，可是这提前发生了，因为他们将布鲁诺·马丁斯·因迪踢出了场外。"20岁的德佩用一粒绝杀回报了教练的信任，这是一脚25码开外的世界波。

范加尔一直认为球队的成功应该归功于全队的努力，他很少挑出单个球员给予褒奖。不过，他在取得这场3∶2的胜利后破天荒地表扬了球员。"下半场，我们创造了更多的机会。我确实需要祝贺全队，并为他们送上称赞，因为我们完成逆转的方式简直令人难以置信。尼格尔·德容奉献了一场伟大的比赛，他是如此拼命地在战斗。阿扬·罗本和罗宾·范佩西又进球了，他们在两场世界杯的决战中已经各自攻入3球，而全队也已经打进了8粒入球。我总是听到有人说我不让荷兰队按照'荷兰学院派'的踢法去踢球，但与此同时，我们的进球数却比其他任何一支参加世界杯的球队都多。"荷兰击败了澳大利亚——在这届充满了各种"第一次"的世界杯中，这成为又一个"第一次"。荷兰国王及王后也共同参与到庆祝中来，他们还在更衣室中与所有球员、工作人员合影留念。

通常来说，智利都不是一个容易对付的对手。这场比赛将在圣保罗进行，荷兰在经历了一个慢热的开场后最终取得胜利，并保持了他们100%的胜率。一位顶级教练在世界杯上能取得什么样的成就？路易斯·范加尔做出了示范。球队从被认为是"死亡之组"的小组中拿到9分，并通过一种被荷兰媒体谦逊地称之为"polder catenaccio"（源自意大利的"链式"防守风格足球）的球风在3场比赛中斩获10粒入球。范加尔在对阵澳大利亚的比赛中采用的那条防线可谓漏洞百出，于是他重新组织了一条防线，从而抵挡住了牛气冲天的智利人源源不断地施加而来的压力。他换上了一位来自刚刚降级的诺维奇城的中场，并让他成为一名在世界杯上取得进球的球员——勒罗伊·费尔从板凳席上替补出场仅仅两分钟之后便命中了目标。

范加尔早已注意到对面这支来自南美洲的球队在防守定位球方面存

在着漏洞。比赛已经进行了77分钟，不过这个弱点最后终于被名不见经传的费尔利用了，他接到达利尔·扬马特的传中将足球顶入网窝。同时他还立了一功，那就是降低了智利队的能量等级。果然，第90分钟，孟菲斯·德佩又在反击中将罗本的传中球捅入球门，并为荷兰确保了一场2：0的胜利。范加尔的赛后观点认为他成功利用了一个事实，那就是智利"总是会在最后15分钟的比赛中留出更多的空间"。他并不喜欢别人问他为什么踢得这么保守。"请问你能给出一个攻势足球的定义吗？"他回答道。不依不饶的美洲记者依旧抓住这个问题不放："我只是在告诉你我所看到的东西。"范加尔回击道："如果你要问我，那我也得问你。这是一场最高水准的比赛，而最聪明的球队获胜了。我们能够让智利队无功而返。如果你看看我的简历的话，你就会发现我已经赢得过很多场比赛的胜利。我坚信，你必须创造一种可以获胜的策略，如果策略没有奏效的话，他们就会砍掉我的脑袋。"

到目前为止，荷兰队只有一场比赛能够在控球方面占得上风，而这场比赛的对手是澳大利亚，可荷兰队只拿到了52%的控球率，而且得分也只是来自远射和反击——对于一个以控球为荣的国家来说，这样的事实足以制造一种国民认同危机。荷兰足球教父约翰·克鲁伊夫就站出来反对了范加尔的踢球风格，即便球队已经打入10球。然而，范加尔彰显了一种更加强大的能力去适应自己的理想，他也因此证明了自己是一位比克鲁伊夫更加优秀的教练。路德·古利特将这种战术与荷兰队上次夺魁时所采用的战术进行了比较，也就是1988年获得欧锦赛冠军那一次，他说："我完全支持路易斯·范加尔这种现实主义的方式。足球一直在演变，这就意味着你在当今重大国际赛事中必须变得更加聪明、更加现实以及更加狡猾才能更好地生存下来。在荷兰足球中，我们通常都缺乏这种现实主义的方式。但是，范加尔这支征战巴西世界杯的荷兰队成了这种新兴意识的巨大典范。"德国足球评论员汉斯-金特尔·克莱姆同意这一观点，他说："本周我给《踢球者》写了一篇评论文章，题为《路易斯·范加尔征服了浪漫主义》。显然，一提起他你首先会想到的就是克鲁伊夫。我很吃惊，荷兰居然在世界杯上走得这么顺畅。范加尔拿出了惊人的表现：范加尔总是能正确地调度球队，并将手上可用球员的能力最大化地激发出来。大家讨论的焦点就在于到底该使用4-3-3还是5-3-2，可我发现最有趣的事情就是范加尔敢于在这两种体系之间不断地进行切换。这种节奏转换正是让'橙衣军团'变得强大起来的真正原因。"

　　范加尔确立了自己的战术，荷兰队的球员们完全忠实于自己教练的想法和信念，看起来待在巴西的其他球队的球员在这方面都比不上荷兰队的球员。世界杯刚开始之际，中场球员韦斯利·斯内德就说过："最好让所有人都认为荷兰队无法从小组阶段突围，这样一来，当我们最终以9分登顶的时候，那种感觉才会更加美妙。之后我们立刻就会再次成为热门球队。对此，我有一种良好的感觉，我是认真的。"荷兰队在决心和团结方面展示出明显的高度统一，而这也是驱使他们杀入第二阶段赛事的原因。荷兰队阵中没有像过往大赛那样出现分裂的倾向，一些来自国内球队的年轻球员完全吸纳了为他们的教练所信奉、被他们年长的队友发扬光大的足球哲学，比如斯特凡·德弗里伊、戴利·布林德以及孟菲斯·德佩。健壮的全能球员德克·库伊特说："他已经在多个国家中证明了自己可以做好这份工作，不过他同时也让球员们相信了他的方法是可以获得成功的，我认为这才是关键点。我们信任他，他保持着冷静，所以我们也会保持冷静。"

　　小组赛阶段三战三捷使得荷兰队成为欧洲最炙手可热的球队。他们看上去是一支危险的球队，而且组织程度也比较高。所有球队都希望能够避开荷兰队，好像突然间就没有人想跟他们踢球了，至少不要在淘汰赛头几轮遇到他们。当荷兰击败智利夺得B组头名后，即便是东道主巴西也流露出一种畏惧感。范加尔非常注重细节，而且他具有一种提升表现欠佳球员的信心的能力，这些因素不断鞭策着这支年轻的荷兰队。人们之前只知道罗宾·范佩西、阿扬·罗本、韦斯利·斯内德、德克·库伊特及尼格尔·德容能够发挥出世界足坛的最高水准，然而三场比赛过后，名不见经传的孟菲斯·德佩、勒罗伊·费尔、杰雷曼·伦斯、戴利·布林德、斯特凡·德弗里伊以及其他很多球员都加入了这一行列。

团结压倒一切。"我认为要是没有它，任何事都是不可能的，"当荷兰正着手准备迎接16强战对手墨西哥时，范加尔如是说道，"如果球员和教练员之间缺乏和谐的话，我就不认为你能取得任何成就。我们在当前这支荷兰队阵中就拥有这种和谐，所有球员和教练员都坚信我们可以取得尽可能多的进步。如果你在世界杯中还没有被淘汰出局，那你不妨尝试着去赢下它。只有球员才能去完成这个任务，我只是达到目的的一种手段，仅此而已。不过，球员们的心态都放得很开，他们简直是一个不可思议的群体，而且这里的氛围也相当美妙。这就是我最引以为豪的事：将23位球员捏合成一支紧密团结的球队。我们有4~5位年龄稍大的队员，而他们的影响力是不可估量的。我们有一个年轻的团体，而范佩西是队长，他是一个对年轻球员相当负责的人。跟他一道起表率作用的还有罗本、库伊特及斯内德。对于一名教练而言，如果你拥有一些球员既愿意付出自己的一切，同时又能像教练那样照顾好年轻球员的话，那这将会成为非常美妙、非常愉悦的一件事。对此，我感到相当满意。"

有一种无聊的论断认为，一旦一支球队走上球场，那么他们的教练能给比赛进程施加的影响就变得微乎其微了。在2014年世界杯上，范加尔反复地挑战着这种说法，其中就包括在福塔莱萨对阵墨西哥的比赛。这是他在本届赛事中第三次成功力挽狂澜并逆转获胜——这一次是2∶1。只有前西德队曾经完成过这一壮举，那还是在遥远的1970年世界杯上。西班牙、澳大利亚以及墨西哥看似都掌控了比赛，可最终却只能接受被彻底击溃的命运。

在热得仿佛置身于高压锅之中的卡斯特劳球场，路易斯·范加尔保持着冷静。他看见荷兰队正在走向凋零，在39℃的高温下，面对韧劲十足的墨西哥，他们的世界杯之旅仿佛即将终结。球员们的头脑也无法保持冷静，这是一道限制他们发挥的难题。体育场的高温是如此可怕，以至于成百上千的球迷都无法继续待在指定的座位上看球了，因为他们受到了阳光的直射。迫于无奈，他们只好站在对面看台的阴凉处。由于位于巴西东北海岸的福塔莱萨酷热难当，国际足联同意在比赛中进行一次喝水暂停。第二次喝水暂停出现在距离比赛结束还剩15分钟的时候。范加尔利用了这次休整，就像美国式暂停那样，他改变了他的战术并向疲惫不堪的球员们的大脑中灌输了新的指令。"我们首先将阵型调整成了4-3-3，随后我们就创造了大量的机会，包括击中一次立柱，以及迫使对方门将做出了一次精彩的扑救。之后，我又转而采取了B计划，是的，我就是在喝水暂停时做出的这个决定。这是一种聪明的方式，我们可以从这些暂停之中受益。我必须要好好地称赞一下我的球员们，因为他们立刻就领悟到了我的意图。"

他撤下罗宾·范佩西，换上克拉斯-扬·亨特拉尔，这是一个大胆的决定。就在世界杯开打之前，范加尔刚刚被确认为曼联的新任主帅。范佩西毕竟是他的队长，也是一位可以帮助他在新赛季开始后扫清路障的曼联球员，而且还能帮助他向更衣室里的其他人推广范加尔的风格和方式。赛后，范加尔被问到范佩西是否受伤了。"没有，换下范佩西是出于战术考虑。这位教练想要获胜，所以他做出了必要的战术改变以及换人调整，事情就是这么简单。"范佩西证实了这一观点，他说："世界杯和罗宾·范佩西无关，最重要的是我们整支球队必须表现出色。我喜爱重大赛事，但我没必要成为被关注的焦点。教练和我的关系非常紧密，从第一天开始就是这样的。他和他手底下几乎所有球员都拥有（一种良好的关系）。每个人都尊重他，所有人都信任他。"

最好的教练能激发球员几乎全部的忠诚感。替补球员克拉斯-扬·亨特拉尔在本届世界杯上还没有捞到哪怕一分钟的上场时间，可他从板凳席上神兵天降，几乎凭一己之力赢下了这场比赛。他先是助攻韦斯利·斯内德打入了一粒伟大的进球，随后又在点球点上完成了绝杀。看台上坐着的大佬们曾不断地呼吁换下斯内德，可范加尔依旧坚信这员老将。第一百次代表国家队出战的德克·库伊特作为左翼卫首发登场，后来又被调整到了右后卫的位置上，再后来又被要求到前场去活动。

"他是最好的球员，或者从战术方面来讲，他可能就是最好的，"库伊特说道，"我们在哪种体系中踢球并不重要——我们很清楚自己应该做什么。他在赛前就已经告诉过我们说如果我们0：1落后了，就可以转换成这套体系。"范加尔确保了他的球队可以继续前进。"他知道未来将会发生什么，"后卫球员罗恩·弗拉尔说，"如果事情没能按照预想轨迹发展的话，他就会更换体系，而这增强了球员们的信心。我们知道，我们拥有一位能够在某些方面做出改变的教练，而且他还能改变比赛的进程。"阿扬·罗本终结了一切，他说："或许范加尔真的有一根金色大屌。"——他使用了这样一句荷兰土语来解释范加尔"吉祥教练"的美誉。不过这其实和运气一点儿关系也没有——对范加尔来说确实没有。他在本届赛事中频繁地做出过许多匪夷所思的决定，而且这些决定都可以归因于"纯属巧合"或者"上帝的旨意"。这和战术天赋有关，如果要涉及某种合金的话，那用"钢铁神经"来描述他就再合适不过了。

范加尔解释道："我看出我们是身体状况更好的一方，在比赛最后关头也一样。正因如此，我才知道我们仍然可以逆转比赛。我们最终成功了，这简直太棒了。你在比赛中如果是踢得更好的一方，那么这种情况持续的时间越长就会让对手越难受。他们和一套特别的阵型对抗了60分钟，而当我们做出改变之后，他们也相应地做出了改变。变阵对我们来说简直是驾轻就熟，因为这本来就流淌在我们的血液之中。所以，如果你做出一些微调，改变传球的长度，还有战术，那你就能逆转一场比赛。我们并不是一支不可一世的球队，但是我们也很难被击败。或许我低估了我的球队，但是我们一直在说，最好的球队或者最不可一世的球队也无法战胜我们。在这套阵容里，我们所有人都有着一个共同的目标。我们彼此支持，相互称赞。这就是荷兰队：23位球员。"

"Laranja Mecânica"（发条橙）——稳步增长的巴西球迷团体就是这样称呼荷兰国家队的。下一场比赛，他们将重返萨尔瓦多，也就是曾经对垒西班牙队的地方。1/4决赛在气氛热烈的新水源球场举行，哥斯达黎加已经在这里摆好了重型大巴严阵以待。说实话，荷兰队本应在常规时间里获胜的。罗本引领着球队前进，中场休息回来后，他们整个下半场都在围攻哥斯达黎加的大门。罗宾·范佩西、阿扬·罗本及德克·库伊特整晚都在不懈地努力，可他们面对的是非同一般的霉运，荷兰队仅在常规时间的最后10分钟便击中了两次门框。全场比赛，他们总共15次射正球门，3次中框，而且还让对方门将凯罗尔·纳瓦斯进入到开挂状态。范加尔看到他的球队狂揍哥斯达黎加120分钟却无功而返，于是他在终场哨即将吹响前换上了纽卡斯尔门将蒂姆·克鲁尔来应对点球大战。正选门将雅斯珀·西莱森在第118分钟时做出过一次关键扑救，这使得他的祖国得以继续征战世界杯。不过，范加尔好像总是知道他正在做什么似的。克鲁尔扑出了哥斯达黎加的第二粒点球，主罚的是来自富勒姆的布莱恩·鲁伊兹，随后他又扑出了迈克尔·乌马纳罚出的第五粒点球。范加尔做出了世界杯上最伟大的换人，他的球队也因此与阿根廷会师半决赛。

范加尔换上克鲁尔的目的很明确，那就是为了即将到来的点球大战。就在点球大战开始前几分钟，克鲁尔还在边线旁做着严格的热身运动。类似的换人并非闻所未闻，但确实特别罕见。有人认为这非常危险，对做出人员调整的教练而言更是如此。要不是伤病的话，他们很少会换下门将，因为所有门将都不敢保证他一定可以扑出点球。所以说，做出这种举动的教练就好像是在自欺欺人，世界杯历史上还从来没有哪位教练会仅仅因为点球大战而换上一位门将的。

此事早有预谋。蒂姆·克鲁尔赛后透露，荷兰队守门员教练弗兰斯·霍伊克早在比赛开始之前就向这位替补门将解释了这种可能出现的情况。"霍伊克走过来对我说：'如果我们到时候还有一个换人名额的话，你就会上场。'后来，这真的发生了，简直非同寻常。你坐了一整场的板凳，然后你还在想比赛可能会进入加时和点球大战。可没过多久，你就必须得亲自扛着球队通过1/4决赛的考验并进入到半决赛之中。这简直就是一场梦，太不可思议了。"

"我们和蒂姆探讨过此事，"范加尔说，"他知道他们怎么罚点球，因为他事先必须要做功课。结果，这些准备工作收到了奇效。假如最终没能如愿，那就会成为我的过错。"然而，事实仍旧摆在眼前：克鲁尔扑点球的表现根本算不上有多吉利——他在过去5年时间里只为纽卡斯尔联队扑出过2粒点球，而对手总共罚过20次。不过哥斯达黎加人事先并不知道克鲁尔的扑点记录，这表明这次换人更多是出于心理博弈，而非战术考虑。"当我开始热身时，整个板凳席都困惑不已，他们不知道将会发生什么。不知道你有没有看到他们教练（豪尔赫·路易斯·平托）的那张脸：他当时正在观察路易斯·范加尔的一举一动，这非常有趣。"

整件事其实就是一场与心理有关的小把戏，范加尔让克鲁尔看上去就像是一个唬人的扑点皇帝一般，即使他根本不是。既然对手这么想，那这位门将就继续演了下去。克鲁尔说："我把他们吓坏了。你会尝试在不表现出侵略性的前提下做任何事，而我却尝试着进入他们的大脑中。"在哥斯达黎加球员罚点球之前，克鲁尔对着他们大吼大叫，并振振有词地说他知道他们会将足球罚往哪个方向，而这位门将确实在每一次扑救中都猜对了方向，并扑出了5粒点球之中的两粒。"我们有一位超级教练，"阿扬·罗本说，"他是一位总能上演这般神迹的主帅，他就是国王。除了他自己和一位门将之外，没人知道他在点球大战之前会做些什么。"

根据约翰·克鲁伊夫以及维姆·范哈内亨在《共同日报》中所做的世界杯预测来看，4支有可能夺得2014年世界杯冠军的球队肯定是阿根廷、巴西、德国或者西班牙，要知道，这两位可是享有"荷兰足球超级大师""我们的足球教父""传奇战略家""1974年飞翔的橙衣军"等美誉的人。这次预测最终达到了75%的正确率，在一届充斥着各种意外的赛事中，这样的结果并不算坏。最显著的例外就是路易斯·范加尔以一种戏剧性的方式让荷兰队在这份决选名单上成功地取代了西班牙队，他在本届世界杯上做出过很多惊为天人的换人调整，可就是最著名的这一次"换人"让他的球队顺利杀入四强。"他是一个天才""一位大师""我们的救世主""神一般的男人"，荷兰媒体在球队战胜哥斯达黎加后用诸如此类的词语描述了路易斯·范加尔。在荷兰各大办公室中，很多雇员电脑屏幕上的屏保都采用了耶稣和救世主的塑像，而范加尔的脑袋则被PS到了他们的身体上。

半决赛在荷兰与阿根廷之间展开，在荷兰电视行业历史上，收看这场比赛的观众人数比任何一档节目都要多——910万人次，或者说大约覆盖了55%的人口。还有另外一件事也没有先例，那就是世界杯半决赛历史上首次出现了双方以互交白卷的方式进入点球大战的情况。这一次，路易斯·范加尔已经用完了他的三个换人名额，因此他将无法让蒂姆·克鲁尔替换他的正选门将雅斯珀·西莱森出场。阿根廷在12码处展示出了更高的精度，莱昂内尔·梅西也因此首次闯入世界杯决赛之中。塞尔吉奥·罗梅罗封住了罗恩·弗拉尔罚出的第一粒点球，随后又将韦斯利·斯内德的大力轰门拒之门外。范加尔在失望之余仍不忘来一点儿黑色幽默，他说："我以前教过罗梅罗如何扑点球，这让我很受伤。"当他还是阿尔克马尔主帅的时候，他就将罗梅罗带到了欧洲，很少有人会想到这位门将会在将来的某一天反戈一击，并亲手埋葬这位教练的世界杯梦。"在点球大战中失利是最可怕的情况。比赛中，我们即使称不上是更好的球队，至少也算得上是实力相当的球队，所以我们对结果感到无比失望。"

球队必须踢三、四名决赛，对此，范加尔并没有掩饰自己的不满之情。"你必须承担连输两场的风险，在我看来，这场比赛跟竞技体育一点儿关系都没有。我10~15年前就这样说过了，可是直到现在也没有出现任何改变。没有任何体育锦标赛，也没有任何足球锦标赛应该让球员们去争夺三、四名，尤其是在最后阶段。这里只有一个奖项，而且这个奖项可以说明一切，那就是成为冠军。"不过，既然这场比赛注定将会发生，那么这位雄心勃勃的主帅还是会全力争胜。"我想击败巴西，并带领这支球队创造历史，因为荷兰队以前从来没有以不败战绩结束过世界杯（也就是说，点球大战除外）。"他再次如愿以偿，荷兰队最终凭借活力四射的攻势足球，以3：0的比分击败了巴西队。罗本再一次成为场上最具威胁的荷兰球员，他说："对我们来说，这种经历一生只有一次，能够来到这里其实已经算得上是无上光荣的事了。我认为我们今天在比赛中用了最好的一种方式结束了本届赛事的征程，而且我们踢球的方式完全配得上第三的位置。没有人会想到我们最终会进入四强。"即使是巴西的媒体也赞同这一评价，《巴西新闻报》撰文写道："荷兰队在点球决战中输给阿根廷队后又亲手埋葬了巴西队。"

在路易斯·范加尔治下，荷兰国家队总共踢了29场比赛，仅有3场失利——对阵比利时和法国的两场练习赛，以及在半决赛中输给阿根廷。这支球队获胜18场，打平8场。荷兰队凭借世界杯上的杰出表现在国际足联的榜单中捞到了525个积分，世界排名也因此蹿升了12位——从第十五位升至第三位，涨幅比其他任何国家都要大。这位新任曼联主帅不可能再期望得到一个比本届世界杯还要合适的平台来展示自己的战术水准。如果范加尔能将荷兰队的表现移植到曼联队中，那么曼联的球迷们就有理由对即将发生在老特拉福德的一切感到振奋不已。

第23章　至高无上的珍宝——曼联

他是一位伟大的足球教练，我很高兴他能来到这个国度与我一同征战英超联赛。而比这更加重要的是，他是一个雄姿英发的家伙，一个顶天立地的男人，我祝愿他一切都好。

——何塞·穆里尼奥

范加尔位于阿姆斯特丹的豪宅正在挂牌出租中。贝肯德·布伦在网站上标出的报价为3000欧元/月，此套豪宅能为你提供1335平方英尺（约124平方米）的空间，五间客房、两间浴室、一口按摩浴缸，以及一片来自"IJ"的美景，也就是让小镇中北部显得如此迷人的那片海湾。阿姆斯特丹人非常好奇：这是否意味着作为这座城市最著名子孙的那个人真的要搬到英格兰去了？几周以来，曼联与荷兰国家队主帅之间那场旷日持久的谈判使得北海两岸人民心中的石头始终无法落地。有人认为这种行为会在世界杯前夕扰乱军心，荷兰足协因此很不高兴。范加尔则指出，如果事情的进展"再快一点儿"就好了。

流言不断扩散，英国媒体甚至赶到范加尔位于瓦尔杜罗保的度假豪宅截住了他——这片奢华的度假胜地位于葡萄牙的阿尔加韦海岸，面积达到500公顷，周围有成百上千栋别墅，还包括15家餐馆、两块高尔夫球场、一家超市以及一家夜总会。相比生活在阿姆斯特丹阴沉的天空下，范加尔更喜欢待在这栋属于他的别墅之中。这座豪宅价格不菲，配有一个大型阳台，可以看到美丽的海景。这里还能俯瞰海洋高尔夫球场的第一处果岭，这位教练只要有时间就会去那里打球。曼联正在采取广撒网的方式寻找着新任主帅，而范加尔此刻正悠闲地在水坑中打捞着高尔夫球，因为他糟糕的开球直接将球击下水了。来访的记者在离开葡萄牙之后发布了一则振奋人心的新闻，那就是范加尔穿着一件粉红色的衬衫。范加尔只有在自己想说话时才会开口，而那天他恰好不想说话。

曼联执行副总裁艾德·伍德沃德最终确认了大家期待已久的消息。他在一份俱乐部的声明中讲道："今天，我们确定将会聘用一位卓越的教练，他就是路易斯·范加尔。到目前为止，他已经在职业生涯中取得了多项成就，而老特拉福德也会为他提供一个合适的舞台，他将在这里为曼联书写新的篇章。俱乐部的历史即将步入一个新的时期，所有人都为之振奋。他在执教生涯中赢得过联赛冠军，也拿到过欧洲的杯赛冠军，他这些成就使得他成为我们的完美选择。人们都知道他是一个与众不同的人物，不过同样给我留下深刻印象的还有他的智慧、他的勤奋以及总能奏效的缜密方法。我期待着跟他一起工作。"作为著名的"92班"的一分子，前曼联中场球员大卫·贝克汉姆表达了他的支持，他说："他拥有与年轻球员共事的经历，常从青训体系选拔球员，比如他在阿贾克斯的时候。对一名曼联球迷以及曼联这支球队而言，能够拥有这样一位出身名门的教练是非常好的。他曾经跟一些世界上最有名以及最好的球员共事过。"

曼联最大的竞争对手早早地表示了祝贺。切尔西现任主帅何塞·穆里尼奥是最早联系范加尔的人，这位主帅同时也是范加尔的老朋友、老同事。"何塞的动作非常快，"范加尔说，"他立刻就发来了一条信息，他说他非常忌妒我的履历，甚至还提到了阿尔克马尔，这种感觉真美妙。"履历上的其他球队分别是阿贾克斯、巴塞罗那以及拜仁慕尼黑。显然，范加尔希望能够追平穆里尼奥所获得的成就，那就是拿下西甲和英超的冠军。范加尔已经率领巴塞罗那拿到了西甲的冠军，而现在，他希望带领曼联冲击英超的冠军。

并非所有在范加尔心中占有一席之地的人都对他的新角色感到振奋不已。如果一切都由他的妻子做主的话，那么范加尔就会在世界杯结束后不再从事任何跟顶级足球相关的活动。范加尔说："特鲁斯希望我退休，而我却想去英格兰。幸运的是，我最终来到了英格兰。"范加尔的大女儿发了一条推特，"亲爱的曼联粉丝们，感谢你们的热烈欢迎。不过我要声明的一点是，我不会将任何信息转达给我的父亲。"

一位具有传奇色彩的人物往往会让他的继任者们相形见绌，在足球领域，历史已经证明这种情况会让球队陷入困境。亚历克斯·弗格森爵士即将从曼联主帅位置上退休的消息在当时成为一条传遍全球的新闻。在执教了曼联26年之后，亚历克斯·弗格森爵士的这一决定意味着他将在英超最后一场比赛结束后彻底放弃角逐全欧任期最长主帅的头衔，而且这最后一场比赛也是他第1500次率领曼联出战。（这一荣誉最终归波达丹主帅罗尼·麦克福尔所有，弗格森爵士接管老特拉福德6周之后他才被任命为主帅。虽然笔者很尊重北爱尔兰足球，但那毕竟不是英超。）

在职业足球世界中，曼联过去几十年的历史比较不符合常理。以足球为生的人和其他种类公司的雇员不同，他们早已习惯了极短的雇用期。不管是球员还是教练，基本上都会不定期地改换门庭，间隔通常都是两三年，甚至更短。在英国，教练的任期似乎比欧洲大陆要长。亚历克斯·弗格森爵士超过25年的任期非同寻常，这不仅是因为其时间长度难以比拟，同时还因为他在此期间取得了非凡的成就。他漫长的管理生涯总共孕育了2座欧洲冠军杯、1座欧洲优胜者杯、1座欧洲超级杯、5座足总杯、4座联赛杯，同时他还在英超联赛中13次夺魁。这样的丰功伟业，任何人都难以与之媲美。大卫·莫耶斯不幸当选为他的继任者，对他这位老乡来说，这无疑是一项压力巨大的挑战。

亚历克斯·弗格森爵士向老特拉福德的球迷们发表了一场感人肺腑的告别演说，现场洋溢着欢快的氛围，同时也弥漫着令人担忧的气息——"下一个是谁？"联赛12场失利过后，痛得竟是那么透彻，看得竟是那般明白，球队通过1/4个世纪才树立起来的红魔精神竟然在一个赛季之内便灰飞烟灭。把曼联戏剧性毁灭的黑锅全部扔给莫耶斯或许并不公平。亚历克斯·弗格森爵士一直发挥着黏合剂的作用，他能将羸弱的个体拼合成一个强大的整体，在缺少了这位强硬的苏格兰老头的监管后，球队瞬间土崩瓦解。曼联很快便承认尝试用莫耶斯来做继任者其实是一场彻头彻尾的失败，虽然他是一个好人，也是一位不错的主帅，可他自始至终都在无尽的深渊里痛苦地挣扎着。

曾与范加尔在荷兰国家队中共事过的荷兰教练雷蒙德·弗海延认

为曼联任命莫耶斯根本就是一个错误的决定，在这个问题上，他成为一位坚定的批评者。弗海延现在是世界足球研究会的一位顾问，他曾经还与已故的加里·斯皮德一道为威尔士工作过，所以他相当了解英国的比赛。他认为曼联管理层从埃弗顿挖来莫耶斯的行为实在太过天真，他说："你真的很想知道那些曼联的负责人是否真的做好了功课。我并不认为这是大卫·莫耶斯的问题，也不是他的责任。但是，如果那些曼联负责人做足了功课的话，那他们是绝对不会任命莫耶斯的，也就是说他们会另请高明。执教曼联和执教诸如埃弗顿之类的球队是两码事，你需要具备不同的战术能力才行，因为后者根本不是豪门球队。在这里，你必须要具有战术灵活性。"

莫耶斯离队，范加尔上任。荷兰媒体自我陶醉地将宣布这两次任命的新闻稿翻出来做了对比。在介绍莫耶斯时，曼联用了简短的一句话传达了他在埃弗顿以及普雷斯顿供职时的状况。轮到范加尔时，曼联的公共关系部门需要用半张A4纸才能将他简历中的精华部分予以充分说明——他主要的成就以及曾经执教过的俱乐部。这种对比——一份新闻稿与另一份新闻稿——立刻在推特上火了起来。

从性格方面来讲，路易斯·范加尔更像亚历克斯·弗格森爵士，这可比大卫·莫耶斯强多了：他是一位充满自信、技巧娴熟、目光敏锐、厉行纪律之人。弗格森爵士会定期评估范加尔的管理绩效，可范加尔不会因为这位大他10岁的苏格兰人受到万人敬仰就对后者的想法产生畏惧之情。曼联每次主场比赛弗格森爵士都会在贵宾席上督战，而且他的想法会一如既往地在俱乐部里起到举足轻重的作用。范加尔评论道："我肯定会找个机会跟他把酒言欢的，过去我们偶尔也会小酌一口。我们相处得很融洽，事实上，我曾经有一次差一点儿就成了他的继任者。那是10多年前的事儿了，也就是2002年世界杯前夕。我是通过（时任首席执行官）彼得·肯扬跟曼联进行接触的，他们告诉我说亚历克斯·弗格森爵士即将退休。只要他一退休，我就会接替他的位置。可是，弗格森爵士最终又不想退隐了。我给自己施加的压力比其他任何人带给我的压力都要多，所以我不认为有谁会给我制造麻烦，包括弗格森爵士在内。"对这位放出过豪言壮语的荷兰人来说，从他走进卡灵顿训练基地大门的那一刻起，他就必须将自己的方法灌输到这支球队身上。

这并不意味着范加尔没有意识到当地文化与风俗，也不是说他对这些东西漠不关心。起初，他一度考虑让世界杯期间担任荷兰队助理教练的帕特里克·克鲁伊维特成为曼彻斯特的二号人物，可后来他将这份工作交给了曼联英雄瑞恩·吉格斯。罢黜威尔士人绝非明智之举，吉格斯与球队的过去有着千丝万缕的联系，而且他能为俱乐部内部事务的解决带来宝贵的经验。范加尔解释说他一般都会留下一位前任团队里的教练："当我到一家新的俱乐部时，我总想在已有教练团队中留下一个人，在拜仁时那个人就是赫尔曼·格尔兰，他现在还在佩普·瓜迪奥拉手底下工作。我当时想知道青训体系中有没有一些正在冉冉升起的新星，而他就是对我说下面这句话的男人，'穆勒、巴德斯图贝尔及阿拉巴，就是这些球员。'于是我就让他们跟随一队训练，我观察着他们——随后我就做出了他们应该踢哪个位置的决定。别忘了，巴德斯图贝尔本来踢的是左后卫，而我让他改打了左中卫。"吉格斯在作为临时主帅的倒数第二场比赛中给了曼联青训球员詹姆斯·威尔逊及汤姆·劳伦斯在一队完成首秀的机会，这表明他对提拔青年才俊很感兴趣。虽然范加尔是否赞同这一倾向还有待观察，不过可以肯定的是，这位新主帅渴望好好利用这些在老特拉福德上空冉冉升起的明日之星，而吉格斯将会在这一进程中成为一笔重要的财富，帮助球队实现这一目标。

雷蒙德·弗海延认为范加尔与吉格斯是一个双赢的组合，他说："瑞恩·吉格斯相当了解这家俱乐部，他能为路易斯·范加尔提供一切他需要的信息，从而帮助他在俱乐部创造一个良好的开局。他已经在这项运动中踢了很长一段时间的比赛了，而且他还和足球历史上最好的主教练共事过，也就是亚历克斯·弗格森爵士。所以，这些经历是属于瑞恩·吉格斯的巨大筹码。那么现在问题来了——他能将所有知识和经验都传授给别人吗？对多数踢球时属于顶级球员的人来说，他们最大的问题就是自己拥有丰富的知识和经验，可是却缺乏一定的交流技巧，从而无法将这些东西传达给自己的球员。当然了，这是一个猜测，相反，我认为他将会拥有那项能力的。我是基于他的个性才做出了这个判断，范加尔会从瑞恩·吉格斯那里受益，可我认为吉格斯能从范加尔那里收获更多的东西。"

荷兰报纸报道称有人在荷兰看到了吉格斯，他的身影出现在位于诺德韦克的"橙衣军团"专属酒店中，这里也是荷兰国家队的大本营。他与路易斯·范加尔的会谈顺利而简短，几个小时后，吉格斯就返回了英格兰。据说吉格斯给范加尔留下了深刻的印象。虽然吉格斯的好友同时也是球队教练的菲尔·内维尔、尼基·巴特以及保罗·斯科尔斯的未来还不确定，可吉格斯依旧接受了球队二号人物的角色，他说："能够有机会成为助理教练，我感到非常兴奋。路易斯·范加尔是一位世界级主帅，现在我可以近距离地观察他，并为球队做出贡献，我知道我可以通过这种方式学到很多和执教有关的东西。"他在一封刊登在曼联官网上的公开信中写道："我希望借此机会向大家宣布，我将正式从职业足坛退役。之后，我将开启一段激动人心的人生新篇章，也就是成为曼联的助理教练。能够为世界上最大的俱乐部出战963场，同时还能为威尔士出战64场，我感到无比自豪、无比光荣、无比幸运……对曼联而言，今天是一个具有独特意义的日子。任命路易斯·范加尔是一个伟大的决定，首先，就让我来告诉你能够成为他的左膀右臂到底是一件多么开心的事情吧。他的能力首屈一指，在接下来的几年时间里，他将带领曼联实现伟大复兴，我对此持乐观的态度。"范加尔留下俱乐部英雄的举动当然赢得了球迷的拥戴。如果还能获得冠军的话，他就会让这位人气颇高的助教成为曼联未来的主帅，这样一来，他留下的"遗产"就可以安全地传承下去。

范加尔管理团队的其他成员还包括马塞尔·博特以及弗兰斯·霍伊克。博特是范加尔的亲信，当范加尔还是阿尔克马尔主帅的时候他们俩就有过合作。一年后，他追随范加尔加盟了拜仁慕尼黑，成为一位比赛分析师。博特以助理教练的身份加盟曼联，专门从事侦察敌情的工作，他以前在一些荷兰的俱乐部中也做过这种工作，比如特斯达、沃伦丹以及费耶诺德。

无论范加尔走到哪里，弗兰斯·霍伊克都会如影随形。这位前沃伦丹门将在阿贾克斯、巴塞罗那以及拜仁慕尼黑都工作过，他是在范加尔手下任职时间最长的助手，同时也是最受范加尔信赖的心腹。2014年世界杯，他还加入到范加尔的荷兰队中担任守门员教练一职。霍伊克已经写了很多书，内容都和门将的训练方法有关。他着重强调球权的分配以及从后场发起进攻，而这些都已经得到了回报。他还在许多门将的成长历程中给予过帮助，比如维托尔·巴亚、佩佩·雷纳、曼联传奇埃德温·范德萨以及巴塞罗那的维克托·巴尔德斯。有趣的是，巴尔德斯离开巴塞罗那与曼联任命范加尔这两件事几乎同时发生。巴尔德斯出自球队的青训体系，而当时掌管球队的人就是范加尔，他在巴塞罗那官网的公开信中说："我想对路易斯·范加尔说一声谢谢，他展示出一种必需的勇气，从而才敢于将赌注压在一个只有他才会认同的天才身上。他着手打造了这支史诗级的巴萨，我有幸成为阵中的一分子。我由衷地感谢他。"

理疗师霍斯·范迪克是范加尔幕后团队中另外一位资深成员，他和范加尔在西班牙、德国以及荷兰都有过合作经历，这位教练相信他将会在医疗部门中尽职尽责地完成工作。录像分析师马克思·雷克斯跟范加尔的初次合作是在阿尔克马尔的时候。他后来追随自己的老板去了拜仁慕尼黑，随后他作为首席分析师在那里度过了两年的时光。从2012年开始，他在范加尔执教的荷兰国家队中履行着相同的职责。

不过要想在曼联获得成功，光靠范加尔的自信、诀窍、想法以及一支优秀的后勤团队是不够的。莫耶斯曾经抱怨自己继承了一支老化的阵容，范加尔需要一本厚厚的支票簿才能完成对球队的推倒重建工作。曼联上赛季结束时仅仅排名联赛第七，这是自1989—1990赛季以来的最差成绩。此外，俱乐部还遭遇了25年来首次彻底无缘欧战赛事的尴尬局面。这不仅让人感到不快，而且代价也相当巨大。执行副总裁伍德沃德透露，由于球队自1995—1996赛季以来首次无缘冠军联赛，曼联将因此付出超过3000万英镑的代价。与之相矛盾的是，伍德沃德成功地安抚了股东们的情绪，他告诉他们说球队在其他方面的业务依旧活跃，银行里依旧有大量资金可以用来收购球员："我们会积极参与到转会市场之中……转会窗正在向我们靠近，各笔交易也正在完成之中。"一个不容忽视的事实是球队至多可以提供2亿英镑的资金用于购买新球员，这或许是另外一个吸引范加尔的因素。如果这笔钱的绝大部分在一年前就被花掉的话，他或许就不会这么积极地接受这项挑战了。

范加尔粗略地递交给艾德·伍德沃德一份转会清单，并让伍德沃德着手处理这些交易，因为他还要带队参加世界杯。首先，他需要一条全新的防线以及一个崭新的中场。后防线上，内马尼亚·维迪奇及里奥·费迪南德已经双双离队，这二位作为曼联中卫位置上的定海神针已经分别为球队服役了8年和12年。同时，范加尔还必须解决困扰曼联中场多年的能力欠缺问题。多特蒙德后卫马茨·胡梅尔斯出现在了搜索雷达上，同时还有中场球员马尔科·罗伊斯。相反地，之前一致被看好的拜仁慕尼黑球员托尼·克罗斯遭到了抛弃。有谣言称，其他上过最初那份转会清单的球员包括南安普顿后卫卢克·肖、巴塞罗那中场塞斯克·法布雷加斯以及巴黎圣日耳曼前锋艾丁森·卡瓦尼。范加尔希望能够说服拜仁慕尼黑的阿扬·罗本，这并不奇怪，即使这位飞翼公开表示过自己在拜仁很开心。到底哪些人真正出现在了那份名单上，只有范加尔知道，其他人都只能拭目以待。

未知的不确定性不只存在于潜在的新援身上，对那些多年来安身于曼联的球员来说，情况同样如此。范加尔享有良好的声誉，也就是说，这位教练不会偏袒那些已经确立了自己位置的球员。这位新教练坚持将自己对比赛的想法强加给球员，就拿韦恩·鲁尼这位球员来说，无论是他蜚声在外的名气，还是他那份30万英镑周薪的合同，都不足以使他对范加尔的决定免疫。谁会成为一队的队长也是包含在那个方程之中的未知数。大卫·莫耶斯在遭到解雇之前已经将队长袖标交到了鲁尼的手中，而鲁尼也已经重申自己愿意在范加尔手下继续履行这份职责。虽然鲁尼是曼联阵中薪水最高的球员，可范加尔却非常享受跟罗宾·范佩西之间的亲密关系，而且后者是曼联阵中薪水第二高的球员。他选择让他出任荷兰国家队队长一职，而且在范佩西膝伤恢复期间，有人看到他们俩在一些比赛中形影不离。范加尔在荷兰对阵厄瓜多尔的友谊赛中决定试验一下3-5-2阵型，由于荷兰的传统是踢4-3-3，因此范加尔遭到了诟病，说他正在目睹"全攻全守足球的死亡"，因为他正胡乱地摆弄着一种经受住了历史检验的踢法。虽然最终的结果是1：1平，可范佩西依旧在赛后声援了范加尔的做法，他说："我相信这套全新体系，它能创造出许多机会。"鲁尼的粉丝们可能会认为范佩西得天独厚的优势使得竞争变得不再公平，因为范佩西是新教练的老乡，而且能很好地理解他的想法。其实他们大可放心，因为范加尔不会和任何球员成为朋友，包括范佩西在内。他就是老大，他会根据球员的优点做出决定。

范加尔描述了他想要那位球场上的领袖具备哪些素质："这更多的是要建立在特点的基础上，因为这对我而言非常重要。我欣赏他肯定是因为他的个性、他的身份。我过去选择的那些队长都非常职业，同时也雄心勃勃，并且诚实可靠。你能从我所选择的那些队长身上看到这些素质。年龄根本不重要，当我去到巴塞罗那时，瓜迪奥拉只有27岁。按照西班牙的传统，队长都是由年龄最大的人担任。我想给予他这份责任感，并传达我的哲学。我必须提点一下我的那些队长，我曾告诉佩普说：'你必须成为我的队长。'他说：'不，不。'我接着对他说：'我已经选定了队长，你理解比赛的方式跟我理解比赛的方式完全契合。'这就是我要让他成为我的队长的原因，你可以看看他现在怎么样了。"

谁将会在球队中扮演怎样的角色，这个问题在适当的时候自然会见分晓，而给出答案的人就是范加尔本人以及他核心团队中的成员们。那些游弋于核心圈外的人可能想提出一些在他们看来还算不错的建议。比如，一位记者就曾指出："胡安·玛塔是一位10号球员，这显而易见。不要让他去踢其他任何位置，不要让他参与回追，这不是他在比赛中应当肩负的职责。如果你拥有玛塔，那他就应当成为球队的焦点，一位组织进攻的核心球员。除非范加尔信任他，否则他在俱乐部将不会拥有未来。"我们将拭目以待：玛塔可能会发现自己将在下个赛季中担任球队门将，如果范加尔认为这个位置应该属于他的话。这位教练会无视任何建议，不管这些建议在提议者看来有多么机智、多么善意。那些在媒体圈内工作的人必须特别谨记这一点，同时他们还要记住怎样才能接近这个掌控全局的男人。

范加尔的任命公之于众后，一份"采访范加尔的十点指导纲要"立刻出现在了荷兰媒体中，这大概是为了提醒英国的记者们。确实，这些互动交流已经在某些时候引发了暴怒。记者们远赴葡萄牙却命途多舛，于是他们只好两手空空地回到了英国。在此之后，他们再次得到了一个机会，那就是造访荷兰国家队位于霍德鲁的训练基地。不幸的是，这一次尝试并不比之前那次好多少。一篇来自荷兰的报道在描述这次遭遇时这样写道："有一小队来自英国的摄制组赶往费吕沃（荷兰中东部的一片自然区域，荷兰国家队的训练基地就位于那里）采访范加尔。'愚蠢的问题！'BBC的记者在霍德鲁森林的碎石路上仅仅问出第一个问题后，这位荷兰国家队主教练就结结实实地训斥了他一番。'愚蠢的问题！'我们再一次听到这句话，响亮而清晰。片刻过后，范加尔挤出一丝友善的微笑，就像突然意识到了正在运行之中的摄像机似的。'对不起，不过我认为这是一个无聊的问题，难道你不觉得吗？'这个问题似乎足够天真：范加尔知道哪些跟曼联有关的东西？他应该在俱乐部做些什么？'曼联是世界上最大的俱乐部，可你却问我是否了解曼联？这太奇怪了，难道不是吗？我当然相当了解这家俱乐部！'"未来的媒体关系会出现什么状况还不得而知，不过这段小插曲可能只是一场不痛不痒的预热而已。

范加尔在老特拉福德只被赋予了一项任务，他说："他们的目标就是让我尽快将球队带回联赛第一的位置，在弗格森爵士时代，那就是他们经常待的位置。他们试图依靠明星球员和年轻球员来实现这一目标，这就是曼联最终会选择我的原因。"范加尔坦承训练国家队会受到诸多限制，他已经"厌倦"了那种日子，在那里他不能塑造球员和球队，是的，总而言之就是无法从事俱乐部式的足球管理。而那是范加尔最擅长的——每天都生活在塑造这项运动的时光之中。2012年，肯尼·达格利什下课后，他的名字一度与利物浦联系在了一起，当时范加尔说："我的手指头痒痒的，我的体内充满了燃烧的烈焰，而且我想和球员们一起工作。"现在，他将在曼联得到属于他的机会。

曼联极有可能成为范加尔足球管理人生中的最后一站。他希望在这里功成身退，因为他知道，如果自己能以这种方式归隐江湖的话，不仅曼彻斯特会记住他，整个世界足坛都会记住他。作为世界足坛最为争强好胜、最为开拓进取、最为浓墨重彩的人物，范加尔心中那片赤焰烈火依旧在熊熊地燃烧着。

路易斯·范加尔个人履历

出生于：1951年8月8日，阿姆斯特丹

教育状况：1968—1973年进入位于阿姆斯特丹的ALO学习，ALO
即the Academie voor Lichamelijke Opvoeding（体育教育学院）

足球之外的职业：1977—1988年在位于阿姆斯特丹的Don Bosco
LTS，即Lagere Technishce School（唐博斯克初等技工学校）担任体
育老师

球员生涯：

1969—1971年，RKSV德米尔-阿姆斯特丹，一队

1971—1973年，阿贾克斯，二队

1973—1977年，安特卫普

1977—1978年，特斯达-维尔岑

1978—1986年，鹿特丹斯巴达

1986—1987年，阿尔克马尔

教练生涯：

1986—1987年，助教，阿尔克马尔

1987—1991年，助教，阿贾克斯

1991—1997年，主教练，阿贾克斯

1997—2000年，主教练，巴塞罗那

2000—2002年，主教练，荷兰国家队

2002—2003年，主教练，巴塞罗那

2003—2004年，技术总监，阿贾克斯

2005—2009年，主教练，阿尔克马尔

2009—2011年，主教练，拜仁慕尼黑

2012—2014年，主教练，荷兰国家队

2014—2016年，主教练，曼联

执教成绩：

阿贾克斯：1991—1992赛季，欧洲联盟杯冠军；1992—1993赛季，荷兰杯冠军；1993—1994赛季、1994—1995赛季、1995—1996赛季，荷甲冠军；1993—1994赛季、1994—1995赛季，荷兰超级杯冠军；1994—1995赛季，欧洲冠军联赛冠军（1995—1996赛季获得亚军）；1995—1996赛季，洲际杯冠军；1995—1996赛季，欧洲超级杯冠军

巴塞罗那：1997—1998赛季、1998—1999赛季，西甲冠军；1997—1998赛季，欧洲超级杯冠军；1997—1998赛季，西班牙国王杯冠军

阿尔克马尔：2008—2009赛季，荷甲冠军

拜仁慕尼黑：2009—2010赛季，德甲冠军；2009—2010赛季，DFB-Pokal（德国杯）冠军；2009—2010赛季，欧洲冠军联赛亚军

特殊荣誉：

1997年，获得奥兰治-拿骚秩序骑士勋章

2006—2007赛季、2008—2009赛季，获得里纳斯·米歇尔斯奖

2009年，荷兰年度最佳教练

关于作者

　　马尔滕·梅耶尔在荷兰小镇泽斯特度过了自己的童年时光。完成学业后，他开始周游列国，从爱尔兰到土耳其、从芬兰到西班牙。欧洲"变小"后，他便搭乘一艘游艇横渡大西洋去了美洲大陆。游历完加勒比群岛后，他抵达了美国。他进入纽约州立大学继续自己的学业，随后获得了理学学士学位以及哲学硕士学位。1982年，他邂逅了自己的妻子米拉，她是一位土生土长的纽约人。

　　1991年，全新的冒险尝试驱使全家人前往俄罗斯，当时的成员还包括他们的一对儿女。马尔滕先是在莫斯科教授哲学，随后又重启了广阔的旅程，从西边的里加、克里米亚，一直到东边的贝加尔湖以及符拉迪沃斯托克。他获得了莫斯科国立大学的俄国文学博士学位，他的毕业论文写的是一位妇孺皆知的文学巨匠——列夫·托尔斯泰。全家人在俄罗斯时与俄韩后裔以及土生土长的韩国人坦诚相待，他们也因此逐渐喜欢上了韩国泡菜以及韩国式的待客之道。

　　这最终鼓舞着他们于2000年举家迁往韩国。马尔滕在首尔的一所大学里教授了几年英语。他能说一口流利的英语、德语、俄语、荷兰语，还了解一些日常法语以及韩语。他著有《马尔滕，韩国为什么这么好？》（韩国，2005年）、《古斯·希丁克——AA制》（澳大利亚，2006年）、《迪克·艾德沃卡特——伟大的梦想有点儿长》（荷兰，2009年）、《教育战争》（韩国，2009年）以及《古斯·希丁克——一名超级教练的写照》（荷兰，2010年）。从2006年3月起，他开始在韩国山区的一所私立国际学校教授哲学和伦理学，与此同时，他继续从事着和作家、足球评论员以及社会批评家相关的事业。

马尔滕和米拉育有一女三子，其中第二个儿子出生于莫斯科，而第三个儿子则出生于首尔。